ブキの物語

シュザンヌ・コメール＝シルヴァン

クレオール民話

マダム・ショント

松井裕史訳

作品社

ブキの物語／クレオール民話

クレオール民話

ブキの物語

シュザンヌ・コメール＝シルヴァン　89

クレオール民話

マダム・ショント

この作品は以下の人物の高配により出版された。

上院議員アンリ・ベランジェ氏
フランス大使

代議士グラシアン・カンダス氏
前植民地国家書記補佐

代議士ウジェヌ・グラエヴ氏

L・B・ブジュ氏監修
グアドループおよび付属地総督

読者へ

クレオールの子供時代は民話によって育まれるものです。その中でもとりわけ特色のあるものが集められました。とはいえこの特色ということばが誤解を招いてはなりません。なるほどクレオールの魂が独創的に作り上げたものを期待すると、がっかりさせられるかもしれません。実際のところ、それは外国に起源を借りているからです。尽きることのない東洋の伝説であったり、「狐物語」がその典型である中世の作品であったりします。書かれた原典から口伝えになることで、文字というはっきりとした形をもたない民話は、必然的に形を変えてしまいます。聴衆の好みに応じて、クレオールの気質に最も適したものだけが選ばれ、採用されました。ですから、もともと現地の語り部たちによって想像されたものでないからといって、現地の知恵や願望を表現していないわけではありません。

皇帝のものは皇帝に返したところで、ここに集められた民話は三つのジャンルに分類することができ、それらは若い民衆すべてに共通する性向に応えるもので、彼らは抑圧を受け、自らの力でそれから逃れようとすることに望みを失いながら、超自然な方法あるいは力に打ち克つ悪知恵の使用に解放される唯一の希望を託したのです。それで幻想的な話、動物が人間の代わりをしている寓話、もっと起源の浅い物語があるのです。

本当らしさをまったく気にしない不思議なものやすばらしい冒険の数々を信じるのは東洋に起源のある話のしるしで、その大半はインドの寓話にまでさかのぼります。内容は同じですが、まわりの環境は変化します。物語の主人公が見知らぬ登場人物に出会い、生まれつきの優しさから、自分が弱かったり貧しかったりするのにもかかわらず、ときには自分が持っているものすべてを失うようなことすらあるのですが、相手のためにと見返りを求めずに手助けをします。しかし偶然に出会うこの登場人物たちは、超自然的な力をもった精霊や妖精で、恩に報いるため主人公に贈りものを与え、その贈りものによって、主人公はあらゆる障害を退けるのです。きわめて一般的な視点からすれば、それがわたしたちのメロドラマの精神のしきたりであり、いやおうなく最後の最後に悪徳は罰を受け、美徳が報われることを望むものなのです。善と悪がはっきりと分けられ、あの世で償いを受けると信じることが、この世で生きていく中で、社会的不公平をこうむった人たちにとって、唯一の慰めとなるのです。

この世に正義はあるということへの欲求が中世に起源を持つ寓話に着想を与え、その中ではいちばん弱い者が悪知恵によっていちばん強い者に勝つのです。それはひとつ眼の巨人ポリュペーモスの洞窟におけるずるがしこいオデュッセウス、物質に対する精神、物理的な力に対する知性の勝利なのです。この勝利は多くの場合、道徳的な観念が欠けた手段によって達成されます。しかし子供たちというのは、そこまで詳しく見ていません。強くて食いしん坊のザンバの鼻を明かすウサギの知恵に、子供たちは夢中になって、大喜びします。寓話の最後で、ザンバが腹を立てつつ打ちのめされて逃げていくと、子供たちはどっと笑います。道化のポリシネルが警視とその部下たちを打ちのめし、すべてがうまくいくのです。

最後に、シンデレラや青ひげといったいくつかの民話は起源が浅いもので、複雑な心理を表しています。それは人間がすでに自然からかけ離れ、教育によって本能が抑えられて、人間の情念が行為の原動力となる文明化された状態を示しており、そこにはまた別の人間らしさが表れているのです。

マダム・ショントは、これらのいろいろな話を語り部たちの口から採集しました。驚くべき道徳心と辛抱強さから、マダム・ショントは精確であることを気にかけて、細部に至るまで、翻訳することで失われてしまったであろう、この土地の味わいすべてを留めました。ありのままの話の数々が、魅力的な作品の選集を形成しています。素朴であることによって技巧は姿を隠し、いずれにせよなされるに値する仕事の成果となっています。

そこから大きな教訓が導き出されます。この一連の話の中にはアフリカの先祖たちの伝統に関係するものは何もなく、アフリカ起源は一切ないということです。すべて輸入され、すべてよそからもたらされ、その結果として力ずくで暴力によってグアドループに連れてこられた人たちの集団が存在します。この哀れな人々は生まれた地から引き離されて財産を失っただけでなく、ものの考え方や、伝統や、過去からも引き離されました。これよりひどい略奪はありません。そしてこのように伝統がないことが、他の要因以上に、アンティルの人たちがなぜ無条件かつ全面的に、わたしたちの言語や習慣や文明に同化することができたのかを明らかにしているのです。

Ch・モワナク

編集註：この序文の著者が展開した視点を尊重しつつも、グアドループの民話とアフリカのフォークロアを比較検討することで、アンティルの民話にアフリカの名残りがあらわになるであろうことを述べておく。

L・B・ブジュ

第一部　民話

ジャン坊やの手柄

ジャン坊やと大男

ジャン坊やは、ある貧しい女の人の息子でした。ジャン坊やと呼ばれていたのは、体が弱くてやせていたからです。それでも、賢くてもの知りで、勇敢でした。ジャン坊やにはお兄さんがいて、お兄さんのほうのジャンは体が強かったのですが、その分、頭が弱かったのです。

ある日、なぜだかわかりませんが、大男がこのふたりの子のお父さんをさらっていきました。お父さんは腕のいい木こりで、大男は木を切り倒してもらうために、お父さんを自分の城に閉じ込めました。

お兄さんのジャンはお母さんに言いました。「お母さん、僕は大男と戦いにいって、お父さんを連れ戻してくるよ」

お母さんはお兄さんがたくましいのを知っていて、もしかしたらお兄さんの力で大男をやっつけることができるかもしれないと考えました。お母さんはお兄さんを引きとめませんでした。その日以来、お兄さんが帰ってくることはありませんでした。

お母さんのそばに残ったジャンは言いました。「僕がお父さんを助けにいくよ」しかしお母さんは小さく体も弱いジャンを行かせたくありませんでした。それでもジャンは思いとどまることなく、お父さんを探しに出かけました。

道はジャンを森へみちびきました。森でジャンの目の前に突然、ライオンがあらわれました。ジャンはとても怖くなって木に登りました。見ると、ライオンは血を流しているうしろ足をなめているのがわかりました。ジャンが木から降りると、ライオンはジャンに足を触れさせて、ジャンは傷ついたライオンの足のとげを取ってあげました。するとライオンは自分の毛を一本差し出して言いました。「万が一、お前が強くなる必要があるなら『この毛にかけてライオンになりますように！』と言うんだ」

ジャンはライオンの毛を手に取ると、お礼を言って、道を進みました。ジャンはワシを殺そうとしている猟師に出くわしました。ジャンが猟師の腕をさわったせいで、猟師は狙いを外してしまいました。ジャンに助けられたワシは、森の中を通り抜けるジャンについていきました。

猟師から遠く離れると、ワシはジャンのもとに下りてきて、自分の羽根を一本差し出して言いました。「万が一、お前がとても急ぐ必要があるなら『この羽根にかけてワシになりますように！』と言うんだ」

ジャンがワシにお礼を言って道を進んでいくと、横切るアリを踏みつぶしてしまいそうなことに気づきました。ジャンは足を止めて、アリを通してやりました。するとアリは小さな声で呼び止め、ジャンに自分の足を一本あげました。「万が一、お前が小さくなる必要があるなら『この足にかけてアリになりますように！』と言うんだ」ジャンはアリにお礼を言って、道を進みました。

　何日か歩き続けると、大男の城が目に入りました。そこへ入ると、人食いの大男はいませんでした。その奥さんがいました。大男が帰ってきて、ジャンを食べる気にならないよう、奥さんは家の中に入るのを禁じました。

　ジャンは理解して、お礼を言いました。アリの小さな足をつかんで「この足にかけてアリになりますように！」と言うと、すぐにアリに姿を変えました。

　ジャンは誰にも見られずに城に入ることができました。お母さんのために少し食料を取って、手でワシの羽根をつかんで言いました。「この羽根にかけてワシになりますように！」そうするとワシに姿を変えて、身につけた羽根で貧しいお母さんを助けにいきました。

　しかしジャンはまたアリに変身して、大男の城に戻りました。そして人間に戻って待ちました。

　帰ってきた大男は、テーブルについて何か食べることしか考えていませんでした。ジャンは隠れていた場所から出てきて、大男の前に立って言いました。「僕はお前がさらったお父さんと、お母さんのところに帰さないお兄さんを助けにきた」

　大男はちっぽけなジャンを見ましたが、そんなふうに大口をたたけるからには強いのだろうと考えました。大男は捕まえて食べてやろうと手を伸ばしました。しかしジャンはライオンに姿を変えました。大男は怖くなって、気を失って倒れました。

　その首にかかっている鎖には、大男に力を与える小さな石がついていました。ジャンはそのことを知っていました。魔法の石を大男からとり上げると、大男は普通の人間と同じくらい弱い人間に戻りました。

ジャンはまだ生きていたお父さんとお兄さんを助け、大男を殺したりはしませんでした。
お父さんはまた仕事に戻って、みんな以前のように穏やかな生活を続けたのでした。

ジャン坊やとちびのマリ

ジャン坊やには妹がいて、ちびのマリと呼ばれていました。ちびのマリがある日、ひとりで散歩をしていると、きれいな服を着た立派な男の人に会いました。全身が宝石と金とダイヤモンドで覆われていました。立派な旦那はマリに言い寄りました。マリは家に帰ると、恋人を見つけたとうれしそうにお母さんに言って、立派な服と、きれいな宝石のことを話しました。

お母さんは、それが若い娘を誘うために悪魔が使う手管《てくだ》だとわかっていたので、娘を家に隠しました。その立派な男の人が、本当に悪魔でないか確かめなければならなかったからです。そのため、次に会うときには針を持っていって、言い寄ってくる男を刺さねばなりません。刺したところから血が出れば、それは人間です。刺したところから膿《うみ》が出れば、それは悪魔だとわかるのです。

ジャン坊やは妹の逢引きについていきました。話しているあいだに、妹はうまく男の手を針で刺しました。刺したところからは膿が出てきました。それでもマリにはすでに魔法がかけられていたので、本当のことをお母さんに言わないために、マリは自分に針を刺して、ハンカチで血を拭きとりました。家に帰って、お母さんに血の跡を見せました。その証拠を目にして、お母さんは結婚を許しました。

こうして結婚式がとり行なわれ、悪魔はちびのマリを連れていってしまいました。しかしジャン坊やは全部知っていて、妹を救いたいと思い、一緒についていきました。悪魔はひとりよりもふたりのほうがいいと思い、ジャン坊やも連れていくことにしました。

家に着くと、悪魔はすぐに食事の用意をするようにふたりに言いつけました。というのも、悪魔は人間を食べるからです。

用意は少し長くなりました。そして、しばらくすると悪魔は寝入ってしまいました。大きないびきを立てると、ジャン坊やは悪魔がはいていた七里の靴をそっと脱がせて、自分で履いて、ちびのマリの手を取って逃げ出しました。

悪魔は長いあいだいびきをかいていました。ふたりがお父さんとお母さんの家に向かう道をずいぶん進んだところで、悪魔は目を覚ましました。

ふたりの子供が七里の靴をとっていなくなっているのに気づいて、ものすごく腹を立て、捕まえてやると誓いました。

そこで悪魔は百里の靴を履いて出ていきました。子供たちは、ずいぶん先に進んでいたにもかかわらず、間もなく自分たちのうしろに早足で駆けてくる足音と、近づいてくる悪魔の息づかいが聞こえました。

悪魔はもうふたりを捕まえられると思って、手を伸ばしました。しかし突然、ふたりの姿が見えなくなりました。ジャン坊やは庭師に姿を変えて、ちびのマリは庭師が水をやる花に姿を変えていました。

悪魔はあきらめて家に帰らなければなりませんでした。そして奥さんに、子供たちを捕まえられると思ったら、急に庭師と花しか見当たらなくなったことを話しました。奥さんは言いました。「きっと庭師はジャン坊やで、間違いなく花はちびのマリだから、捕まえなきゃいけなかったのよ！」

すると悪魔は自分がそんなにも馬鹿だったことに腹を立て、子供たちを捕まえに、また出ていきました。

子供たちにはすぐに悪魔のしわがれた息づかいと早足の音が聞こえました。ふたたび悪魔がふたりを捕まえようと手を伸ばすと、ふたりの姿は見えなくなりました。目の前にあるのは沼で、その上を鴨が一羽泳いでいました。

悪魔は自分の目が信じられず、鴨にたずねました。「立派な鴨さん、若い男と若い娘がここを通りがかるのを見ませんでしたか」

鴨はわけのわからないことを言うばかりで、答えませんでした。

家に戻ると、悪魔は奥さんにその妙な出来事を話しました。奥さんは言いました。「気づかなかったのね！　あんたは本当に間抜けなんだから。鴨がジャン坊やで、沼がちびのマリよ」

悪魔は怒りで顔が赤くなって、もしかしたらまだ沼にわけのわからないことを言う鴨がいるかもしれないと、矢のように飛び出していきました。しかし、当然のことながら、子供たちはさらに遠くに行っていました。

悪魔がやってくる音を耳にすると、ちびのマリは教会に、ジャン坊やは司祭に姿を変えました。悪魔がやってきて、司祭にたずねました。「立派な司祭さん、若い男と若い娘がここを通りかかるのを見ませんでしたか」司祭は答えず、「主は汝《なんじ》らと共に」と唱え続けながら、悪魔に聖水をかけました。

悪魔は一目散に逃げました……急いで逃げる途中、悪魔は教会の扉が見つけられず、窓から飛び出て、窓枠を外してしまいました。家に窓枠ごと帰ってきて、事の顛末を奥さんに話しました。奥さんは、悪魔が持ってきた窓枠が、ちびのマリが着ていた服の一部であることに気づいて、それを悪魔に教えました。

悪魔は三度までも逃げられたことがわかると、怒り狂いました。歯ぎしりをすると、口から火花が飛び散って、家に火がつきました。その火は家も悪魔も奥さんも飲み込んでしまいました。

子供たちは両親のもとに戻ってきました。この出来事はちびのマリにとって、苦い教訓となったのでした。

どうして背中に溝があるのか

ジャン坊やはある日、結婚しようと思って、悪魔の娘に結婚を申し込みに行きました。

悪魔はジャン坊やのあつかましさにびっくりして、ジャン坊やを牢屋に閉じ込めてこう言いました。

「俺がお前にくれてやる仕事をすることができたら、娘を嫁にやろうじゃないか。明日の朝から始めるんだ」

翌日、悪魔は斧を一丁与えて、ジャン坊やを大きな森に連れていき、こう言いました。「今日、いまから日が暮れるまでに、この森の木を全部ひっこ抜いて、地面を耕して、果物を植えて、実を熟れさせて、日が暮れたら熟れた実を夕食に食べるから持ってこい」

そして悪魔は、ジャン坊やをひとり残しました。ジャン坊やはどうすればそんなことが全部できるのかわからず、頭を抱えてしまいました。自分が力なく思えて、涙を流し始めました。

昼に、悪魔の娘が昼食を持ってきてくれました。ジャン坊やが泣いているのを見て、どうしたのかとたずねました。ジャン坊やは、悪魔にできもしない仕事を与えられたのだと言いました

悪魔の娘はジャン坊やを慰めると、魔法の杖を渡して言いました。「この杖で地面を三度たたいて、

『神の許しによりて、木がひっこ抜かれ、地面が耕され、種がまかれ、果物が生えて実が熟れますように！』と言いなさい」

ジャン坊やは魔法の杖を手にすると、教えてもらった言葉を唱えました。そして日が暮れると、ジャンは熟れた果実をかごいっぱいに持ってきて、悪魔に差し出しました。

悪魔はびっくりしました。しかしジャン坊やの試練は、まだ終わりではありませんでした。


翌日の朝、悪魔はジャン坊やに斧を一丁与えて、今度はこう言いました。「今日は水でできた梁《はり》を作るんだ」

ジャン坊やは一日目と同じぐらい頭を抱えました。水辺まで斧を持っていって、どうしたら水でできた梁なんて作れるだろうかと考えました。

昼ごろに昼食を持ってきた悪魔の娘は、一日目と同じくジャン坊やが泣いているのを目にしました。ジャン坊やが娘に心配を語ると、娘は言いました。「当たり前のことだけれど、水でできた梁なんてできるわけないわ。今日帰ったら、わたしのお父さんに『梁はできました。運ぶのを手伝ってください。煙でできたたいまつで手元を照らしてください』と言うのよ」

ジャン坊やは言われたことを覚えて、日が暮れて帰ったとき、一言も間違えずに繰り返しました。

今度は悪魔のほうが頭を抱えました。どうやったら煙でできたたいまつなど作れるのか、わからなかったからです。

たいまつを作れないとわかって、悪魔は悪知恵の働くジャンと決着をつけるにはもっと慎重にしなければならないと思いました。そして、その晩にジャンを食べてしまうことにしました。


悪魔はショディエール〔原註：鋳物の鍋〕で湯を沸かすように命じました。

ジャンは湯が沸く音を聞くと、その意味に気づき、病気になったふりをしました。気分が悪く、吐き気がして、病気を治すにはかごで汲んだ冷たい水が必要だと悪魔に言いました。

悪魔はかごで水を汲みにいかねばならなくなりました。水を汲みましたが、かごを持ちあげると、隙間から流れて落ちてしまいました。しばらくのあいだ、同じことを繰り返しました。そしてひとつの考えが浮かびました。そこにはどろどろの泥や粘土質の土がありました。悪魔はそれをかごの中に塗って、水を汲みました。今度は流れてしまわず、家に持ち帰ることができました。

しかしジャン坊やは、悪魔が川で無駄にした時間を利用していました。家じゅうを調べて、百里の靴を見つけました。ジャンはそれを履いて、出ていってしまいました。

悪魔がかごに冷たい水を入れて持ってくると、ジャンは遠くに行ってしまっていました。ジャン坊やがまたもや自分より賢いことを思い知らされて、当然のことながら、ひどく腹をたてました。それでも、捕まえられることはわかっていました。というのも、ジャンは百里の靴を履いていたからです。悪魔には千里の靴が残っていました。悪魔は千里の靴を履くと、ジャン坊やのあとを追って出ていきました。

ジャン坊やは数時間、大きな道をまっすぐ歩きながら、こう繰り返していました。

「百里に百里
百里に百里！」

そしてジャン坊やは数時間歩いて、楽しみながら大股で進んでいきました。

突然、うしろからこんな声がするのが聞こえました。

「千里に千里
　千里に千里！」

ジャンは、悪魔があとを追って捕まえにきたのだということがわかりました。

ジャンは走って、走れるかぎり走りましたが、当然のことながら、悪魔のほうがよっぽど速いのでした。

それは日暮れでした。ジャンは村を通り抜けました。教会の広場に出ると、聖具係が扉を閉めるところでした。ジャンが最後の一歩で教会の扉にたどり着いたのは、蝶番《ちょうつがい》が回って、扉が閉まろうとするときでした。

悪魔はすぐうしろにいて、手を伸ばしてジャンの首をつかもうとしていました。それでも悪魔の指がジャンの首に触れた瞬間に扉は閉じられ、指が背骨の上をまっすぐ滑りました。そしてそれが、ジャンの背中に溝のようなものを作りました。

わたしたちの背中に溝があるのは、そのとき以来なのです。背中の溝は、ジャン坊やからわたしたちが受け継いでいるものなのです。

ジャン坊やと怒らない旦那

ジャンはその冒険のあと、家族のところに帰ってきましたが、あいかわらず貧しいままでした。

一年間、ひどい不景気があって、仕事がない人がたくさんいて、食べものがあまりありませんでした。

ジャン坊やのお兄さん、のっぽのジャンは力が強く馬鹿で、仕事を探しにいきました。大きな農園の前に着くと、張り紙を見ました。字を読むことはできませんでしたが、農園に入りました。すると主人が、怒らない人には仕事が用意されている、怒ったら食べられると張り紙に書いてあるのだと説明しました。

のっぽのジャンは怒らないと約束をしました。

翌日、主人は牛の群れの番にのっぽのジャンをやりました。一日じゅう牛を見ていましたが、誰も食べものをくれませんでした。仕事から帰ってきましたが、約束を思い出して、文句を言いませんでした。

もう一日、牛の群れの番をしましたが、誰も食べものをくれませんでした。仕事から帰ってくると、怒りを隠しきれませんでした。のっぽのジャンは言いました。「お腹がすいたのに、食べるものなしで働かされてとても怒っています」すると悪魔は、つまり主人のことなのですが、のっぽのジャンを飲み込んでしまいました。

歳をとったお母さんは息子が少しばかりのお金を持って帰ってきてくれるのを待っていました。お兄さんを待っているのに疲れて、ジャン坊やが、今度は自分が仕事を探しにいって、お母さんのためにお金を稼いでくると言いました。

ジャン坊やは家を出ると、同じ畑にやってきて、張り紙を見て、読みました。ジャン坊やは字が読めたのです。ジャン坊やが畑に入って、悪魔の前に出ると、悪魔は字が読めるかとたずねました。「いいえ」とジャン坊やは答えました。すると悪魔は、どんな条件で仕事を与えるのか説明しました。決して怒らないで仕事をしなければならないということです。怒った人は悪魔に殺されることになります。

「そしてわたしは、怒らない旦那という名前だ」

ジャン坊やは話をよく聞いて、条件を受け入れました。

主人は翌朝、木を切って、のこぎりで板を作らせるために、ジャン坊やを森にやりました。主人は、十人の男が十日かかっても終えられないほどの仕事を与えました。

ジャンは仕事を始めました。時間がたっていきます。八時間、十時間、十一時間もです。お腹がすき始めました。昼ごろになってやっと、召使の女が食事を持ってくるのが目に入りました。百グラムほどのほんの少しのパンと、小さい肉と大きい肉の塊《かたまり》でした。ジャン坊やは腰を下ろして食べ始めました。小さい肉の塊を手に取りました。食べている途中に、一匹の蛇が大きい肉の塊に飛びついて、飲み込んでしまいました。それは蛇に化けた悪魔の息子でした。

ジャン坊やは、そういうことが起こると思っていて、サブル〔原註：サトウキビを切る刀で木を切るのにも使う〕を手にとると、蛇の頭を切り落としました。

そして怒らない旦那のもとに帰ると、こう言いました。「どうしてあんなに食事を持ってくるのが遅れたんですか？　そのせいで、蛇が来て僕の大きな肉の塊を食べてしまったじゃないですか」

悪魔がジャンにたずねました。「怒ったのか？」するとジャン坊やが答えました。「そんなことぐらいで怒ったりしません。ただでとられたわけではありません。蛇を殺してやりました。怒りましたか？」すると悪魔が答えました。「まさか。怒ってなどいない」

翌日、ジャン坊やは柴や緑の草を集めてブカン〔原註：草や柴を集めてたき火をする〕を作らねばなりませんでした。十二個ほどブカンをこしらえましたが、鶏がやってきました。ゲムの小さい鶏〔原註：闘鶏用の種で、英語のゲームに由来する〕ではなく、マデイラの大きい鶏〔原註：太った種で、原産地の島の名前からそう呼ばれる〕だったのですが、火をつけようとしていた山を蹴ちらしてしまいました。それは悪魔のふたり目の息子でした。ジャン坊やは熊手でマデイラの鶏を殺し、怒らない旦那のもとに帰って言いました。「旦那の飼っている鶏を一羽殺したんじゃないかと思います。一日かけてした仕事をめちゃくちゃにしたからです。怒りましたか？」悪魔は「いや、まだまだ」と答えて、またジャンを仕事にやりました。

昼間はとても暑かったのですが、誰も飲みものや食べものを持ってきてくれませんでした。ジャン坊やはお腹がすいたのを我慢して、一日を終えました。

晩ごはんが出されることになりました。しかし席について食べようとするやいなや、怒らない旦那は、ふたりの娘が隣の草原に用を足しにいくから、ついていってやってくれと言いました。

ジャン坊やは口答えせず、立ちあがると、悪魔の娘たちと外に出て、ふたりを待っていました。しかし、だんだんいらいらしてきました。お腹がすいているのに、娘たちの用足しがいつまでたっても終わらないからです。ジャン坊やはふたりを絞め殺すと、食事に戻りました。そして怒らない旦那に言いました。「あまりにも待たせるものですから、絞め殺してやりました。怒りましたか？」悪魔は「いや、まだまだ」と答えました。

翌日、悪魔は牛の番をさせにジャン坊やをやりました。ジャン坊やが牛の番をするために草原にいると、牛飼いが来て一頭の太った牛にいい値段をつけました。ジャン坊やは群れの大方を牛飼いに売ってしまいましたが、尻尾だけは返してほしいと言いました。尻尾を手に取ると、沼の中に突っ込んで、尻尾の先の毛だけが沼に浮いているようにしました。そして怒らない旦那に、群れの一部を売って、他は沼で溺れているので、引き出すために助けに来てほしいと言いに行きました。

ふたりは一緒になって尻尾を引っ張りました。ジャン坊やは引っ張るふりをするだけです。怒らない旦那は腹を立て始めていたのですが、無言のまま力いっぱい引っ張りました。当然のことながら、尻尾だけが手に残り、割れたガラスびんの上にひっくり返って、怪我《けが》をしました。

地面に倒れているところに、ジャン坊やが「怒りましたか」とたずねました。

「いや、まだまだそんなことはない」と怒らない旦那は答えました。


ジャン坊やは、牛を売って手にしたお金をお母さんに送りました。翌日は、馬の群れの番をしなければなりませんでした。買い手がやってくると、ジャン坊やは全部売ってしまいました。そのようにして、日々、別の群れをまかされることになりました。馬、羊、山羊、ジャン坊やは全部売って、悪魔はそのたびに怒りを飲み込みましたが、いい加減うんざりしました。ただ、自分ではジャン坊やを始末できないことも、よくわかっていました。


悪魔には年をとったおじいさんがいて、悪魔たちの王様でした。悪魔の王様はそれが誰であっても、人間でも悪魔でも、うまく殺してしまうことができるのでした。怒らない旦那は、王様であればジャン坊やを始末できると思いました。ただ、王様のところにジャン坊やを行かせねばなりませんでした。怒らない旦那は、ひとつの策を考え出しました。三人目の息子が残っていたのですが、羊に姿を変えさせ、ジャン坊やには、悪魔の王様のところに連れていくことになっているその羊についていくようにと命じました。

ジャン坊やはそれに従って、道の突きあたりまでついていきました。そこでナイフをとりだすと、羊の首を切ってしまいました。主人のところに戻ってきてこう言いました。「あの羊は先に進もうとしなかったから、殺してやりました。怒りましたか？」

悪魔は「いや、まだまだ」と答えましたが、家に帰ると、怒りを鎮《しず》めるため、奥さんにびんたを食らわせました。ジャン坊やがあいだに入って悪魔を突き飛ばすと、悪魔が倒れたので、こうたずねました。「怒りましたか？」悪魔は「いや、まだまだ」と答えました。

翌日、悪魔はジャン坊やに、おじいさんの小屋に続く道を、また行くように命じました。

ジャン坊やも、けりをつけたいと思いました。道を進み、まっすぐ悪魔の王様のもとにたどりつきました。王様は迎え入れて、腰かけを渡しました。ジャン坊やが腰かけに座ってあたりを見ると、危険が迫っていることが一目でわかりました。

とはいえ丁重にもてなされ、食べものをもらい、一晩寝なければならないベッドを王様に見せてもらいました。

ジャン坊やは、ベッドの近くに腰かけを持っていきました。そこには、大悪魔によって民が仕掛けられていることがわかりました。完全に夜がふけるのを待ちました。そして腰かけを手にとって、勢いよくベッドの上に投げました。腰かけはバラバラになって、粉々にくだけました。ジャン坊やは扉のうしろに身を隠しました。悪魔の王様が、何が起きたのかと見にやってくる足音が聞こえたからです。

王様は部屋に入ってきて、ベッドのほうに進みました。ジャン坊やはナイフを抜いて、うしろから近づいて何度か刺し、悪魔の王様にとどめを刺すために切りつけました。

それから大悪魔の家を見て回りました。悪魔が悪さをするために使う機械がいっぱいある部屋で、大悪魔が言うことを聞かなくなった他の悪魔を殺すのに使う騎銃《きじゅう》を見つけました。

それを手に取り、怒らない旦那のもとに帰って、こう言いました。「悪魔の王様を殺しました。怒りましたか？」

悪魔の答えはあいかわらず「いや、まだまだ」でした。しかし、悪魔は恐ろしくなりました。というのも「もしジャン坊やが悪魔の王様を殺したのだとしたら、今度は何をするかわからないぞ」とひとりごとを言っていたからです。

そこで、お母さんに意見をもらいにいきました。お母さんは、とても悪知恵の働く女悪魔でした。「こうするべきよ。今晩、深夜になったらすぐ、うちの鶏がとまる木にわたしがのぼる。雄鶏《おんどり》が鳴いて、雌鶏《めんどり》はコッコと言い出す。そうしたらあんたには、ジャン坊やが通りがかるのが見える。部屋にいないあいだに入り込んで、騎銃を取って、そいつで殺すのよ」

夜、この計画は実行に移されました。ジャン坊やは、木にとまった雄鶏や雌鶏がどういったわけで動くのか見に行かされたのですが、しかし騎銃を持って出ていったのです。

木の下にくると、年老いた女悪魔が木にとまっているのが見えて、銃で撃ちました。女悪魔は一発で仕留められました。

発砲の音を聞いて、悪魔は駆けつけ「何をしたんだ？　おふくろを殺したな！」と叫びました。

ジャン坊やは「怒りましたか？」と言いました。

悪魔は「もちろん。ちゃんと理由がある」と声をあげました。

悪魔は賭けに負けました。怒ってしまったので、もう怒らない旦那ではなくなりました。そこでジャン坊やは騎銃を撃って、殺してしまいました。

そして、悪魔の財産を全部自分のものにして、その奥さんと結婚しました。それが悪魔ではなく、とても美しい人だったということは言っておかなければなりません。

盛大な結婚式が開かれました。お酒がかごに注がれ、パンはびんで出されたと言われています。わたしは人々が楽しんでいるか見にいったのですが、わたしがもらったのはたったの骨一本と足蹴り一発だけで、蹴られてここまで飛んできて、あなた方にこの話をしている次第なのです。

阿呆のジャンのはなし

阿呆のジャン

阿呆のジャンは貧しい黒人で、自分の鼻の先までしか、ものが見えませんでした。母親は人の好いおばあさんで、ジャンの阿呆ぶりが日々の悩みの種でした。

ある日、お母さんは料理のため、三つ脚のショディエールを買いに、お使いにジャンを町へやりました。「頼むから、帰ってきてお前のことを叱らなくてもいいようにしておくれ。いつもの馬鹿をやらかさないでおくれ」ジャンはできるだけ利口に見えるようにすると約束して、出ていきました。

店でジャンは灰色をした金属製の立派な三つ脚のショディエールを選びました。たたいて音を鳴らしてみることも忘れませんでした。ひびが入っていないか確認するためです。お金を払って、家路につきました。

道の途中、腕に抱えた鍋が重いと思いました。立ち止まって、ショディエールを地面に置いて、しばらく見つめると、真剣に考えごとを始めました。「どうだ、お前は脚がみっつもあるのに、俺に抱っこしてもらうなんて。冗談じゃない。俺はまだ歩かなきゃならないんだから、ついてこい」そして数歩先に進むと、ときどきうしろを振り返って、ショディエールがついてきているか確かめました。しかし、動きません。ジャンは腹を立てて、鍋に足蹴りを食らわせ、ゆすったので、しまいにはショディエールには脚が一本しか残りませんでした。ジャンは鍋が頑固なのを見て、拾いあげ、貧しく年老いたお母さんのところにひどい状態で持って帰ることになりました。

当然のことながら、お母さんはまたしてもがっかりさせられました。あいかわらず、底が丸く三つの石の上において使うココ・ア・ネグル〔原註：土で作った取手も脚もない鍋〕で料理をし続けねばならないのでした。これをまねて国じゅう、いまでもそのようにしているのです。

しばらくして、阿呆のジャンの貧しく年老いたお母さんはひどい病気になり、ジャンは隣に住むとてももの知りの「もの売り女」〔原註：民間医者で接骨師、呪術師のようなもの〕のところに、どうしたらいいか聞きにいきました。その人は恋人を惹《ひ》きつけたり、悪霊を追い払う粉を驚くほど上手に作ることができました。スズランと鉄草とパチョリを使って水に香りをつけ、「家々にまいて」いました。

そこで「もの売り女」がろうそくに火をつけると、火の中に阿呆のジャンのお母さんの病気が見えました。長い処方箋を書いて、ジャンに渡しました。

そして、処方箋に書かれている魔法の薬を買いにいくことになりました。そのためにはお金が必要でしたが、ジャンにはお金がありませんでした。ジャンには牛が二頭いるだけで、一頭は九百フラン、もう一頭は、たぶん千二百フランの価値がありました。

お母さんが言いました。「九百フランの牛を連れて、お金持ちのボフォンさんがいる町に売りにいきなさい。買ってくれるだろうから」

阿呆のジャンはボフォンさんのところに着くと、商売人だったボフォンさんに、お母さんの薬を買うから牛を売らねばならないことを説明しました。ボフォンが牛の値段をたずねると、ジャンは言いました。「九フランです」ボフォンさんは驚いた目でジャンを見つめ、こう言いました。「よろしい。その値でいい」ジャンに九フランを渡して、牛を買い取りました。

その九フランを持って、ジャンは薬局にいきました。当然のことながら、処方箋の薬を完全にそろえるには、お金が足りませんでした。だから薬局はお金のかかる特別な薬は出しません。鹿の角、ケシの花のつぼみ、水仙の根、マンナ、センナ、四泥棒の酢〔訳註：古くから伝わる民間薬〕を数滴、鎮静用の軟膏など、どこにでもあるような薬しか渡しませんでした。それだけで、八フラン五十サンチームになりました。

ジャンは薬の袋を持って、おつりにもらった十スーのうち八スーでパンを、二スーで赤バター〔原注：ルクあるいはサフランで着色した、クレオール料理に使う食材〕を買って、パンに塗って食べながら家に帰りました。

お母さんがありきたりな薬の入った小さな袋を見ると、阿呆のジャンは牛を九フランで売ったと説明しました。貧しく年老いたお母さんは、またしてもジャンが馬鹿をやらかしたことにがっかりしました。

たっぷりと阿呆あつかいしたあとで、お母さんはジャンに言いました。「もう一頭の牛を連れて、売りにいきなさい。でも今度は間違えないように。ちゃんと覚えていきなさい。十二フランじゃなくて千二百フラン！　言ってみなさい！」ジャンは言いました。「十二フランじゃなくて千二百フラン！」ジャンは道すがら、ボフォンさんの家の前まで繰り返し言いました。そんなふうに繰り返したせいで、口がカラカラに乾いてしまいました。のどが渇いて、取引をする前に水を頼みました。

水を飲んで、商売人のボフォンさんに言いました。「二頭目の牛を売りたいんです。千二百フランじゃなくて十二フラン！」

ボフォンさんはジャンを見つめ、こう言いました。「よろしい、阿呆のジャン、わかった。その値でいい。お金を持っていきなさい」

ジャンは肥えた牛を引き渡して、十二フランをもらいました。そのお金を薬局へ持っていったのですが、薬局は高い薬の一部しか出しませんでした。全部買うにはお金が足りなかったのです。

今度こそ、お母さんの言ったとおりにしたので、怒られるはずがありません。自分が成しとげたことをお母さんに話すと、お母さんはジャンのことをつける薬のない阿呆だと罵《ののし》りました。ジャンはしょんぼりとうなだれましたが、それと同時に自分の阿呆ぶりにつけこんだボフォンさんに対して腹が立って、仕返しをしてやると誓いました。

しばらくのあいだ、ジャンは仕返しのことばかり考えていました。仕返しをしなければという気持ちが、一時的にジャンの阿呆を治しました。考えていたのは、こういうことでした。レンガとジロモン〔原注：アンティル諸島でのカボチャの呼び名〕をつぶして、赤い裏ごしを作って、赤バターに似せました。近所の人のところへいくつか樽を持っていって、この裏ごしを詰めて、強い接着剤でふたを閉じました。

そしてボフォンさんに会いにいって、売りたいものがあると言いました。「樽に入った赤バターを売りたいんですけど」ボフォンさんが値段をたずねると、ジャンはこう答えました。「ああ、商売のことはよくわかりませんが、この小さな帽子がいっぱいになるお金ぐらいの価値はあると思います」ボフォンさんはその値でいいと言って、阿呆のジャンの帽子をお金でいっぱいにして、納屋に赤バターの樽を入れました。

ジャンは家に帰ると、お母さんにお金を渡しました。

数日後、樽に入れた赤バターが発酵して、樽がはじけました。今度は阿呆のジャンの知恵がまさったとわかり、ボフォンさんは腹を立てました。拳銃を手に、ジャンのところに出かけました。

年老いたお母さんは、敵がやってくるのを目にすると、息子に最後の日が来たのだと思いました。ジャンも、ボフォンさんがやってくるのを目にすると、何のことだかわかりました。ジャンはちょうどポタジエ〔原注：かまど〕の前にいて、火を焚いて、ごはんにしようと豆を煮ているところでした。

ジャンはぱっと燠火《おきび》に灰をかぶせると、うちわを隠して、短い鞭を手にしました。ボフォンさんが家の中に入ってくると、ジャンはかまどの前にいて、鞭を宙で振り、ショディエールの中では豆が動いていました。灰をかぶせた火のせいで、まだ湯が沸き続けていたからです。

ボフォンさんは、この不思議な光景に唖然としました。怒りを忘れて、阿呆のジャンにたずねました。「お前は何をしているんだ？」

阿呆のジャンが答えました。「見ればわかるでしょう。かまどの前でこの鞭を振るうと　豆が煮えるんですよ」

ボフォンさんがその魔法の鞭を譲ってくれないかと頼むと、ジャンはそれを帽子一杯分のお金で売りました。

ボフォンさんはお金を払うと鞭を持っていきました。

家に帰って、料理女に食事はかまどの前でこの鞭を宙で振るようにと言って、次の日、その実演を見せるために仲間を招待しました。

当然のことながら、料理女がどれだけかまどの前で鞭を振っても、米が炊けることもなければ、肉が焼けることもありませんでした。

ボフォンさんは、一度目に阿呆のジャンにしてやられたときよりも腹を立てました。その馬鹿さ加減は皆の知るところだったからです。カンカンに怒って、話をつけようとジャンに会いにいきました。

阿呆のジャンは、そうなることがわかっていて、お母さんとしめし合わせ、一度目のときよりも賢い芝居を打つことにしました。

その日、肥えた豚〔原註：アンティル諸島ではporcと言わずcochonと言う〕をつぶし、膀胱《ぼうこう》と生き血を抜きました。ジャンは豚の膀胱に血を入れて、豚の血抜きをするときに使うナイフを用意しました。

ボフォンさんが阿呆のジャンの家にやってくると、迎え入れたのはお母さんでした。

ボフォンさんは怒った声でおばあさんに求めました。「わたしのことを二回もだました阿呆のジャンを出せ、殺してやるから出せ！」

「お静かに」おばあさんは知恵を働かせて言いました。「寝ているんです。そんなに声を荒らげないでください。寝ているのですから、起こしてはいけません。寝起きが悪いんです。起こしにくる人をすぐ殺してしまうんです」

「そんなことはどうでもいい」とボフォンさんは言いました。「起こしにいけ！　ジャンがお前のことを殺そうが、知ったことか！」

この恐ろしい怒りを前に、哀れなおばあさんはとうとうあきらめて、震えながら息子を起こしにいきました。

するとジャンは怒り狂ったようなふりをして、寝床のすぐ横に置いておいたナイフをつかむと、お母さんに飛びかかり、お母さんに服の下に入れておくように言っておいた血でいっぱいの豚の膀胱にナイフをつき立てました。おばあさんは崩れ落ちました。

ボフォンさんは恐ろしい光景にびっくりして、阿呆のジャンに言いました。「なんてことをしたんだ。神様！　お前は自分の母親を殺したんだぞ！」

ジャンは答えました。「生き返らせてみせましょう」そして小びんを手に取って、こう言いながら、倒れているお母さんにその中身を何滴か垂らしました。「おい、右手の親指を動かせ！」すると、お母さんの右手の親指が動くのが見えました。さらに数滴垂らして、言いました。「おい、両腕を上げろ！」すると、おばあさんは両腕を上げました。三度目に小びんの中身を数滴垂らして、こう叫びました。「おい、立て！」すると、お母さんは立ちあがって、ピンピンしていたのでした。

ボフォンさんは、阿呆のジャンのことをかなりの呪術師だと思いました。小びんが欲しいと思って、また帽子一杯分のお金を払い、世にもまれな液体の入った小びんを持って去りました。

自分の地所に戻ってくると、液体の魔法のような効果を試してみたいと思いました。奥さんを殺して、死体の上に液体を数滴垂らしました。「右手の親指を動かせ」奥さんは手の親指も足の親指も動かしませんでした。もう動くことはありませんでした。死んでしまっていたのです。

今度こそ、ボフォンさんは怒りと絶望で狂いました。阿呆のジャンの家にいって、ジャンを捕まえました。ボフォンさんはとても力が強かったので、ジャンを袋の中に入れて、カヌーに乗せ、海に捨ててやろうと連れていきました。しかし海辺についたところで、オールを忘れたことがわかりました。その場に袋を下ろすと、オールをとりにいきました。

そこは、羊が草を食べる草場でした。ひとりの羊飼いが羊の番をしていました。羊飼いは興味津々でボフォンさんが下ろした大きな袋を見ると、袋が動いているのがわかりました。袋を開けてみると、阿呆のジャンだとわかりました。ジャンは袋から出ると、身震いをして言いました。「ひどい話なんだよ！　ボフォンさんは僕を自分の娘と結婚させようとしているんだけど、僕は嫌なんだ。力ずくで僕を袋に入れて、家に連れていこうとしているんだ」

羊飼いはジャンに、身代わりになってあげようと言いました。ジャンがその場所を譲ってくれたら、自分がボフォンさんの娘と結婚できるぞ。ジャンはありがとうと言って、身代わりになったのをボフォンさんに見られないように羊飼いを袋に入れ、口を縛り、その場を離れました。

しばらくしてボフォンさんがオールを持って戻り、カヌーに袋を戻すと、岸から数百メートル先まで漕いで、波間に袋を落としたのでした。

ボフォンさんは家に戻ると、窓辺に座って復讐の祝杯を上げました。

ふと見ると窓の前に、こっそり羊を盗み、うしろにつれた阿呆のジャンがいました。

ボフォンさんは、自分の見ているものが信じられませんでした。「お前はどこから来たんだ？」とたずねました。

阿呆のジャンは答えました。「ボフォンさん、ご存知でしょう。もっと遠くに捨ててくれればよかったのに。そうしたら、立派な競走馬を連れて戻ってきたのに！」

ボフォンさんは言いました。「じゃあわたしを袋に入れて、できるだけ遠くまでいってくれ」

阿呆のジャンは、この提案を喜んで受け入れました。ボフォンさんの入っている袋をしっかり縛り、岸から五キロのところまで漕いでいって、袋を捨てて、帰ってきました。そして、ボフォンさんが帰ってくることはありませんでした。

それからというもの、人はもう阿呆のジャンと呼ぼうとはしませんでした。ただ、仕返しが終わってしまえば、以前のように阿呆のジャンに戻ったようでした。

しばしのあいだ、ジャンは幸せに暮らし、お母さんの看病をしました。帽子三杯分のお金で、貧しいお母さんのために薬が全部買えたからです。しかし、何をしてもお母さんは治りませんでした。老いというのは治らないものだからです。

ある日、何をしても治らないことがわかって、元気が出るかもしれないとお風呂に入れることにしました。そこでお湯を沸かして、湯船の中にお母さんを入れると、沸き立つお湯を体にかけました。お母さんは痙攣《けいれん》して体をよじらせました。それほど熱かったのです。口を開けて叫び声を上げようとしましたが、まったく声が出ませんでした。それほどまでにびっくりしたのです。

ジャンは、満足げにお母さんを見て、この治療法が効果てきめんであることを見にくるようにと、近所の女の人たちを大声で呼びました。「見て」とジャンは言いました。「こうしてやらなきゃいけなかったんだ。さっきまでろくに動けやしなかったけど、ほらこうやって少し動けるようになった。悲しそうにしていたのが、ほら、歯を見せて笑ってる！」

かわいそうなお母さんは、もとに戻りませんでした。息子のしたことで、完全に息の根を止められてしまったのです。

この出来事があって以来、火を使ってお風呂のお湯を沸かすのは避け、太陽の光で温める習慣ができたのだと言われています。

貧しいお母さんが死んでから、ジャンは陸《おか》を歩き、海を渡る放浪生活を送りました。時にはマルフィニ〔原註：アンティル諸島の海鳥〕の翼で、あるいはカメの背中に乗って、数えきれないほど驚くような冒険をしました。それらの冒険は、ジャンがアビタン〔原註：地主〕になった日に、終わりを迎えました。

放浪を続ける途中で、ある晩、ジャンは貧しいおばあさんの家にたどり着いて、一晩泊めてもらえないかとたずねました。おばあさんは疲れを癒すようにと部屋とベッドをジャンにあてがおうとしましたが、朝方、日が昇る時間にぞっとするような叫び声のせいで目を覚ますことになるだろうと言いました。「ここにはもう日が昇らないのです」おばあさんは続けました。「なぜなら悪魔が、恐ろしい罪を犯したわたしの主人を懲らしめるため、農園の昼を飲み込んでしまったからです。そして毎朝、悪魔の声がその呪いを繰り返すようになって、百年になります。声が響いても、絶対に口を開いてはいけません。その声に答えると、誰であれ飲み込まれてしまいます」

阿呆のジャンはそれを聞いて、奇妙な話に驚きました。どうしたら、隣では日が昇るのに、ひとつの農園の上だけに日が昇らないなどということがあるのでしょう。しかしジャンは旅をし疲れていたので、横になり、寝てしまいました。

ジャンの目を覚ましたのは、恐ろしい叫び声でした。おばあさんが話していたあの声です。その声はおばあさんが何度も繰り返したようにわめきました。「ここにはもう日は昇らない！」阿呆のジャンは耳を傾けて、おばあさんの忠告を聞かないことにしました。「まあ、なんてことだろう！」と言いました。「お前はどうやって、日が昇るのを邪魔しているんだ？」こう言い終わるや否や、ジャンはパクっと飲み込まれたのを感じました。奈落の底、その地所の昼を飲み込んだ悪魔の大きな胃の中に落ちたのだと感じました。

しかし阿呆のジャンは、たとえ悪魔の胃の中にいたとしても、決して焦りませんでした。常に身につけているナイフをポケットから取り出し、内側から悪魔のお腹を開きました。そうしたら、農園を覆っていたこの大きな胃袋がボールみたいに膨れ、それからしおれて、しぼんで、何とも言えない小さなぶよぶよの塊でしかなくなって、しまいには農園の上に光り輝く陽に当たり、腐ってしまいました。

このようにしてジャンは悪魔のお腹から出てきて、島でもいちばん立派な地所をそこから救い出したのでした。その見返りに、救い出された農園がジャンに与えられました。ジャンは正式にアビタンになって、その日から幸せにつつがなく暮らしたのでした。

さまざまな民話

シカ坊や

あるとても裕福な農家に息子が三人いました。上のふたりはもう大きくて、いちばん下の子はとても小さく、やせっぽちでひ弱でした。お兄さんたちはその子を、弱いからいじめていました。見下して、ちびのシカあるいはチシカと呼んでいました。なぜなら砂蚤《シク》が足にたくさんいたからです。お父さんは大きな花畑を持っていました。バラ、モスリン、ヒナギク、ワスレナグサ、他のあらゆる種類の花が植えられていました。

毎晩、誰も目にすることができなかったのですが、けものたちがやってきて花畑を荒らしました。お父さんはとても歳をとっていて、泥棒を捕まえるために見張りをすることはできませんでした。


いちばん上の息子が言いました。「お父さん、畑に行って見張る役を僕にまかせてください」

息子は、食料と武器をとって出かけました。でも、その息子は怠《なま》け者でした。八時になるとすぐに、眠気に負けてしまいました。朝、目を覚ますと、畑が荒らされているのが目に入りました。

お父さんは、いつものように見回りにきました。例のごとく畑が荒らされているのを目にし、それは次の日もまた次の日も同じことでした。

お父さんは腹を立て、しびれを切らせていちばん上の息子を呼び戻しました。


真ん中の息子が、いちばん上の息子の代わりをするとお父さんに申し出ました。

でも、真ん中の息子もどうしても眠り込んでしまって、何者の仕業《しわざ》かわかりませんでした。お父さんはしばらく我慢しましたが、腹を立てて息子を呼び戻しました。


見張りをすると、シカ坊やがお父さんに申し出ました。みんながシカのことをからかいました。

お兄さんたちが言いました。「シカ坊や、おれたちはお前より強いのにうまくいかなかった。お前みたいな塵《ちり》のような奴が、どうやっておれたちよりうまくやるつもりだ」

シカ坊やは答えました。「とにかく畑の見張りをまかせて。そのうちわかるから」

シカ坊やがそれほどまでにも頼むので、とうとうお父さんは畑の見張りにやることにしました。

お父さんは、小さなパンのかけらを少しばかりのタラと一緒に晩ごはんとして与えました。シカ坊やは、武器の代わりにレモンをいくつか持っていきました。目を覚ましておく手段を考えついたからです。

真夜中ごろ、眠気に「連れていかれる」感じがしました。小さなナイフで指の先を切って、そこにレモンの汁をかけました。恐ろしいぐらいにしみて、痛みで目を覚ましました。痛みが引くたびに新しく傷を作って、その上からレモンの汁をかけるのでした。そうして、夜の二時まで起きていました。

その時間になって、天から馬が下りてくるのが畑を浸す月明かりで見えました。七頭のきれいな馬です。でも、そのうちの三頭の色しか見分けることができませんでした。

一頭目は真っ白、二頭目は赤、そして三頭目はカフェオレ色をしていました。

馬はみんな畑に降りてきて、花を食べ始めました。

そこでチシカは勇気をふりしぼって、七頭のうちいちばん偉そうな一頭の目の前に行きました。シカは馬のたてがみをつかんでたずねました。「誰がお父さんの畑を荒らしていいと言ったんだ」

馬は答えました。「わたしたちは天からやってきた。神様の馬だ。花が好物で、ここの花はよその花よりもきれいだ。だからここに花を食べにくるのだ。もし放してくれるのなら、お前が危なくなった時に助けにきて、問題をすべて解決する手助けをすると約束しよう」

それからそれぞれの馬が背中の、鞍を乗せるところの毛の房をひとつずつシカに与えました。次に話をした馬が、必要になった場合に救いや助けを呼ぶときに唱えるまじないをシカに教えました。

そして馬たちは去っていきました。

翌朝、お父さんが見回りにやってくると、いつもより畑が荒らされていないと思いました。シカ坊やを褒めて、もっと注意しているようにと言いつけました。

しかしチシカは、お兄さんたちの近くにいるのがいいと言って断りました。

お兄さんたちのもとに戻ってきましたが、シカが目にした秘密のことは誰も何も知りません。人に聞かれても、何も見なかったと答えました。

お屋敷に帰ってくると、いままで以上にお兄さんたちからいじめられました。お父さんがシカを褒めたことを妬《ねた》んだからです。


三人はしばらく一緒に過ごしましたが、ある日、お兄さんたちの頭に世界中を巡るという考えが浮かびました。お兄さんたちはお父さんに、自分たちの分の財産をくれるようにと頼みました。お父さんは財産を分けました。シカにも同じく与えました。

お兄さんたちはいちばん下の子に、ついてきてはいけないと言いました。出かける途中、道を曲がるところでチシカがついてきているのを目にしました。お兄さんたちはシカを殴ったり強く蹴ったりしましたが、シカはあいかわらずついてきて、追い払うことができませんでした。

お兄さんたちは宿屋で足を止めて、ひとりのおばあさんのところに泊まることにしました。ふたりとも放蕩者で、仕事をしませんでした。もらった財産で、毛織物の上下揃いの服と馬とライチ〔原註：カリブ海では希少な果物〕を買いました。つまり全部不必要なもので、余計なぜいたく品ばかりでしたが、シカには何もあげませんでした。それどころか、そのシカからは最初の晩、財産をとりあげてしまっていたのでした。いちばん下の子は、「トロワトロワパルトゥ」〔原註：かまどを指すクレオール語表現〕がある台所のかまどの横に寝なければなりませんでした。灰が髪の毛を覆いました。服はしわだらけになり、ボロボロになりました。

ところである日、王様が娘のために結婚相手を探しました。王様の娘の婿になるには、いくつかの条件を満たさなければなりませんでした。立派なシュヴァリエ〔原註：騎手〕で、馬に乗って王様の城を飛び越えなければなりませんでした。宮殿の両脇には崖がありました。それに挑戦した求婚者たちは、みんな最初の崖に落ちてしまいました。はずみをつけるのに失敗したからです。

シカのお兄さんたちもそれに挑戦しようと思ったのですが、道具を揃えるお金が足りず、借金をしなければなりませんでした。

当然のことながら、挑戦には成功できませんでした。崖に落ちてしまい、そこから出てくることはできたのですが、ひとりは腕を折って、もうひとりは足を折って、ふたりとも哀れな姿になってしまいました。シカ坊やは一度も外に出ず、「缶詰」になっているとばかり思われていたのですが、そのことを知りました。お兄さんたちが話しているのを耳にしたからです。シカは考えました。「天の馬の助けを呼ぶときがやってきた」

家を出ると、お兄さんたちがいないのを利用して、おばあさんから五十サンチーム盗み、お香と安息香を買いました。古い馬小屋に行って、馬がくれた毛の房を手にとりました。三頭目の、カフェオレ色をした馬の毛の房です。お香と安息香を焚いて、馬たちが教えてくれたまじないを唱えました。唱え終わるとすぐ、カフェオレ色をした馬が鞍をつけてあらわれ、鞍の上には立派なシュヴァリエの服がのっていました。チシカは服を着ると、見違えるようになりました。もうひ弱で小さな子ではなく、いまや颯爽とした騎手になっていました。馬に乗ると、馬はギャロップでシカを連れていって、王様の城の近くにやってきました。たくさんの人が挑戦者を見るために、そこに集まっていました。その中に、チシカのお兄さんたちもいました。誰ひとりとして、それほど立派な騎手と立派な馬を見たことがありませんでした。

馬はひと飛びで崖と宮殿を飛び越えました。すると馬と騎手は雲のようなものの中に消えてしまいました。一瞬で馬は、迎えにきた場所にチシカを連れ帰ってきました。

チシカは急いで宿屋に帰りました。しばらくして、お兄さんたちが戻ってきました。立派な騎手と不思議な馬のことを話していました。いつものようにチシカを突き飛ばして言いました。「お前はあんなに立派なものを見に行くことはないだろうな」シカ坊やが答えました。「連れていってもくれないのに、どうやったらそんな立派なものが見られると言うんだい」

真ん中のお兄さんが繰り返しました。「お前のような塵みたいな奴が、どうやったら連れていってもらえると思うんだ」

話はそこで終わりました。しかし誰も、挑戦に成功した騎手のことを知りませんでした。

王様は、騎手は戻ってきてもう一度挑戦し、王様の前に姿を見せなければならないと国じゅうにお触れを出しました。

チシカはそのことを、お兄さんたちの話から知りました。シカは馬小屋に戻りました。今度は赤い馬の毛の房を持ってきて、まじないを唱え終わると、赤い馬があらわれて赤い縁取りをした服を持ってきました。チシカが服を羽織って馬に乗ると、挑戦に成功したあと王様の前には出ないようにと馬が言いました。崖の前にやってくると、はずみをつけて飛びました。みんな騎手があらわれるのを待っていましたが、前回と同じく、雲の中に姿を消しました。

馬は、シカを乗せた場所に戻ってきました。チシカはお兄さんたちのところに帰りましたが、お兄さんたちはまだ帰ってきていませんでした。帰ってくると、またシカにひどく乱暴な扱いをして言いました。「お前はでき損ないで、一人前になるようにはできていない。もし宮殿をあんなにうまく飛び越えた気品のある騎手を見たら、お前はとんでもなく驚いただろうな。正気を失っただろうよ」チシカは答えました。「僕のせいじゃない」

王様も今度は腹を立て、騎手はもう一度挑戦をしなければならないとお触れを出しました。王様は、宮殿の近くに兵隊を置きました。兵隊たちは騎手が飛んでいるときに銃を撃って、怪我をさせることになっていました。殺すのではなく、怪我をさせるのです。兵隊は王家の紋章が入った特別な弾丸をこめた銃を撃つことになっていました。そうすれば、王様の医者たちが怪我人の体から弾丸を取り出すことで、騎手を見つけられるからです。

翌日、チシカは白い馬を呼びました。馬があらわれると、口に金《きん》で縁取りされた服をくわえていました。チシカが服を羽織《はお》って馬にまたがると、馬は、傷がチシカの正体を明かして、幸せをもたらすことになる挑戦が待っているだろうと伝えました。

チシカは出ていくと、はずみをつけて飛びました。右の膝に弾丸が当たりましたが、これまで二度したように雲の中に姿を消す前に馬が反対を向くと、チシカは窓から騎手を見つめる王様の娘を見ることができました。

馬はチシカを美女の窓のところまで連れていきました。それでシカは王様の娘にと馬がくれた婚約指輪を渡すことができました。王様の娘はシカのほうに身を傾けると、口づけをしました。そして馬は、チシカを馬小屋に連れて帰ったあとに姿を消しました。

チシカは足をひきずりながら、できるだけ急いでお兄さんたちのところへ帰りました。帰るとすぐに横になりました。お兄さんたちは間もなく戻ってきて、熱があるチシカの看病をほったらかして、新たな成功について話をしていました。

翌日、王様の医者たちはすべての家を訪れたあと、チシカのお兄さんたちのところに来ました。医者たちは怪我人を見つけられないまま帰っていきました。

国じゅうを調査したあと、王様の秘書たちは住人の中で二十一歳から二十二歳の男性がひとり足りないことに気づきました。王様の医者たちは真剣に調査しなおし、チシカのお兄さんのところにまたやって来て、言いました。「もうひとり兄弟はいないかね」お兄さんたちはすぐに言いました。「うちにはひとり弟がいます。チシカです。でも、ものの数には入りません。話す必要もありません。あれは『塵』で一人前ではありません」王様の命令なので、医者たちは言いました。「それでも会ってみなければ」お兄さんたちは熱で震えるシカ坊やを呼びましたが、怪我のせいでやって来ることができませんでした。

お兄さんのひとり、真ん中のお兄さんが背中の皮をつかんでシカを連れてきて、医者たちの前に投げ出すと、医者たちは怪我と王の紋章が入った弾丸を見つけました。

お兄さんたちはびっくりして気を失い、シカの前にひざまずくとこれまでにした意地悪のゆるしを乞いました。

チシカはお兄さんたちをゆるし、汚れて破れた服を着て、灰だらけの髪と砂蚤だらけの足で、医者たちと一緒に王様のもとに行きました。

道すがら、シカが少し離れて白い馬を呼ぶと、白い馬は呼びかけに答えました。一瞬でチシカは、金で飾られた服を着た立派な騎手に姿を変えました。

王様の宮廷までやってくると、馬からおりて王様の前に出ました。王様は盛大に迎え入れました。立派な演説があって、最後に結婚の日取りを決めました。

その日を待つ間、シカ坊やは恋人に会いにいきました。

立派な騎手姿のままのシカが三頭の馬を呼ぶたびに、立派な馬車をひいてやってきて、それでシカは恋人と出かけました。

お兄さんたちが結婚の日につき添いの騎手になって、チシカは馬たちが引く馬車に乗って教会に連れていかれました。

とてもたくさんの人が来たので、客を迎えるためにとてつもなく大きな幕を張ったと言われています。

チシカは年老いたお父さんをねんごろに招待して、お兄さんたち同様に貴賓席に座らせました。牛を何十頭も、ラクーン〔原註：アライグマ。グアドループのヒンズー教徒に好まれる獲物〕を何百匹も屠《はふ》りました。七日七晩踊りました。みんな酔っぱらっていました。

青ひげ

むかしむかし、ある村に、強くて残酷な悪魔がいました。その悪魔は青ひげと呼ばれていました。青ひげは自分の気に入った若い娘をさらい、結婚しては殺していたのです。もう百人以上の娘たちを食べてしまっていました。村の人々は、青ひげに戦いを挑み、殺そうとしましたが、青ひげをやっつけて、人殺しから村を救うことができるほど強い人はいませんでした。

ある日、青ひげは何人かの娘がいる家に入り込みました。その中からいちばん美しい娘を選び、さらっていきました。その若い娘には、遠い国へ旅立ったふたりのお兄さんがいました。

城に帰ると、悪魔は新しい奥さんに七つの鍵を与えました。それは城の部屋の鍵でした。青ひげは、与えた鍵のうち、最後の鍵の部屋を除いて、すべての部屋を見て回るようにと言いました。ただ、最後の鍵の部屋は決して開けてはならないと念を押すのでした。そして旅に出ました。

ひとり城に残された奥さんは城の掃除をしました。すべての部屋を見て回り、次々と整理整頓をしてほこりを払いました。そして、うっかりなのか好奇心からなのか、ある日、開かずの間に行って、その扉を開けてしまいました。

部屋は真っ暗だったのですが、中に入りました。すると、床に置かれていた鉢につまずいてしまいました。

鉢には血が入っていました。その血は、青ひげの犠牲になった前の奥さんたちのものでした。足が鉢にぶつかったとき、たまたま、奥さんが持っていた小石が手から滑り落ち、鉢の中に落ちてしまいました。血が飛んで顔にはねかかりました。血は吐き気のするようなにおいを放っていました。

奥さんはおびえて、部屋から出ていきました。女中を探しにいき、いましがた起こったことを話しました。女中は、水で溶いた灰で顔を洗うように勧めました。

女中の手を借りて奥さんは顔を洗いましたが、無駄なことでした。血のしみは消えず、あいかわらずにおうのでした。

奥さんは泣き出してしまいました。そのせいで眠れませんでした。青ひげの言いつけを思い出して、ひどい罰を受けることになると思いました。そこで奥さんは覚悟を決め、夫に反抗する決心をしました。

次の日、青ひげは旅から帰ってきました。奥さんは、出迎えに行こうとはしませんでした。しかし青ひげは奥さんを呼んで、口づけを求めました。奥さんは怖くなって、自分の顔を夫の顔に近づけることができませんでした。手だけ差し出しましたが、青ひげは口づけをするため、奥さんを引き寄せました。

そのとき、青ひげは血のにおいに気づいて、奥さんを押しのけて言いました。「お前はわたしの言うことをきかなかったな。お前は死ななければならない。屋根裏部屋に着替えに行け。早くしろ。処罰はすぐにとり行なわれなければならん」

青ひげは、屋根裏部屋に行くことができませんでした。というのも、屋根裏部屋は女性のものだからです。奥さんは化粧をするために、女中と屋根裏部屋に行きました。

ずっと前から、青ひげの奥さんは部屋に二羽の鳩を飼っていました。部屋に着くと、奥さんは遠くの国にいるふたりのお兄さんに向けて手紙を書き、この不幸な出来事について、とても危険な状況にあると書きました。二羽の鳩のうちの一羽にこの手紙を託すと、鳩は素早く飛び立ちました。

青ひげは残酷な心が抑えられず、階段の下から奥さんを呼びました。

「おい、降りて来たらどうだ！」奥さんは答えました。

「ええ、あなた、いま靴下をはいているところです」

青ひげは少し待って、それからもう一度、階段の下で叫びました。

「おい、降りて来たらどうだ！」奥さんは答えました。「ええ、いま靴を履いているところです」

青ひげはもう一度少し待って、それから同じことを言いました。奥さんは答えました。「ええ、ええ、いまシュミーズを着ているところです」

青ひげはもう一度待って、それからもう一度呼びました。奥さんは答えました。「ええ、ええ、ただいま、ドレスを着ているところです」

青ひげはあいかわらず待っていました。奥さんは答えました。「ええ、ええ、ちょうどマドラス〔原注：さまざまな色を使ったスカーフ。マドラスから輸入される〕を頭に巻いて《アマレ》〔原注：クレオール語の表現〕いるところです」

奥さんは、こう言ってはいたのですが、何もしていませんでした。つらそうに涙を流しながら、じっとしていました。お兄さんたちが助けにきてくれるのを待っていたのです。

女中は奥さんの隣にいて窓から外に目をやり、道をじっと見ていました。

奥さんは青ひげの呼びかけに答えるたびに、女中のほうを向いてたずねるのでした。「まだやってくるのが見えないかしら？」女中の返事は毎回こうでした。「いいえ、何も見えません」


道の遠くに、お兄さんたちの馬がギャロップで舞い上げる砂ぼこりが見えました。そして、女中が奥さんにそのことを伝えました。奥さんは服を身につけ始めました。

馬に乗った奥さんのお兄さんたちが近づいてくるあいだに、青ひげはわめき散らして地団太を踏み、服を引き裂いて大声をあげました。「おい、いい加減に降りてきたらどうだ！」

奥さんは、城のすぐそばにお兄さんたちがいるのを目にすると、ゆっくりと階段を降り始めました。一段降りるたびに、奥さんは足を止めて涙を流しました。

奥さんが最後の段にたどり着くと、青ひげは奥さんを捕まえにいきました。するとお兄さんたちが戸口にあらわれ、化けものに飛びかかりました。青ひげを刀で滅多切りにすると、手足が飛んでいきました。こっちには手、あっちには腕といった具合です。

このようにお兄さんたちが青ひげをズタズタに切り裂いているあいだ、青ひげが言いました。

「切られた足よ、くっつけ！
切られた腕よ、くっつけ
切り刻まれた頭よ、くっつけ
飛び散った骨髄よ、集まれ！
失われた脳よ、もとに戻れ！」

すると、切り離された手足はすぐにくっつきました。お兄さんたちは長いあいだズタズタに切り続けましたが、どうしても悪者をやっつけることができませんでした。

お兄さんたちは、青ひげとの戦いにけりをつける方法はないかと考えました。ふと、悪魔を相手にしていることに気づきました。そこで、散らばった青ひげの体のかけらに聖水をかけると、そのかけらはもう元に戻ることができなくなりました。こうしてお兄さんたちはついに青ひげにとどめを刺し、やっつけることができたのです。

妹を救い出したあと、お兄さんたちは青ひげの財産をみんなに分けたので、人々に感激され、肩車をされました。というのも、村人たちには、その人でなしを村から始末することができなかったからです。

妹は王子様と結婚し、お兄さんたちは王女様たちと結婚しました。一度に三組の結婚式がありました。馬と羊、象、ワニが屠られ、サーカスがあり、タムタムの音にあわせて踊りました。あたりの人々はみんな招待されて、若い娘たちはマタドール〔原註：クレオールの女性の衣装〕を着ました。人々は三日三晩踊りました。ワインとラム酒を飲み、二十樽が空っぽになりました。

わたしもそのお祝いにいきました。

とても楽しんで、おいしいものをたくさん食べて、いまでもお腹がいっぱいです。皆さんにこのお話をする力をくれたのが、そのお祝いなのです。

サンドリヨン

あるお母さんには娘がふたりいて、ひとりは美しく、もうひとりは醜い娘でした。お母さんは、醜い娘のほうが好きでした。美しい娘を結婚させないために、あらゆることをしました。いつも舞踏会には醜い娘だけを連れていき、美しい娘は家に残して、洗濯物、家をみがくこと、食事の用意などの仕事を全部させました。一方で、醜い娘はまったく何もしませんでした。

ある日、お母さんは美しい娘にこう言いました。「ほら、針とピンが混ざっている箱があるでしょう、わたしたちがミサに行っているあいだに分けて、片づけておきなさい」そして、醜い娘と大きなミサにいきました。もちろんやるべき家事もあります。

お母さんが出発すると、美しい娘は水を汲みに泉へいきました。そこで、美しい娘はひとりのおばあさんに出くわしました。おばあさんはこう言いました。「お嬢さん、どうして泣いているんだい?」美しい娘はこう答えました。「お母さんに仕事をたくさんやらされるの。それに、針とピンを分けるのなんて絶対に終わりっこない。でも、お母さんが帰ったときに終わっていなかったら、わたしはぶたれることになるの」

すると、おばあさんは美しい娘に小さな杖を向けて言いました。「あなたはこう言うだけでいい。小さな杖さん、わたしの望みをかなえて」

美しい娘は、とてもうれしそうに杖を家に持って帰りました。美しい娘はその杖を見つめて言いました。「おうちを片づけて、針とピンを分けて」すると、すべてが願ったとおりになったのです。

お母さんはミサから帰ってくると、すべての仕事が終わっているのを見て驚きました。

次の日曜日、ミサに行くときに、お母さんはさらにたくさんの仕事を美しい娘に与えました。今回は、美しい娘は杖のおかげで瞬く間に仕事を終えました。片づけをして、ほこりを払って、部屋をきれいにすると、美しい娘は、身につける美しい服と乗っていく馬車を杖にお願いしました。そしてミサへ行きました。

美しい娘が教会に着くと、みんなが彼女に注目しました。誰もが、美しい娘のことをお姫様だと思いました。それほど美しかったのです。

でも、美しい娘はミサが終わる少し前に帰りました。そして、お母さんが帰ってくると、いつものように仕事着を着て出てきました。お母さんは美しい娘に言いました。「もし教会に来ていれば、お前も美しい娘が見られただろうに」美しい娘は返事をしませんでした。

次の日曜日、美しい娘にはさらにたくさんの仕事がありましたが、杖がすべて瞬く間にやってくれました。そしてお母さんがやってくるよりも先に、馬車は教会の前に停まりました。美しい娘は最初の日曜日よりもさらにきれいで、みんな見とれていました。美しい娘はミサが終わる少し前に帰りました。

しかし、教会の階段を下りるときに靴が脱げてしまいました。美しい娘はお母さんよりも早く帰るために急いでいたので、靴を拾いませんでした。

見つかった靴は、王様のところへ持っていかれました。王様は、靴の持ち主である若い娘を息子の妻にするというお触れを出しました。

そして、王様はその靴を履くことができる娘を国じゅう探しました。

王様の使いの者たちはすべての家を訪れて、国にいるあらゆる若い娘に靴を履かせました。けれど誰もその靴を履くことができませんでした。

最後に、お母さんとふたりの娘の家だけが残っていました。

王様の使いの者たちはやってくると、お母さんにふたりの娘がどこにいるのか聞きました。お母さんは、もうひとりは留守だと言って、醜い娘しか見せませんでした。醜い娘は靴を履きましたが、入りませんでした。王様の使いの者たちが帰ろうとすると「美しい娘は桶の下！」とオウムが言うのが聞こえました。

お母さんはそのオウムを黙らせようとしましたが、無駄でした。お母さんはオウムを隠してしまおうとしたのですが、オウムはあくまで繰り返しました。「美しい娘は桶の下！」

結局、王様の使いの者が引っくり返された桶を見つけると、確かに、美しい娘はそこにいました。その美しい娘に靴を履かせると、靴はすんなり履けました。

お母さんはそれを見て、まるで怒り狂ったようになりましたが、どうにもなりません。

数日後、美しい娘と王様の息子の結婚式があり、そしてお母さんと醜い娘は、召使としてふたりに仕えなければなりませんでした。

第二部　寓話

ザンバとウサギのものがたり

ウサギがザンバを馬にする

それは、動物たちが言葉を話していた時代のことでした。

当時、仲よしのふたり組がいました。ザンバどんは体が大きくて、少しばかり食いしん坊で、少しばかり間が抜けていました。白ウサギどんは、いつもいつも一緒にいるとても間抜けな友達をかついでやりたいと思っていました。

その当時、どちらにも面倒を見るべき家族がおらず、まだ結婚もしていませんでした。それは、どちらも女の人たちを口説いているときのことでした。

小さくてやせっぽちのウサギは頭がやわらかく、うまくお世辞を言うことができました。しかし、ザンバのほうが女の人たちに気に入られていました。なぜならザンバは格好がよく、首がほっそりとしていて、顔が小さく、まっすぐでつややかな髪をして、脚が引き締まっていたからです。

ザンバは好きだったサポティユ嬢を口説きました。ウサギはそのことを苦々しく思っていました。なぜなら、ウサギもサポティユ嬢のことが好きだからです。

ある日、ザンバが立ち去ったのを見て、ウサギはサポティユに言いました。「あなたはこんなにもザンバのことが好きなんですか！　あのがさつな間抜けのことが。でもどうでしょう、ザンバはあなたにふさわしくありません。ザンバは取るに足らないどころか、それ以下ですよ！　僕が馬のようにあいつの上に乗って、自分の子供みたいに鞭で打ってさしあげましょう」

ザンバどんがサポティユを口説きにまたやってくると、サポティユはザンバを少し冷たくあしらい、ウサギが言ったことを伝えました。

ザンバはとてもがっかりしました。「ウサギは僕の仲間で、僕は兄弟のように信頼しているのに。兄弟以上だと言ってもいい！　それなのに、そんなでたらめを言うなんて！　ウサギにつぐないをさせてやる！　ウサギを探しにいって、ここに連れ戻してきます。言ったことを撤回するべきだ！」

そう言うと、その場を立ち去って、ウサギの家へ駆けていきました。

ザンバはとても足が速いのです。本当にとても怒っていて、すぐにでも汚された名誉を挽回しようとしました。道ばたで足を止めて、マンゴを取るために石を投げることもしません。花の香りがするポム・ローズを取ることにも目もくれず、親切な隣人が差し出すバルバディンのポンチですら断るのです。

地団太を踏み、怒りで赤くなってやってくると、ザンバはウサギが家で寝ているのを見つけました。ウサギはひどく病んでいて、ゼイゼイいいながら熱で震えていました。そのせいでベッドがゆれていました。ウサギは肺炎のようでした。そして、うめき声をあげていました。

あわれな光景に、ザンバの怒りはおさまりました。ウサギは、弱った声でザンバに話しかけました。

「ああ！　君か、あわれなザンバ、いいときにやってきた。僕は熱と悪寒で死んでしまう！」

しかしザンバは、自分のいらだちに耳を傾けるばかりで、その言葉を聞いていません。そして言いました。「ウサギどん、そんなのは関係ない！　君はサポティユに僕のことを悪く言って、馬に乗るように僕の背に乗って、自分の子供みたいに鞭で打つと言っただろう！　白黒つけるために、一緒に来るんだ」

するとウサギどんは、つらそうな様子で答えました。「ああ！　ザンバどん、僕は君のことがとても好きだ。でもどうやったら君と一緒にいけるっていうんだい？　僕は歩けない。とても弱っているんだ。熱があって死にそうなんだ！　もし一緒に来てほしいなら、おぶってくれないと」

「じゃあわかった、急いで立ち上がれ」ザンバが言いました。

「うん、でも背中につかまるためには、どうすればいいんだろう？　うまく座るためには鞍が必要だし、上手につかまるにはくつわと手綱も必要だ」ウサギは答えました。

「それはそうだ。こうしよう。鞍をつけて、僕がくつわを噛むから、君は手綱につかまればいい。早くするんだ。急いでいるんだ」

「うん、でも足が弱っているから、ちゃんとまっすぐ体を起こしているためには、あぶみもいるかもしれないよ！」ウサギが答えました。

「いいから急ぐんだ。あぶみがほしければ拍車もつけるといい。グズグズしていないで行くぞ」

そしてザンバは、されるがままであることに少しばかりいらいらしながら、何も考えないで馬のように馬具をつけさせました。ウサギはその背中に飛び乗り、ふたりは全速力で出発したのでした。ザンバは到着を急ぎました。ウサギは背中に乗りながら、こっそり笑いました。突然、ウサギの肺炎が治りました。そしてタマリンドの近くを通ったときに、しなる枝を折りました。サポティユの小屋が見えたとき、ウサギはその細い枝でザンバの横腹を打ち、わき腹に拍車を当ててこう叫びました。「ハイヨー、僕の馬！」

サポティユの家の前にくると、ウサギは自分の馬から下りました。ふたりのほうに向ってくるサポティユに、ウサギは怒り狂って声が出ないザンバを見せつけてこう言いました。「ザンバは僕の馬で、自分の子供みたいに打つと言ったでしょう！」

ふたりは気の毒なザンバのことを笑います。

ザンバはようやく声が出せるようになって、事情を説明しようとしました。しかしふたりは、ザンバのことを笑うばかりでした。ザンバは仕返しを考えるため、ふたりのもとを去っていきました。

ザンバとウサギが市場でお母さんを売る

むかしむかし、ひどい飢饉が起きました。食いしん坊で欲の深いザンバどんは、もう何も食べるものがなくて、とても苦しんでいました。となりのウサギどんは、体が小さいので食べる量は少しでしたが、同じくじっと飢饉を耐えていました。

ときどきふたりはつらい状況について話すため、お互いの家を訪ねあっていました。

ウサギは利口でした。ある日、ウサギはザンバに言いました。「ねえ、ザンバどん、僕たちおなかがすきすぎで死んでしまうよ。食べるものを見つけるのは難しいし、働かずに食べていくなんて、これ以上できない。君と僕には年とったお母さんがいるよね。お母さんたちは歳をとっていて、生活を切りつめているせいで、死んだも同然だ。近いうち、僕らはお母さんたちの墓前で涙を流すことになる。ああ！　そんなのはいい見とおしだとは言えないよね？」

　ザンバは「残念ながらね」と答えて、すすり泣き始めました。

「いいかい」とウサギは答えました。「おなかが鳴るかぎり、解決策を見つけないと心が痛む。でも神様が苦しみから逃れる方法を教えてくれた」

「ああ！　はやく言ってくれ」ザンバは手を合わせ、助けを乞うように声をあげました。

「それはつらい方法なんだ。それでもまだ知りたいかい？　家に置いておいても死ぬだけの僕らのお母さんたちを、市場で売るなら役に立つ。売ったそのお金で、僕らは食べものを手にすることができる。もし君がこの考えに賛成してくれるなら、言うまでもない。山分けにしよう」

　ウサギがお母さんを売ろうと話すと、ザンバはぞっとして飛び上がりました。ザンバは愛情深い息子でした。しかし、ザンバもまたお腹がすいていることを苦痛に感じていましたし、売ったお金で食料を手に入れられるのだと理解しました。ザンバは小さくため息をついたあと、ウサギの考えを受け入れました。

　ふたりは次の日の朝に待ち合わせをしました。ふたりはそれぞれお母さんを町の市場で売るため、縛って連れてこなければなりませんでした。

　翌朝、ふたりは決めた時間ぴったりに落ち合いました。ザンバはそのために店で買った縄でとてもきつく縛り上げたので、あわれな年老いたお母さんはなんとか歩けるくらいでした。

　一方でウサギは、お母さんをクリイモの木〔原註：サツマイモに似たつる植物で、その長い茎がひもとして使われる〕に縛ってつないでおきました。

お母さんはウサギのうしろを、軽い足どりで歩いていました。

　そんなウサギのお母さんを見て、ザンバは言いました。「君のお母さんは、どうしてそんなにものわかりがいいんだい？」

「当然さ、年寄りはいつだって聞き分けがいいんだ」ウサギは答えました。

四人は出発して、歩き始めました。市場で買うことになるいろいろなものについてウサギが話したせいで、ザンバはよだれが出るのでした。でもザンバは、話題を変えるように頼みました。突然ザンバは「一体全体どうしたことだ！　お母さんが逃げた！」とウサギが声をあげるのを耳にしました。

ザンバが振り返ると、ウサギは立ち上がっていて、砂ぼこりで白くなったお尻が見え、ウサギのお母さんはとてもとても速く逃げていき、白くて小さな尻尾の先しかもう見えませんでした

「ああ！　僕はどうすればいいんだ！」ウサギは頭をかかえ、涙を流して嘆くのでした。

「まあ、そんなふうに悲しまないで」ザンバが言いました。「まだ、僕のお母さんが残っているだろう。約束どおり、売ったお金をふたりで分けよう。それにしても、どうして君はお母さんをクリイモの木のひもで縛っておきながら、用心しなかったんだい？」

「思いもよらなかったんだよ」ウサギはうなだれて言いました。

ザンバが用心のために、縄をさらにきつく締めあげると、お母さんは金切り声をあげました。

ついに町に到着すると、ふたりはザンバのお母さんを売って、そのお金でひと月分以上の食料を買いました。特にウサギの言うことを聞いて、ピスタチオ〔原註：ウルシ科の木の実〕を買いました。

ふたりはお腹いっぱいになるまで、まずは食べ始めました。特にザンバはたくさん食べる必要がありました。ウサギはもう少しばかり慎重で、お腹をいっぱいにしませんでした。

ザンバの食欲がその山を減らしたのにもかかわらず、まだ食料は残っていました。ロバと荷車を買わなくてはならないほど、たくさんありました。

帰り道、ザンバはすでに自分が後悔したことを忘れてしまっていました。

ザンバは歩きながら、食べ過ぎたせいで用を足しにいきたくなりました。深い森を横切ると、雨のせいで道がでこぼこになっていました。ザンバはしばらくのあいだ、茂みの中に姿を消しました。ウサギは恥ずかしがって、ザンバにもっと森の奥に行くようにとうながしました。

ウサギはひとりになると小さなロバを止め、ロバの耳と尻尾を切り、荷車と一緒に遠くに連れていって深い溝に隠しました。それから木の枝を使って食料、荷車、耳と尻尾を切られたロバを念入りに覆いました。

ウサギは、ザンバと別れた場所に戻ってきました。そしてロバの耳と尻尾をぬかるみの中に立てました。耳と尻尾とのあいだの長さもしっかり測っておいて、そうしたのです。

ウサギは大声をあげました。「ザンバどん、ザンバどん！　早く来て、悪いことが起こった！」

ザンバは息を切らして戻ってきました。

「ほら」ウサギが言いました。「ロバがぬかるみに沈んでしまった。引っ張り出さないといけない。そうしないと僕らは途方に暮れることになる。君は耳を引っ張って。僕は尻尾を引っ張るから」

ザンバは力いっぱい引っ張って、尻もちをつきました。手にはロバの耳だけが残りました。

ウサギは引っ張るふりをして言いました。「ああザンバどん、馬鹿だなあ、ロバの耳を引っこ抜いてしまったのかい。そうなったら引っ張れるのは、もう尻尾しか残ってない。こっちに来て手伝ってくれよ。でも気をつけて」

ザンバは軽く引っぱりました。耳と同じで、手に残るのが尻尾だけにならないようにしなければなりませんでした。しかし、耳を引き抜いたときと同じように、尻尾も抜けてしまいました。

ザンバは尻もちをついて、耳と尻尾が引っこ抜かれているのを目にして、頭を掻きました。食料がぬかるみに飲み込まれたのだと知り、涙を流しました。

ザンバはすっかり具合が悪くなり、老けたようになってしまいました。悲しさのあまり酔っぱらったようによろめいていました。ウサギはザンバに寄り添って、泣いたふりをして嘆くような声を出していましたが、本当は笑っていました。


その夜、ウサギはお母さんと一緒に荷車と食料を隠した場所に戻りました。

しかし今回ばかりは、ウサギのもくろみは思っていたよりもうまくいきませんでした。

ウサギが穴のところにやってきたとき、木の下に残っているものは、いくつかの金具だけでした。

それは馬車の残骸でした。

赤いアリたちがそこを通りがかって、ロバと食料、そして荷車のわずかな木までもすべし食べ尽くしてしまっていたのでした。

ザンバとウサギが王様の牛を殺す

ある日、ザンバの息子たちのうちのひとりの代父であったウサギが、その子を夕食に招いて、脂《あぶら》ののったおいしい肉をたっぷり食べさせてやりました。ザンバの坊やが立ち去るとき、ウサギは坊やに、ザンバのためにと肉を少しあげました。坊やはそれを虫歯に詰めて、持ち帰りました。

家に着くと、坊やはお父さんにその肉をあげました。お父さんは肉がとってもおいしいので、ほんのちょっとしかないのを残念に思いました。虫歯の底に食べかすが少し残っていたので、ザンバはそれを取り出すために、ヤットコを使って息子の歯を抜いたほどでした。

ウサギに会うと、ザンバは急いで、どこであんなにもおいしい肉を手に入れたのかとたずねました。ウサギはこう言いました。「明日、夜明け前、一番鶏が鳴いたら来なよ。僕が肉を手に入れたところへ連れていってあげよう」

ザンバは約束よりも早くやってきました。ザンバは夜の十一時にやってきて、コロソルの木に登って、鶏の鳴きまねをしました。ウサギは目を覚ますと、とても腹を立てて言いました。「鶏じゃない。鳴いたのは君だろう、ザンバどん。寝に帰って、おばあさんが咳《せき》をしたら戻ってくるといい」

ザンバはおばあさんの家にいって、おばあさんを起こし、お尻を叩きました。あわれなおばあさんは、咳をしました。そしてザンバは戻ってきました。ウサギが眠りにつく暇もなく、ザンバは再びやってきて、おばあさんが咳をしたと言ったのです。ウサギはザンバをもう一度追い返しました。しかし、しまいにはウサギもザンバのせっかちな性格に折れました。ザンバが夜も寝かせてくれないからです。

ふたりは朝の四時に出発し、ウサギはザンバを、王様の牛が飼われている牧場に連れていきました。ウサギはザンバに言いました。「僕が取ってきて、君が食べた肉は、王様の牛のお腹の中にある。手順はこうさ。ふたりで一緒に牛のお腹に入っていって、手でゆっくりと、君が一方のわき腹を、僕がもう一方を削り取る。牛のわき腹の、たっぷりと脂肪がのった、やわらかい肉を取ってくるんだ。ゆっくりとお腹の中に行かないとだめだし、方向を間違えちゃいけない。さもないと、牛が死んでしまうからね。もしも何かあったときに、しないといけないことはこうさ。牛が倒れる感じがしたら、僕たちは滑り出るんだ。君は大きいから、大きなうんこの穴から、僕は小さいから、小さなおしっこの穴からね」

ザンバは、じりじりしながらもできるだけ我慢して、ウサギの話をちゃんと聞きました。ふたりは牛のお腹に入っていきました。そして、それぞれがそれぞれの側から、牛の肉を削り取っていきました。

それで牛は細くなり始めました。牛はやつれて、弱っていきましたが、その理由は誰にもわかりませんでした。ついには牛が牧場でばたんと倒れました。なぜなら、欲張りなザンバが急いで削りすぎて、牛の心臓に当たってしまったからです。ふたりはそれぞれの隠れ場所に滑り込みました。ウサギはおしっこのほうへ、ザンバはうんこのほうへ。

王様は、牧場の牛に起こった出来事を聞いて、なぜ牛が死んでしまったのかを探るために、牛のお腹を開きました。

おしっこがたまるのは、胆嚢《たんのう》や膀胱など、内臓の中でも食べられないところばかりですだから、おしっこのたまるほうは捨てられました。それは地面に落ちてはじけました。そうしてウサギは外に出ました。ウサギはまるでただそこを通りがかっただけのようなふりをして、こう言いました。「どうして胆嚢や膀胱といった汚いものを投げつけるんですか！」

ウサギは謝罪を受け、笑いながらその場を去りました。怒りをおさめるようにと大きな肉の塊をもらってです。

うんこのたまるほうは胃や腸など、内臓の中でもおいしく食べられるところばかりです。だから捨てたりはしません。

うんこのたまるほうを切ると、そこにはザンバがいました。

するとみんなが言いました。「王様の牛を殺したのはザンバだ」そして、ザンバはみんなにめった打ちにされました。あまりにも殴られたので、今回ばかりは危うく、中で死んでしまうところでした。

ザンバとカネフィスのたまご

ある年の四旬節のあいだ、暑さと乾燥がいつもより厳しかったので、ザンバは食糧不足にたいそう苦しんでいました。ザンバの顔色は悪く、目に見えるほどにやせていて、もう腰が立たず、ザンバの家族はみんな死ぬほどお腹をすかせていたのでした。

ザンバは仲間であるウサギを見るたびに、その生き生きとした顔色に驚くのでした。

ザンバはひとり言を言いました。「このひどいときなのに、ウサギは丸々と太って、ぴんぴんしている。あんなにも元気なのは、何を食べているからなんだろう？」

その秘密を明らかにするため、昼ごはんの時間に、ザンバはウサギの家へ火をもらいに子供を行かせました。

その日のウサギの家のごはんは少し遅れていたので、坊やは火を手に入れたことで満足して、お父さんのいる家に帰ることにしました。けれど、しばらく歩いて、ウサギとその家族から見られないぐらい離れたところで、坊やはそこにあった水たまりに火を捨てました。そして引き返して、もう一度火を分けてもらえないかと泣きながらウサギに言いました。

ウサギは坊やに火とカネフィス〔原註：おとぎ話に出てくる鳥〕のたまごで作ったオムレツをやりました。行き来するあいだに、ごはんが用意されていたのです。ウサギは坊やにオムレツをたくさん食べるように勧めて、このことはお父さんには言わないようにと釘を刺しました。

ザンバの坊やは、秘密を守ると約束しました。坊やは少しだけ食べて、残りは全部小さな耳のうしろに取っておきました。

家に着くと、坊やは暖炉に火を投げ入れ、お父さんのもとへ駆けていってこう言いました。「ほら、ウサギがいいものをくれたよ」

ザンバはひとかけらのたまごをとって、その味を確かめてみると、おいしさのあまり驚きの声をあげました。「ああ！　ウサギどんは隠しだてをして、けちな奴だ。ウサギはこの四旬節のときに、ぅちには何も食べものがないとわかっているのに、ちっとも助けてくれない」

ザンバは服を着るとすぐに、ウサギに会いにいきました。ウサギはザンバがやってくるのが見えると、こう口にしました。「坊やには、お父さんに言わないようにと伝えておいたのに！」

ザンバはウサギにこう説明しました。「なあ、食べものをいくらかもらえないか頼みに、君のところへ来たんだ。うちではとってもお腹をすかせているからね！　大きくてたくましくて、みんなたくさん食べるんだけど、数週間前から食べるものが何もないんだ」

ウサギは答えました。「助けてやりたいけど、君に裏切られないか心配なんだ。君はあんまりにも馬鹿だから」

しかしザンバがしきりにお願いするので、しまいにはウサギもその頼みに負けて、ザンバにこう言いました。「君が食べたものは、カネフィスのたまごさ。たまごをとった場所へ連れていってあげるけど、明日の朝四時まではだめだ」ザンバは、時間どおりに来ると約束しました。


ザンバとウサギは時間どおりに出発しました。ウサギはザンバを海岸に連れていきました。そこには、数百メートルごとにカネフィスの巣がありました。その場所に着くと、ウサギはザンバに言いました。「いいかい、僕のやり方を見ておくんだ。たまごが十個ある巣では二個を取って、二十個ある巣では四個取る」ザンバは答えました。「こっちの心配はしなくていい、やれるさ」

もちろん、ザンバはウサギの言いつけを聞いていませんでした。ザンバはせかせかと、全部の巣の中身を空っぽにしました。ウサギがすでにとった巣でさえもそうしました。

鳥たちがたまごを温めにやってくると、巣が荒らされていることに気づきました。鳥たちは訴えるために、自分たちの王様と女王様のもとに集まって、空を飛ぶ鳥たちやサルやゾウたち、ウサギ、さらにザンバを責め立てました。王様は口を開いて、こう言いました。「そのようなことをしでかすには、ウサギは小さすぎる」長いあいだ話し合い、動物たちみんなが食事の後で水を飲みにやってくる場所に、すべてのカネフィスの民が行くように取り決められました。そして、出向く日が決まりました。

約束の日、カネフィスたちは、水飲み場に動物たちを監視しにきました。

はじめにやってきたのはブタでした。ブタが水を飲み終えると、カネフィスたちの王様は言いました。「ブタよ、何を食べて水を飲みに来た」ブタは答えました。「森の草を食べて、水を飲みに来た」ウサギものどの渇きをいやしにやってきました。ウサギはカネフィスたちを目にすると、何か危ないことがあるかもしれないと考えました。

ブタがコロソルの木の近くでぐずぐずしているので、ウサギはブタにたずねました。「ブタどん、あそこにいる奴らはみんな何をしているんだい」ブタは答えました。「何もしていないさ、あいつらはただ、水を飲みにくる前に何を食べたか聞いているのさ」

ウサギはたずねました。「何と答えたんだい」ブタは、ついさっき自分が答えたことを伝えました。ウサギは水飲み場に行きました。同じ質問が何度かされました。ウサギは意地悪で悪知恵が働くと知っていたからです。ウサギはブタが教えてくれたように答えたので、捕まりませんでした。

ウサギは帰ることができました。

他の動物たちも、水を飲みにやってきました。ゾウやサル、トラやライオンです。

最後に、お腹がふくれたザンバがやってきました。ザンバは、やっとのことで歩いていました。ザンバはたくさん水を飲んで、水飲み場がほとんど空になりました。質問される番になりました。「ザンバよ、何を食べてそんなにも水を飲んだのか」ザンバは答えました。「カネフィスのたまごを食べて、水を飲みに来た」二度目にされた質問にも同じように答えました。三度目にされた質問にも、また同じように答えました。

カネフィスたちが一斉にザンバに飛びかかって、つついたり引っかいたりして、ザンバは簡単に逃れることができず、傷やたんこぶをたくさんつくりました。

ザンバがいくら「僕に入れ知恵をしたのは、ウサギどんだ」と声をあげても、みんなでザンバを押さえつけて、襲いかかりました。

ザンバはやっとの思いで逃げだすと、ウサギを殺すために太い棒を手にして出かけました。ウサギはザンバがやってくるのが見えると逃げ出し、道を曲がったところで身を隠すことができました。ザンバは立ちつくして、まわりを見渡しました。ウサギはその隙を利用して、ヤシの木に登りました。

ザンバはウサギを見つけることなく、木の下を通り過ぎました。顔を上げるなど、思いも及ばなかったからです。

すると、ウサギは声をかぎりに叫びました。「ザンバ！　ザンバ！」

ザンバはとても高いところから声が聞こえたので、神様が自分を呼んだのだと思って答えました。

「はい、神様」

天の声はくり返しました。「お前はウサギをどうしてやると言ったのだ」

ザンバははじめよりおびえて言いました。「何も言っていません、神様」ザンバは震えて、ウサギに腹を立てていることを恥ずかしく思い、こう乞いました。「神様、お許しください」

天の声は繰り返しました。「行きなさい。しかし、もう二度とウサギに悪さをしようとしてはならない」

ザンバは後悔の気持ちでいっぱいになって、家に帰りました。罰を受けてボロボロになった手足は自分が欲張った報いなのでした。

ウサギがザンバのシロップを飲む

ある日、ザンバどんは背の高い草やつる植物やアジエ〔原註：クレオール語で「雑草」〕が伸びたままになっている畑に、サツマイモを植えたいと思いました。作物を植える前に、草取り、草刈りをして、それから鍬《くわ》で根っこを切らねばなりませんでした。草取りは大変な仕事でしたが、ウサギどんはよき隣人として、この力仕事を手伝いに来てくれました。

ふたりが仕事を始めて、しばらく時間が経ちました。ウサギは畑の端に、ザンバは畑の真ん中にいました。ふたりは黙ったまま仕事をしていました。それほどまで一所懸命だったのです。突然ザンバどんには、ウサギの声が聞こえました。「はい、はい、いま行くよ。ちょっと待って」

ザンバどんは頭を上げましたが、誰も見あたりませんでした。そこでウサギに聞きました。「ウサギどん、何か言ったかい？」

ウサギは答えました。「お隣さんで、いまちょうど帰ったところだ。今日、息子の洗礼のために来るように誘われたんだ。僕は代父にならないといけなくてね。でも君には今日、僕が必要だ。お隣さんは待っていられる。君のような友達に、この仕事を残してはおけないよ」

ザンバはウサギの友情をうれしく思いました。でもザンバはよきキリスト教徒として、ウサギに言いました。「だめだめ、お隣さんを待たせてはいけないよ。いかないと。子供をキリスト教徒にするためにね」

ウサギは、ザンバに言われるがまま立ち去りました。でもウサギは、洗礼にいきませんでした。ウサギは、ザンバの家に向かう道を進みました。ザンバがシロップをひとびん買ったことを知っていたからです。ウサギはシロップをできるだけたくさん飲んで、それからまた畑に帰ってきました。

ザンバは、ウサギの代子につけられた名前を知りたがりました。ウサギは言いました。「名前は首《オ・》元《ラク》」

ふたりは茂みを刈って、地面の草を集めました。

しばらくすると、ウサギはシロップをもっと飲みたくなりました。またウサギが言いました。「わかっている。いますぐ行くよ」

ウサギは、お隣さんのところに洗礼を受けなければいけない子供がいて、その代父になりねばならないことを説明しました。今度もザンバは、子供のキリスト教の洗礼を先のばしにしないよう、ウサギを行かせました。

ウサギはまたザンバの家に向かう道に戻って、おいしいシロップをたらふく飲みしました。

ウサギが畑に戻ってきたとき、ザンバは新しくキリスト教徒になった子の名前を知りたがりました。ウサギは言いました。「真ん中《ア・ミタン》さ！」

ふたりはまた仕事にとりかかりました。

しばらくして、ウサギはまた同じ小細工を始めました。またしてもザンバは、子供の洗礼を遅らせないようにとウサギを行かせました。

今度はびんを全部飲み干して、ウサギは念入りに栓をしました。

畑に戻ると、ウサギは子供の名前が「全部《セ・トゥ》」だとザンバに伝えました。

ふたりは仲よく夜まで働きました。そして、それぞれの家に帰りました。

ザンバが気づいたときには、とってあったシロップは空っぽになっていました。ザンバはその理由に気づきました。そしていつものように、ウサギを殺してやると悪態をつきました。

ザンバがウサギの小屋にやってくると、ウサギどんはもう寝ていました。

怒りで目を血走らせ、ザンバがすさまじい勢いで入ってきました。そして、ウサギの足をつかみました。ウサギはザンバに言いました。「あわれなザンバ、何をしているんだい？　そこからじゃよく見えないんだろう。僕をつかんでいるつもりなんだろうけど、ベッドの端をつかんでいるのがわからないんだね」

ザンバはウサギを放して、ベッドの端をつかみました。

すると、ウサギは窓から飛び出していきました。しかし、ザンバには何が起きたのかわかりませんでした。

ザンバとウサギがイラクサの野原を耕す

ある日、王様は野原のイラクサを刈りとるために、人手が必要であると国じゅうにお触れを出しました。報酬はまるまると肥えた牛です。仕事のあいだじゅう、傷を負わなかった者が牛をもらうことになります。

ザンバどんは、肥えた牛とはもうけものだと思いました。そして、王様に奉仕をしにいきました。自分自身の名誉にかけ、体に傷を負うことなく、牛をもらうことを誓いました。ザンバがあまりにそのことを口にするので、ザンバの子供たちはよだれが出るほどでした。

ライバルはたくさんいます。サルどんやイヌどん、アグーチどん、それから他にももっとたくさん。もちろん、白いウサギもそこにいました。

王様はみんなを、草刈りをする野原へと連れていきました。そして、王様の息子たちがじきじきにその監視役をまかされました。

それはつらい仕事でした。イラクサはものすごく痛いのです。サルどんはいつも自分の体を掻きむしっているので、そう長くはもちませんでした。つまりサルどんは、家に帰されてしまったのです。イヌどんも、やがて我慢できなくなりました。そして、体じゅうを掻きむしりました。イヌどんも畑を去らなければならなくなりました。

こんなふうに、ひとりまたひとりとライバルが仕事から脱落していきました。

結局、畑にはザンバどんとウサギどんしか残りませんでした。ザンバはものすごく身体を掻きむしりたくなりました。

身体じゅうがむずむずしました。それでも歯を食いしばり、まるまると肥えた牛のことを考えていました。しかし突然、ザンバどんも他の動物たちと同じように、もう我慢ができなくなってしまったのでした。

そして、その畑にはウサギがたったひとりの挑戦者として残りました。ウサギも、身体を掻きむしりたくなかったわけではありません。しかし、王様の息子のひとりが近くで見張りをしているので、イラクサを抜き続けました。ウサギは報酬の牛がほしかったのです。そのために、仕事が終わるまでたったひとりで続けなければなりませんでした。

しかし、かゆみはますますひどくなりました。ウサギは結局、自分も他のみんなのように掻いてしまうのではないかと恐れていました。

そのとき、ウサギは監視役に話しかけました。ウサギがたずねました。「牛は約束どおり、本当に肥えているのですか？」

目つけ役は答えました。「もちろん。王様が言うのだから」

ウサギは鍬を置くと、次々と体のちくちくするところをすべて見せながら、監視役にたずねました。

「約束の牛のこのあたりはよく肥えていますか？　このあたりもよく太っていますか？」そう言いな

がら、ウサギはかゆいところを触り、軽く叩いていきました。すると、かゆみが少し治まるのでした。そしてまた草刈りを始めるという手口で仕事を終えることができました。

すると、王様の監視役はウサギにこう言いました。「お前だけが仕事を終わらせた。報酬はお前ひとりのものだ」

見張り役の仲間たちがウサギを取り囲むと、大声をあげながら王様の前まで勝利者としてウサギをかついでいきました。

「ウサギ万歳！　報酬を勝ちとったのはウサギだ。ウサギは本当に根性がある」

ウサギがザンバの魚を盗む

ある日、ザンバどんとウサギどんは一緒に漁にいくことにしました。ザンバとウサギは、漁に出かけるのにふさわしい準備をしました。ザンバは、日傘の骨で作った弓と矢を持っていきました。というのも、ザンバは弓が上手だったからです。ウサギはヤシの木の繊維を一本とって、安全ピンでできた釣り針をつけました。なぜなら、ウサギは釣りのほうが好きだったからです。

歩きながらザンバとウサギは、獲物は仲よく分けなければならないと話していました。体の大きさと食べる量に合わせて、大きな魚はザンバに、そして小さな魚はウサギに。

漁の結果は驚くべきものでした。グロドルムール〔原註：淡水魚〕を獲るのは矢を使っているザンバばかりで、釣り針を使っているウサギはひたすらグロミュレ〔原註：淡水魚〕ばかりなのです。

ウサギは、ザンバの魚しかないのを目にするのが愉快ではありませんでした。ザンバに向かってこう言いました。「不公平だ。獲れた魚は全部君のものになる。僕たちは大きな魚しか獲っていない。約束を変えよう！　いまから小さな魚は君のもの、大きな魚は僕のものだ！」

ザンバは承知して、ふたりは漁を続けました。

今度も、小さい魚が大きな魚より多く獲れることはありませんでした。そして夜になっても、ウサギにはまったく何もありませんでした。

帰らねばならなくなると、ザンバは頑丈なロラン〔原註：編みかごに使われるつる植物〕の固い枝に魚を通しました。そしてクレイユ〔原註：クレオール語、魚を串刺しするのに使う〕に串を刺し、肩にかけました。ウサギはザンバのすぐそばにいて、軽やかに歩いていました。曲がり角のところで、ウサギはザンバどんに別れを告げ、畑を通って自分の家に帰ると言いました。

ザンバはひとりで歩き続け、肩にクレイユの重みを感じて喜んでいました。間もなく食べることになるであろうフライのにおいを想像して、思わず鼻がひくひくするのでした。

ウサギどんはちっとも家に帰ったわけではありませんでした。先を越すために野原を横切り、ザンバが必ず通る最初の四つ辻に、ザンバがやってくる前からいました。そこでウサギは横になって、死んだふりをしました。

ザンバどんはしばらくしてからやってきて、ピタリと立ち止まりました。「おや、死んだウサギだ！　ちょうどたくさん魚が獲れた日に残念だ！　肉がいらないときに死んだウサギを見つけるなんて」ザンバは言いました。

ザンバは道を歩き続けました。

ザンバが何歩か離れると死体は起き上がり、野原を横切り、近道をして、次の四つ辻で横になりました。ザンバは二匹目のウサギを見つけると、とても驚きました。「また死んだウサギだ！　全部今日だ！　自分には肉がいらないなんて本当に残念だ」

そして道を歩き続けました。

死んだふりをしたウサギはすぐに起きあがり、走っていって、三つ目の四つ辻で横になりました。

ウサギを見つけると、今度はザンバに考えが浮かびました。ザンバは言いました。「一日で三匹目のウサギだ！　三匹合わせたら、立派な料理ができる！　明日になったら食べられるだろう！　一度の食事で魚とウサギを両方食べることさえできる！　ウサギを拾いにいこう！」

疲れてしまわないように、ザンバは道端の死んだふりをしたウサギの隣に獲った魚を置いていきました。そして、さっきは目もくれなかった獲物を拾うために引き返しました。

ザンバどんが背を向けると、ウサギは起き上がり、魚のクレイユをつかんで逃げていきました。

ザンバは、さっき見つけた場所に死んだウサギがいないことにがっかりしました。魚をとりに元いた四つ辻に戻ると、またしてもかつがれたことがわかりました。

当然ザンバは激怒しました。わめきちらし、仕返しをして、今度こそウサギを殺してやるとザンバは誓いました。

ウサギは、自分の子供をひとりザンバの家に行かせました。ザンバが帰ってきて何を言うか聞くため、家にひそませたのです。子ウサギは、ザンバが怒って、脅すようなことを言っていたのを、そっくりそのまま伝えました。

ザンバが家の近くまでやってくると、ウサギはベッドに横になり、腐ったたまごを口に入れて、かみ砕きました。

まもなくザンバがやってきました。ウサギの家に入るとひどいにおいに息が詰まりました。そのにおいはウサギから発していました。ザンバは「ああ、ウサギどん、何があったんだい？」とたずねました。ウサギは、腸が腐っていて、においはそこから来ているのだと説明しました。そして、ウサギはしゃっくりをし、口の中にあった腐ったたまごを吐き出しました。

ザンバは、昔からの友達がそれほどまでに重い病気であるのを目にして心を動かされ、怒りを忘れました。ザンバは吐き気がするようなにおいに追い払われ逃げだしたのですが、それはとても怖くなったからなのです。

頭が単純なザンバは、重い病気は盗みをしたことに対する天罰なのだと考えました。神様が怒って、自分とウサギを取り違えないか、ザンバはとてもおびえていました。

そして今日に至るまで、ザンバはウサギが死ぬのを待っているのです。

ウサギとザンバのヤムイモ

ザンバは立派なヤムイモ畑と、ロク〔原註：アンティル諸島の海にいる大きな魚〕みたいに太った豚を持っていました。ある日、ザンバを訪ねてきたウサギは、そのヤムイモ畑と豚を目にしました。どちらも欲しくなりましたが、そんなそぶりはちっとも見せませんでした。ウサギは小さな声でこう言いました。「どうやったら、この太った豚と見事なヤムイモを両方食べられるだろう？」

ウサギはザンバに大きな声で言いました。「ねえ、君のヤムイモはよくできているけど、ヤムイモをさらにおいしく食べるためには、君が飼っている豚を殺さないとね。よく煙が出るように、豚肉とかブダンをひとかたまり、ヤムイモの根元に埋めるのさ。でも地面に肉が触れちゃだめだ　バナナの葉でちゃんと包まないといけない。それはそれはすばらしい方法で、すぐにできる。明日の朝になったら、すぐにヤムイモを掘りにいくといい。そのとき君は奥さんに『おい、一緒に手伝いに来るんだ。自分だけじゃヤムイモを運べないから』って言うだろうね」

ザンバはすぐに水の入った鍋を火にかけて、急いで豚を屠りました。ウサギに言われたように、バナナの葉でちゃんと包んだ豚肉とブダンひとかたまりを、ヤムイモの苗一本一本の根元に埋めました。

ウサギは自分の家に戻っていきました。夜のあいだにウサギはヤムイモと肉を掘り出しにきて、取っていってしまいました。豚肉は塩漬け用の小さな樽に、そしてヤムイモは地下室に持っていきました。

ザンバは奥さんに、期待されるすばらしい効果について話しました。ザンバは言いました。「明日の朝、お前は真のヤムイモというものを目にすることになるぞ」

日が昇ると、ザンバはヤムイモを収穫するために出かけました。運ぶのを手伝ってもらうために、奥さんを連れていきました。

ザンバはヤムイモの苗がみんな引き抜かれて、穴が空いているのを目にして仰天しました。

ザンバはあまりに激怒していたので、すぐにウサギのところに出かけていきました。それがまたしてもウサギどんの仕業だとわかったからです。

ザンバはすぐにウサギのところに向かいました。途中でザンバは年老いた黒ウサギに出会うと、こう言いました。「お前は白ウサギじゃない、でもお前を殺してやりたい。どうしてかというと、白でも灰色でも黒色でも、ウサギはみんな同じ目に遭わせたいからだ」

黒ウサギは炭の粉にまみれた白ウサギ本人だったのですが、こう答えました。「殺さないでくれ。わしはもう十分に不幸なんだ。白ウサギどんに呪いをかけられたんだ」

ザンバはたずねました。「本当か？」

黒ウサギは答えました。「ああ、本当だ！　わしは本当のことしか言わない。お前は白ウサギには決してかかわらないほうがいいだろう。白ウサギはとても強いからだ。白ウサギは、この世で望むことをすべてかなえてしまう」

ザンバはこの話をよく聞いていませんでした。まだ怒りにかられていたからです。そしてまた道を進んでいきました。

もう少し離れたところでザンバはまた別のウサギ、灰色のウサギに会いました。それは灰にまみれた白ウサギでした。偽の灰色ウサギは、道端で横になっていました。

ザンバが言いました。「またお前か！」そして、ザンバは灰色ウサギを打ちのめすために石を探しました。灰色のウサギはこう言いました。「ああ、ザンバどん！　勘弁してくれ！　僕をこんな姿にしたのは白ウサギなんだ。白ウサギは悪い奴だ。もし白ウサギを困らせたら、君は蛇みたいに地面に這《は》いつくばらされるだろう。あるいは生きたまま虫に食われることになるだろう」

　ザンバどんはそんな警告など、ありがたいとも思いませんでした。怒りがまだ収まっていなかったからです。

　それでもザンバは、白ウサギのことがだんだん恐ろしくなり始めました。

　最後に三匹目のウサギに会いました。それはお洒落《しやれ》をして、婚約者に会いにいこうとする白ウサギ本人でした。

　ザンバはウサギにこう言いました。「ああウサギどん！　お前には心ってものがない。いつもお前は僕にいやがらせをする。ほら、お前はまたうちの豚やヤムイモを食べてしまって、それに……」ウサギは口をはさみました。「ザンバどん、君は何のことを言っているんだい？　ああ、ザンバどん！　こう言ってほしいのかい？　行け！　ってね。知ってるだろ、もし僕が、行け！　って言うと、君は不幸から不幸へ、悲惨から悲惨へと落ちていくことになるんだよ」

　するとザンバは泣きながら、ウサギの前にひざまずいて言いました。「ああ、ウサギどん！　行け！　と言わないでくれ。ウサギどん、自分には奥さんと、食べさせなきゃいけない子供たちがいるんだ！」

　必死になってウサギにお願いをして、呪いをかけてくれるなと頼みました。

　ウサギは答えました。「僕がわざわざ呪いをかける必要なんてないさ。なぜかと言うと、神様がザンバたちはみんな首が折れると言ったからさ」ウサギはザンバに背を向け、立ち去りました。ザンバは神様が自分のことを見捨てたのだと聞いて、絶望のあまりまっすぐ断崖に向かっていき、飛び降りました。こうしてザンバは、今度こそ本当に首を折ってしまったのでした。

どうしてウサギは四本足で歩くのか

ある日、神様は大きな宴会を開きました。

神様はそこにウサギを除いて、動物たちをみんな招待しました。ウサギが悪さをしていたので、罰をあたえるためにのけ者にしたのでした。

ウサギはこのはずかしめに腹を立てて、仕返しをしてやると誓いました。ウサギは川辺に太鼓を持っていき、叩き始めました。

しばらくすると、神様の女中たちが水を汲むために川にやってきました。女中たちは太鼓の音が聞こえると、水差しを地面に置いて、花柄のワンピースの裾をもち上げ、片手を拳にし、腰に当てて踊り始めました。そしてウサギがビギンのリズムを叩き始めると、女中たちは何も考えず、水を入れずに鍋を火にかけました。すると、鍋は水が入っていないので、割れてしまいました。神様の招待客たちがやってきたのですが、予定どおり宴会を開くことはできませんでした。そのため、神様はとても腹を立てました。

女中たちがやっと川から帰ってきても、満杯の水差しを頭に乗せたままで、まだ少し腰を揺らしていました。神様は、どうしてこれほど帰ってくるのが遅れたのか聞き出そうとしました。ウサギの仕業だと知り、こらしめるためにウサギを連れてこさせました。

ウサギは神様の前にやってきましたが、ゆるしを乞う時間さえありませんでした。神様は何も言わずにウサギを蹴飛ばすと、ウサギは天から地へと落とされて、四つん這いで着地しました。ウサギはこのように蹴られて、二度と立ち上がることができなくなりました。その日からというもの、ウサギは四本足で歩くようになったのです。

ウサギが家を建てるためにしたこと

ウサギどんがザンバどんにしたひどいいたずらはたくさんありました。ウサギどんは悪知恵でとても有名になりましたが、長いあいだのらくら生きてきたことに飽き飽きしていました。神様はそれぞれの動物にすみかを与えていたのですが、自分にだけ家がないことを、ウサギは思い出しました。

ウサギどんは、自分の家を建てる許可を取るため神様に会いに行きました。神様は言いました。

「お前はたくさんの罪を犯しているな、ウサギ。だが、もしお前が野生のブタの毛の束《たば》、川に入ったヘビ、野生のウシの乳を持ってきて、そのうえ悪魔の鐘を鳴らすことができたら、お前の罪をゆるして、家を作るのも認めてやろう」

ウサギどんは、野生のブタを探しに出かけました。そして、草原でブタをみつけました。ある晴れた朝のことでした。

「やあ、野生のブタさん」ウサギどんは言いました。

「ブー、ブー」ブタは答えました。つまりこういう意味です。「かまわないでくれ、そこを通してくれ、どいてくれ」

「そんなに急いでいるなら、競走しようじゃないか」ウサギどんは言いました。

野生のブタははじめは断りましたが、ウサギどんがしきりに頼むので、最後には受けました。

ブタとウサギどんは走り出し、走りに走って、ブタは疲れて泡を吹き始めました。そしてウサギどんは、またたく間にブタの背骨の上の毛を引っこ抜きました。その日からというもの、ブタはその場所の毛が薄いのです。

「さて」ウサギどんは言いました。「竹に入ったヘビを手に入れなくちゃ」ウサギどんは中へ入りこめるぐらいに太い竹を切って、ヘビの家を訪れました。

「さあ、ほら」ウサギどんはヘビに言いました。「僕と同じくらい上手にこの筒を通ることはできないだろうね」こう言ってウサギどんは筒を通りました。

ヘビは自分ならもっと上手に通れると言い張って、数回通り抜けることになりました。一回、二回、そして三回目に筒を通るとき、ウサギどんが出口をふさいだせいで、ヘビは捕まってしまいました。

「でも、どうやったら野生のウシの乳をしぼれるだろう？」ウサギどんは思いました。縄を手にして、野生のウシを探しに出発しました。そして、サブリエの木の下に野生のウシを見つけました。

「野生のウシさん」ウサギどんは言いました。「君は毎日、『わたしは勇敢で強い』って言っているね？　じゃあ一撃でサブリエの木を倒すことができなかったらどうするんだい？」

「あんたは余計なことを言うね」野生のウシはそう答えると、頭を低くしてサブリエの木に突進しました。木はあまりにもしっかりと根を張っているので、葉っぱ一枚すら揺れませんでした。野生のウシはものすごい勢いで突進したので、角を抜こうとしたにもかかわらず、刺さったままになってしまいました。ウサギどんは手際よくウシの足をロープでしばり、乳を取って立ち去りました。

野生のウシが変なふうに突き刺さった角を抜くことができたのは、しばらく経ったあとでした。その日からというもの、牛の角はまっすぐではないのです。

成しとげるのがいちばん難しい試練が残っていました。悪魔の鐘を鳴らすことです。鐘はあまりにも高い高いところに吊るされているので、そんな高いところにはのぼっていけそうにもありません。

ウサギどんは、解決策を思いつきました。針を作って、悪魔のマランガ畑に行って、身を隠しました。そして悪魔が収穫に来ると、ウサギどんは針で悪魔を刺し始めました。悪魔は痛くて怒り狂い、まわりのマランガをすべて引き抜いて、宙に投げました。ウサギどんはマランガと一緒に投げられると、そこはちょうど鐘の上でした。そして、鐘を吊るしている綱を握り、歌いながら鐘を鳴らしました。「ディン、ドン、天にいる神様！　鐘が鳴っているのが聞こえますよね？　ディン、ドン、ディン！」

そして、ウサギどんが神様の前に姿をあらわすと、神様は言いました。「すべての試練を乗り越えたからお前をゆるそう。家を作って、穴ウサギと名乗りなさい。しかしお前はいじわるだったから、罰を与えねばならない。お前はもう肉を食べてはならず、代わりに草を食べて生きていくがいい」その日からというもの、ウサギは草だけを食べるようになったのです。

そして、ウサギどんは歌いながら家を作り始めました。

僕は穴ウサギ
ゴリナ
小さな葉っぱを食べる僕
ゴリナ
ママがくれる小さな葉っぱ

ゴリナ
僕は穴ウサギ
ゴリナ
小さなボム〔原注：アンティル諸島のいい香りのする葉っぱ〕を食べる僕
ゴリナ
そしてつぶつぶの糞をする
ゴリナ

さまざまな寓話

どうしてカメの甲羅は割れているのか

ある日、悪魔は神様に宣戦布告しました。もちろん神様は戦いに応じました。なぜなら、悪魔が自分より強いはずがないと思ったからです。戦いは、身の毛もよだつような激しい音とともに始まりました。天地が震え上がりました。戦いはそう長くは続かず、神様が負けて、平和条約に調印する羽目になりました。神様は天から立ち去らなければならず、悪魔が天に住むことになり、この世の広大な領地を手に入れたのでした。

天と地をたっぷり楽しむため、悪魔は地獄からひととおりのものを持ってきました。悪魔は好きなだけ遊びました。昼は宴会を、夜は舞踏会を開いて、できるだけたくさんの仲間を招待しました。動物たちはみんな宴会と舞踏会にいきました。鳥や虫たちは羽を使って飛んでいき、四本足の生きものたちはヤコブのはしごでのぼっていきました。

カメも招待されていました。しかもカメは、天上のコンサートで最初にバイオリンを弾かなければなりませんでした。カメはいつも少しばかりのんびりしていて、ちょうどはしごのもとへやってきたときに、上から伸びた手が、はしごを天へ引きあげてしまったのです。

そうしていると、お隣さんのクモも遅れてやってきました。カメはクモに気がついて、自分に起きた残念な出来事を話しました。クモはカメに言いました。「助けてあげましょう。まずわたしがのぼって糸を垂らすから、糸につかまりなさい。わたしが糸を巻き上げれば、あなたも天にのぼれるでしょう」

クモが天にのぼっていき、カメは垂らした糸の先にぶら下がりました。カメは胸が少しドキドキしました。糸が切れないか心配でした。クモが天に着いて糸を巻くと、カメは天にのぼっていくのを感じて、なるほど便利だと思いました。

ふたりとも、ちょうど舞踏会が始まる時間に到着しました。悪魔は、カメとクモをとても丁重に迎えました。なのでカメは一所懸命、演奏しました。カメは一晩じゅう演奏をして、舞踏会はとてもうまくいきました。

次の日、カメは地上におりることになりました。クモは、雲に糸の先をつなげて、カメはクモの脚につかまり、再び一緒に宙に飛び出しました。おりていきながらカメは、どうしてこの友達は小さな体をしているのに、こんなにも長い糸を出すことができるのかとたずねました。天から地上におりられるぐらい、とても長いのです。

カメはクモに言いました。「その長い糸はどこから出てくるんだい？」

「体の中からだよ」クモが答えました。

「でもどうやって、君の小さな体でお腹にこんなにも糸を入れておくことができるんだい？」

「うるさいな」クモが答えました。それでカメはそのあとずっと黙っていました。そして、ふたりの旅は終わりとなりました。

もちろんカメは手助けしてくれたクモにお礼を言わなければなりませんし、そのお返しをしなければなりません。でもカメは礼儀知らずで、借りを返すのが好きではありませんでした。お礼も言わず、カメは水に飛び込んで泳ぎ去ってしまいました。


すぐにまた別の舞踏会が開かれて、カメは行きたいと思いました。カメはクモにもう一度一緒に天にのぼってくれるようにと頼みました。クモは、お返しをするならということで承知しました。ふたりはその条件について折り合いをつけて、カメは帰ったらお返しをすると約束しました。ふたりは舞踏会に行って楽しんで、一度目のときのように一緒に帰りました。でもカメは一度目と同様に、お礼も言わず、約束したお返しもせずに、地上に戻るとすぐに水に飛び込んでしまいました。


三度目の舞踏会が開かれました。もちろん、バイオリン弾きのカメが必要でした。もう一度、カメはクモに、天にのぼってくれるように頼みにいって、今度こそ、それに見合う見返りとそれ以上のものを約束しました。

クモはカメとの約束を信じるふりをし、ふたりで出かけました。

帰りの道中、クモはついに仕返しをしてやろうと考えました。ふたりは、天と地の境にいました。

すでに青い海が見えていました。カメは一面の青い海を見ながら、ほっとした気分でした。たとえ細い糸が切れても、大変なことが起きるはずがありません。なぜなら、自分のすみかである水に落ちるだけだからです。

カメがこんなふうに、なんとかなるだろうとぼんやり考えている最中、おりていく速度が急に速まったことに気づきました。

「おや、糸が切れたんだろうか」カメは思いました。「クモが仕返しをするために糸を切り離したんだろうか。これは海に落ちることになるな」

強い風が吹いていたせいで、カメは流される感じがして、危ないことがわかりました。

風がカメを陸に向かって流し、落ちていく速さが増して、地面が近づいてくるのが見えました。カメは頑張って体勢を立て直し、足から落ちようとしましたが、もう遅すぎました。

地面にぶつかった衝撃で、カメの甲羅が割れました。カメは体を痛めて死んだようになり、衝撃でひしゃげ、怪我をし、痛みに苦しみました。

ヤマアラシは思いやりのある心のもち主で、その長いトゲでどうにかこうにか甲羅を縫い合わせてあげました。

カメの甲羅がバラバラに割れていて、つぎはぎみたいになっているのは、このときからなのです。

どうしてクモの腰は細いのか

クモ夫人の旦那であるクモどんは、自分の奥さんと子供たちは本当に食べすぎだと思っていました。おかげで自分に食べものが充分に残っていることがないのですが、それはクモどんが大食らいだったからでもあります。

どうすればお腹いっぱい食べられるか、ウサギどんに知恵を借りにいきました。ウサギどんは言いました。「家族から離れて、森の奥に引きこもらないといけないね」

クモどんはすぐにそうしました。森の一画を開墾して、ヤマイモ、マデイラ、クスクスなどいろんな種類の食べものを植えました。ついに、自分にふさわしい量だと思うくらいまで、飲み食いできるようになりました。

そのあいだ、奥さんと子供たちは家でお腹を空かせて、死にそうになっていました。あわれなクモの奥さんは悲しんで、泣いていました。


ある日、歳をとった親切な妖精があらわれて言いました。「かわいそうなクモさん、どうしてあなたはそんなふうに泣いているんですか？」

「夫に見捨てられて、しばらくになります。子供たちとわたしは、お腹を空かせて死んでしまうでしょう」

「そのろくでなしは、どこに姿をくらましたのかしら？」

「ちっともわかりません」あわれな奥さんは答えました。

親切な妖精は奥さんをなぐさめ、魔法の杖を渡してこう言いました。「森の奥に身を隠したあなたの旦那は、自分勝手で大食らいだから、あなたたちにパンを分けたくないのね。この杖を手にとって、お昼と夜のごはんのときにテーブルをたたきなさい。旦那が自分のごはんを作るショディエールがテーブルの上にやってきて、あなたたちがごはんを食べることになるわ」

クモの奥さんは、親切な妖精に感謝して、元気をとり戻しました。

晩ごはんの時間になって、クモの奥さんが杖でテーブルをたたくと、風が吹きました。驚く子供たちの目の前で、タイムの香りがついてよく煮えた根菜、玉ねぎ、唐辛子でいっぱいのショディエールがテーブルの真ん中に置かれるのを目にしました。

しばらくお腹いっぱい食べていなかった子供たちは、ショディエールに飛びついて、あっという間に平らげてしまいました。

空っぽになったショディエールは、風に乗って戻っていきました。目の前で起きたことにクモのお父さんは驚いて、何があったのかちっともわかりませんでした。

クモのお父さんは、別の根菜を入れたショディエールを煮て午後を過ごしました。ごはんができると、用心のため木の下へと持っていって、枝に太い綱でアマレ〔原注：海軍用語から入った日常語で、つなぎとめるという意味〕しました。

しかし、何も口にできませんでした。晩ごはんのとき、料理がぐつぐつ煮えると、綱がほどけて、ショディエールがどこかへ行ってしまったからです。クモどんはすぐに目で追い、いいにおいをかぎましたが、料理は消えてしまいました。しばらくすると、空っぽになって戻ってきました。

翌日、クモのお父さんは牛をつなぎとめるために使うのによく似た鎖で、カナリ〔原注：ショディエール〕をつなぎました。しかし、それも無駄な努力でした。お昼に鎖はクモの糸のように切れて、鍋は消えて空っぽになって戻ってきました。

クモのお父さんは歯ぎしりをして、お腹が空いて、頭がこんがらがりました。怒っても無駄だとわかってはいましたが、せめて呪われたカナリがどこにいったのか、おいしいごはんを誰が食べているのか、クモのお父さんは知りたくなりました。

次の日、クモのお父さんは、鍋の取っ手と自分を綱で結びました。お昼の時間、鍋はかまどから消えて、一緒にクモのお父さんを連れていってしまいました。ひもにつけられたおもりのようにまっすぐにぶら下がって、鍋と一緒に木々の上を飛んでいきました。

目的地に着くと、鍋は喜ぶ子供たちの目の前にあるテーブルに置かれました。

かわいそうなクモのお父さんは、あわれな姿になっていました。木にぶつかって足が折れ、顔は引っ掻き傷だらけで皮がむけ、血だらけでした。あわれな奥さんに謝ろうにも、声が出ませんでした。鍋を結んでいた綱が腰のまわりをあまりにも締めつけたせいで、息が詰まっていたのです。

その日からというもの、クモの腰は細いのです。

どうしてサルとイヌはしゃべらないのか

ある日、仲のよかったサルとイヌのふたりは神様の前に呼ばれました。ふたりとも大きなあやまちを犯していたので、神様は懲らしめるつもりでした。

サルには自分の身体を掻く癖がありましたが、神様は金輪際身体を掻くことを禁止しました。イヌはいつも鼻をクンクンさせてにおいを嗅いでいるので、神様はもう鼻をクンクンしないようにと命じました。

当時、神様はアビムにあるゴルゴタの丘の上に住んでいました。神様は、ふたりが悔いあらためるように、グランドテール島の地の果て、サレ川まで連れていきました。神様はそこでお互いを監視しあうようにと言いつけて、ふたりのもとを去りました。

デストルランに着くと、サルは牛の群れを見かけて、ひどく身体を掻きたくなりました。牛の群れには黒い斑点がありました。サルは親友のイヌに言いました。「僕のお父さんは、あそこにいる牛にそっくりな牛を飼っていたんだ。その牛には、黒い模様が身体じゅうにあったんだ」そう言いながら、身をよじって、太い親指で黒い斑点のあったところを示して身体を掻くのでした。

イヌはその小細工をちゃんと見ていましたが、ずるをしたことを告げ口しませんでした。

もう少し先まで行き、立派なサトウキビ畑の前を通りかかると、イヌは深く息を吸って言いました。

「僕のお父さんは、あそこにある畑みたいなサトウキビ畑を持っていたんだ」

サルは利口なので、イヌがにおいを嗅いでいるのをちゃんと見ていて、サトウキビ畑というのは言い訳にすぎないことがよくわかっていました。でもサルは気づかないふりをしました。

神様はすべてお見通しでした。しかし、ふたりの言い抜けする知恵に感心していました。そこで大目に見てやることにしました。ただその日から、イヌもサルも、そのときまで持っていた話す力を失いました。

それからというもの、サルとイヌはしゃべらないのです。

ブキの物語

シュザンヌ・コメール＝シルヴァン

まえがき

この本で語られる五十の冒険の中で、わたしたちはブキとその仲間のマリスに再会します。ふたりはいつも一緒なのですが、ときどき「クジラどんの賭け」や「マリスの結婚」のようにマリスがひとりで行動する一方、「ヴィルヴォルト」や「ヒツジの国のブキ」のように逆にブキが単独で逆境を切り抜ける姿を目にします。

これらの物語はとても細かい点まで、わたしたちの国の農民から集められたもので、彼らはわたしたちの伝統的民俗の一部、わたしたちの民衆の口承文学の一部を成しています。これらの物語はどこからやってきたのでしょう？　夏の重苦しい夕べのあいだ、聴衆の気晴らしのために国の吟遊詩人によって作り出されたのでしょうか？　あるいは、フランス人の水夫からかつての奴隷たちに伝えられたのでしょうか？　あるいはヴードゥーの歌や踊りのようにアフリカの先祖から受け継がれたのでしょうか？

これらのうちの二十五〔訳註：以下、作者の挙げる数字と列挙されるタイトルの数は必ずしも一致しない〕はおそらくアフリカ起源で、さまざまな部族のあいだに見られるものです。

以下は、野ウサギの物語群（西アフリカとバントゥー族）に属しています。

二　どうしてサルは話さなくなったのか／四　ブキとマリスがお母さんを売る／五　ヒツジの国のブキ／六　ヒツジの仕返し／十　馬具をつけたブキ／十一　ブキの結婚／十三　マリスが決してブキをゆるさなかったこと／十四　カングアメールの象／十五　また別の象の話／十六　トウェ……ファ

……マロレ／十七　モンプレジール／十八　クジラどんの賭け／十九　王様の泉／二十九　ミュロミュバ／三十　マリスがもう少しだけ知恵を神様にお願いしに行ったのが見られたことについて／三十三　魚のたまご／三十四　また別のたまごの話／四十四　ヴィルヴォルト／四十七　コンペ・アンヴォワジュテが相変わらず馬鹿をやらかしたことについて／五十　マリスの最期

バントゥー族の親指小僧ウカキジャナの物語群に属するのは、
二十一　ブキのお通夜／二十八　マリスが結婚を望む

アンテロープの物語群（コンゴ地域）に属するのは、
三十七　小さなカブリの悪知恵

最後にアフリカのさまざまな登場人物に帰するのは、
三十一　マリスの結婚

ブラック・アメリカでは「ブラー・ラビット」、「ラパン」、「ラペン」、「マリス」あるいは「マリシア」となる野ウサギの物語群において、最も忠実に伝えられているのはハイエナとの冒険です。わたしたちはハイチ、ドミニカ共和国、ルイジアナ、それにバハマ諸島で今でも、ウォロフ族がつけた名前で「ブキ」と呼んでいますが、グアドループでは「ザンバ」と名づけられたそのハイエナは、アメリカ合衆国ではオオカミに、ほかのアンティル諸島ではライオンやトラに置き換えられています。ブキに注目すると、いくつかの名前が変わらず残っているというのは興味深い事実です。セネガルの奴隷たちがンジョボールとブキの狩りのバージョンを初めてハイチで語ったとき、彼らは野ウサギであるンジョボールを、自分たちが目にした、あるいは話を聞いた同じ科の動物である飼いウリギ《ラパン》に設定しました。そのためハイチ北部では今でも「ラパン」（私たちの北部の民話が分派したプエルト・プラタの地域では「ラペン」）と呼ぶのです。マリスという名前は最初あだ名でしたが、ハイチ南部と西部ではウサギに結びつけられました（マコリクスの地域（訳註：ドミニカ共和国北部）ではマリシア）。ブキはクレオールたちに知られるどんな動物にも特定することができず、暫定的にその名前のまま残され、この一時的な解決策がわたしたちの時代まで続いたのです。「ガニデ」という名が同様に、他の民話でブキあるいはその父親につけられた「ガイヌデ」という形で見られますが、トーゴのダゴバ族のあいだで「ガニエ」とされるその鳴き声からとられたハイエナの別名です。

『ブキの物語』のうち五つの民話はヨーロッパでもごく一般的です。

一　ブキの風呂／九　泥棒の泥棒／二十七　洗礼／三十二　宮殿のマリス／三十八　リセット

　これらはヨーロッパからやってきたものなのでしょうか？　アメリカ合衆国では黒人とアメリカ先住民のあいだに、そして他のアンティル諸島でも見受けられる「ブキの風呂」は北ヨーロッパに見られます。フィンランド、スウェーデン、ノルウェー、そしてバスクの国です。もしアメリカ先住民がそれに関与していないのであれば、伝播はつまりバスク人によって起きたことになるでしょう。「泥棒の泥棒」は世界のあらゆる文学で見受けられる普遍的な民話のひとつです。フランスでとてもよく知られており（狐物語の一部）、ドイツ、スコットランド、セルビア、エストニア、ロシア、カンボジア、そしてホッテントットたちのところでも見つかります。アフリカとヨーロッパから、別々に由来しているのかもしれません。

「洗礼」はおそらくフランスから来ています。アフリカではほとんど知られておらず（カビリア人たちのところで見られますが、改変されたバージョンになっています）、フランスの全地方で採話されています。同じくドイツ、スコットランド、ギリシア、スペイン、ロシア、そしてシベリアにさえも見られます。

「宮殿のマリス」と「リゼット」もフランスから来たようです。のどにアイロンをかけるというディテールは、十三番目の民話「マリスが決してブキをゆるさなかったこと」からの借用かもしれませんが、わたしの知っているフランス版には、この部分がまったく含まれていません。もちろんブキが鬼や盗賊の役目を果たしています。

アメリカ先住民起源と思しきふたつのストーリーは、わたしたちにはより知られたバージョンがあるのですが、ブキの物語の中に組み込まれました。
三　ミゾ（バンドリエの民話）／四十　魔法の壺（カメの民話）
そして、アフリカ起源の物語もすでに別のバージョンで広まっています。
二十六　魔法のイチジクの木（オレンジの民話）
わたしは残る十七の民話を、ヨーロッパあるいはアフリカで見つけることはできませんでした。しかしながら、そのうちのいくつかは他のアンティル諸島で見受けられます。もしそれらがすべてアメリカ起源なら、なおのことフランスの民話を思わせる「思わぬ当たり」と「その名のとおりのマリス」を除いて、わたしたちはそっくりそのままアフリカの作風を保存してきたことになります。

ハイチから見た、ブキの物語の価値とはいったい何でしょう？　わたしたちはたいてい、数世紀前によその土地で作り出された伝統的な物語に関することだと見なしてきました。それは単に世代から世代へと忠実に伝えられてきた、いくらか機知に富んだ一連のお話なのでしょうか？　いいえ、民俗的な価値に哲学的な価値が加わり、ブキの物語は民衆の精神がその観念と渇望の痕跡を無意識のうちに残した国民的記念碑なのです。あり得そうにもないことですが、ここに集められた五十の冒険のうち土着の話はひとつもないだろうと仮定したとしても、ブキの物語は現行の形において深くわたしたちのものであるという真実に変わりはないのです。

　伝播はすべて、嗜好と観念が接する点に基づいています。ひとつの国から別の国へ全面的に伝えられることは決してありません。ひとつの民衆は他の民衆から、気に入るもの、本質的性向に一致するものだけしか残しません。最初から、わたしたちには何かハイチ的なものが見つかります　テーマやモチーフの選択がそれで、わたしたちは野ウサギの物語群において、ハイエナが現れる冒険に対する好みがあったことがわかります。

　次に同化作用があります。意図的に、あるいは意図せずして、接ぎ木を受けた人種の徳性に従って、ディテールの間違い、解釈、脱落、進展、変形が生じます。わたしたちの民話で最も特徴的なもののひとつであるせむしの物語は、東洋起源の笑い話ですが、アフリカ版で伝えられました。

　この笑い話は、十字軍の時代にヨーロッパに紹介され、有名なファブリオ「三人のせむしの宮廷楽人」を生み出し、とても多くのバージョンがフランスとドイツに存在します。ヒロインは若く尻軽な女性で、彼女のせいで時間とお金を失う担ぎ人足、命を失う宮廷楽人たちと年老いた夫などが犠牲者です。スーダン人はアラブの民話を受け取り、それにすっかり手を加え、彼らにとって衝撃だった女性の役を抹消して、宮廷楽人暗殺をモチーフとして貪欲さという要素を与えました。東洋人の軽い笑い話は、いくつかのヨーロッパ版のあけすけなディテールを加えられ、アフリカではわずかにユーモラスで道徳的な話に変えられて、そこにわたしたちがプロローグとして別のせむしの話を組み入れただけなのです。なぜならそのバージョンが、わたしたち独特の嗜好に完璧に適合したからです。

　ブキの物語から引き出されるまた別の同化作用の典型は「ヒツジの国のブキ」という民話の例です。野ウサギの物語群では、水が半分入ったショディィエールにつかるようにガゼルに言うのは野ウサギで、自分でお手本を示してしばらくしてから出てきます。わたしたちはこの武勲の名誉、最初の過ちをブキに授けたのです。しかしわたしたちがブキおじさんについて思い描く性格のイメージからすると、一時的な勝利しか得ることができないので、わたしたちはだから「ヒツジの仕返し」を想像して、テーマの変形である異なった結末をもつストーリーを繰り返すのです。

同じく、多かれ少なかれ巧みなテーマやモチーフの結合がしばしばあります。先ほどのせむしのお話の別のストーリーが、これはヨーロッパ起源なのですが、せむしの宮廷楽人たちのアフリカ版に接木されていますし、「どうしてサルは話さなくなったのか」における舌を切られるというテーマは動物たちの家というテーマに巧妙に結合されています。「また別のたまごの話」においては、一連の副次的な小さなモチーフがあり、カランデリクのたまごを盗むという主要なテーマの前につけられています。

しかしそこには、登場人物自身よりもむしろ民話の技巧に挑む変化があります。ブキとアフリカのハイエナ、マリスとアフリカの野ウサギのあいだに認められる違いは何でしょう？　まずわたしたちの農民たちのあいだでブキとマリスは人間であって、動物ではありません。とはいえ、わたしたちのように完全な人間でもありません。とりわけブキは野性的で、大きく、太っていて醜く、貪欲で、長い尻尾を持ち、死骸を前にしても尻込みしない肉食好みで、特徴的な臭いにおいがして、そのせいでルイジアナの民俗学者によって雄の山羊と同一視されています。わたしは、人間たちが飢饉で死んだあとにヒツジたちがやってきて住みつき、しばらくして人間になったとはっきり述べられている「ヒツジの国のブキ」におけるブキの人格についてたずねたとき、「ブキは人間だ《ブキ・セ・ムン》、このヒツジたちと同《メンム・カリテ・ムン・》じ類の人間だ《アク・ムトンヨ》」と答える語り部に会ったことさえあります。

それから、ほら吹きで、泥棒で、怠惰で、妬《ねた》みっぽく、しかし知性と悪知恵で形成され、それによって成功が約束されているアフリカの野ウサギの人格が、かなり忠実にわたしたちのマリスどんの中に見つかるとすると、ブキの人格はわずかに修正されています。ブキはハイエナのようにいつも貪欲で、愚かで粗暴ですが、馬鹿さ加減が高じて残酷なだけで、おなかがいっぱいのときはお人好しで、自分をだました者にいつまでも腹を立てることもありません。

最後に、野ウサギの物語群からブキの物語へと解釈の変化があり、しばしば価値の移動が起きています。アフリカでは、野ウサギが唯一の主人公です。一連の偉業に影を落とし、勝者たちへの教訓を与える野ウサギの最期の話は、わずかな数の部族にしか伝えられていません。各所で、物質に対して精神が、群衆に対して個が、乱暴な力に対して知恵が勝ることを表すその勝利を賞賛します。バントゥー族のアフリカでは、ハイエナは野ウサギがいつも利用することになるのですが、数多くいる狩り仲間のうちのひとりでしかありません。西アフリカでは相棒となりますが、いつも馬鹿にされていて、聴衆にとってはほとんど好感のもてない仲間です。ハイチでは、主人公がふたりいます。マリスとブキです。ンジョボールとブキの冒険を歌うセネガル人は、わたしが何度かわたしたちの丘《モルヌ》の語り部たちが語るのを聞いたブキとは、残念ながら同一視するような考えは持たないでしょう。わたしたちのところではブキはマリスに対立していますが、それはただ単に力が悪知恵に対立するだけでなく、農民が町の人に、教育のない人が「サヴェ」に、二世紀前すでにボサル［291頁参照］の奴隷がクレオールの奴隷に対立していたようなものなのです。ブキは過ちを犯しますが、ブキのせいではなく、過ちはすべてその愚かさに由来し、神がブキをそれほどまでに愚かに造ったのであり、マリスに騙《だま》されるのを前に無力で、マリスはブキを殺そうとしますが、それでもなおブキなしでは生きていけないのです。農民はマリスに感心しますが、ブキにはしんみりとした憐れみを感じます。彼らが自身の劣等感をなくし始め、知的に発達するとき、農民は伝統を重んじて知恵をあがめるものですが、わたしたちはブキのライバルである阿呆のジャンの勝利のごとく、ブキの勝利を祝う新たな民話が開化するところを目にすることになるかもしれません……わたしたち？　もちろんあなた方でも、わたしでもありません。人々がその時代にまた民話を導き出すことになるのでしょうか？

一　ブキの風呂

クリック？　クラック！

その当時、ブキはほんの若者でした。甥《おい》のマリスと歳をとったおばあさんのところに住んでいて、おばあさんがふたりとも育てたのです。この話をするときに、年をとったおばあさんはお母さんだと言う人たちがいますが、それは間違いで、当時わたしはあの人たちと知り合いで、おばあさんのマダム・ブキがいて、その家に子供たちが住んでいましたが、娘のマダム・ガイヌデは別の村にいて、それがブキのお母さんなのでした。マダム・ガイヌデは長女をムッシュ・ギヤナクと結婚させて、それが小さなマリスたちの父親なのですが、また別の村に住んでいました。ブキは自分のおじいさんの名前を名乗っていたのですが、おじいさんにそっくりなせいもあって、マダム・ブキのことについて聞いたことがある現在の人たちは、それがブキのお母さんであって、おばあさんではないと信じているのです。その人たちは、マリスが一切ブキの血筋に属していなかったことも知りません。マリスはブキ一家に育てられたのですが、ギヤナクの別の奥さんとのあいだにできた息子だったのです。

だからマダム・ブキはずいぶん歳をとっており、手足が不自由で、半分麻痺していました。ふたりの子供がお婆さんを助けるために一緒にいてあげていたのです。大きいブキはお店でお客の相手をし、小さいマリスは畑と鶏小屋でできたものを売って、食料を買いに市場に通っていました。ブキはとても馬鹿だったので、誰かが連れていってやったり、命令してやったりしなければなりませんでした。だからマダム・ブキは自分のとなりにブキを置いておくのが習慣になっていました。マリスのほうはあたりでいちばん頭のいい子供で、決して人にだまされることはないとマダム・ブキが疑わなかったので、遠くにやっていました。

ある日、マダム・ブキは病気になり、子供たちの見分けもつかなくなるほどひどい熱が出て、始終わけのわからないことを話していました。年をとった近所の人が朝と晩にお見舞いに来て、マリスは指示されたとおりの手当てをていねいに行ないました。火曜日になっても、具合はよくなりませんでした。火曜日は市場の日なので、マリスはブキにこう言いました。

「僕は一週間分の食料を買いに行かなきゃならない。小さなカブリ〔訳註：山羊〕も売らないといけない。君がお婆さんの世話をするんだよ。ほら、お風呂のための葉っぱを準備しておいた。太陽がヤシの木の上にたどり着いたら、水を火にかけるんだ。熱いお湯になったら葉っぱの上にかけて、ぬるくなるまで水を足すんだ。近所の人が『ぬるいお風呂』って言ったのを思い出して」

マリスは出ていきました。ブキは水を火にかけてから店の中に座りました。その日の午前は客がなく、子供のブキは退屈していました。お風呂の時間を早めることにしました。

湯船に冷たい水を桶《ボキト》何杯か入れ、走ってお婆さんを呼びに行きました。お婆さんが理解していない様子なので、抱きあげました。というのも、ブキは力が強かったからで、そのまま湯船の中に入れました。次に火にかけておいた湯を取りに行って、沸き立つ湯をバシャッとあわれなお婆さんにかけました。マダム・ブキはひどい引きつり笑いをして、ひと言も発せず、叫び声も上げず、死んでしまいました。

　孫は歯をのぞかせたそのしかめ面の意味がわからず、尋ねました。

「タバコが欲しいのかい？　かわいいブキの風呂に満足してるんだろう」

　お婆さんは何も答えませんでした。ブキはパイプを持っていってあげて、親切心から歯の間にはさんでやりました。

「ごゆっくり、お婆さん。店を見て来るよ。出たくなったら呼んでくれるよね」

　マリスは戻ってくるとすぐに尋ねました。

「ブキ、お婆さんは、大丈夫かい？」

「お婆さんは風呂に満足して出ようとしないんだ。出たいときは呼ぶように言ったんだけど、呼ばないんだよ。パイプをくわえたままで、いつまでも笑っているんだ！」

　心配に思ったマリスは、部屋まで走っていきました。お婆さんはすでに固くなっていました。マリスは叫び声を上げました。

「ブキ！　君はお婆さんを殺してしまったんだよ！」

「おれは触っていない、ひとりで死んだんだ！　うえぇん、うえぇん！」

　ふたりとも泣き声を上げました。近所の人たちが駆けつけてきて、死んだお婆さんの世話をして、両親に知らせました。それからどれだけ経ったことでしょう！　このことが世間を驚かせたのは忘れられていません。それからというもの、水は日の光で温め、もし火で湯を沸かすよう医者に言われることがあれば、手を入れて温度を確かめるようになったのです。そしてやはりそれからというもの、熱すぎる風呂のことを「こりゃブキの風呂だ」と言うようになったのです。

二　どうしてサルは話さなくなったのか

クリック？　クラック！

ずいぶん昔のこと、人間たちはおらず、動物だけしかいませんでしたが、神はすべての動物に自分たち全員が住む大きな家を建てるようにと命じました。動物たちはあらかじめ仕事を分担して、マリスは木を切らなければならない班に入れられました。マリスは怠《なま》け者でうぬぼれやで、そういったたぐいの仕事は自分にふさわしくないと思って、協力することを断りました。動物たちは神様に訴えました。

「ああ！　動物の家を建てるのを手助けしたくないのなら、外で寝ればいい。雨と寒さから身を守りたければ、穴を掘ってすみかにすればいい」

できあがった家は立派なものでした。マリスは毎晩中に入るのを断られることに機嫌を損ねて、家を奪い、そこから住人全員を追い出してやろうと心に決めました。夜になると、ランビ貝を持ってブキのベッドの下にもぐり込みました。夜の十一時、みんながいびきをかき始めてからずいぶん経って、ランビ貝を吹き鳴らしました。

「ブウウウン！　ブウウウン！　われはユグン、大急ぎでこの家から離れるようみなに申し伝えるため、神の使いでやってきた」

動物たちは一目散に逃げだしました。ブキだけがベッドの上に伸びたままで、眠りを妨げられて腹を立てていました。

「ブウウウン！　ブウウウン！　お前には聞こえなかったのか？　お前のように大きな動物は、見せしめにしてやるぞ！　われはユグン、逃げるようにみなに申し伝えるため、神の使いでやってきた。

ブウウン！」

「逃げる、逃げるよ！」

ブキは森に行って、他の動物たちに会いました。翌朝、相談をして、状況を調べるためにサルを偵察に行かせることに決めました。サルは枝から枝へ飛びうつって、鳥のように移動することができるからです。

「家に誰がいて、どうなっているか見てるんだ！」

外廊下を歩いているマリスの目に、遠くで飛び回るサルが見えました。マリスはすぐに、どうするか作戦を立てました。かみそりを手にして、サルのところに行きました。

「サルどん、ちょっと頼みがあって来たんだ。扉が全部開いていて、君たちがどこにいるか教えてくれる人がひとりもいなかった」

「ああ！　ここに僕がいるじゃないか。どうしたんだい？」

「毛を剃ってほしいんだ」

マリスはかみそりを差し出しました。ジョリ！　ジョリ！　すぐに剃り終えました。

「サルどん、あつかましい頼みでなければ、舌をこすってほしいんだけど。きれいにして舌はピンク色じゃなきゃだめなんだ」

「じゃあ、もうしばらく座っていて」

それが終わるとこう言いました。

「サルどん、君を誘ってくるように言われたんだ。結婚するのは貧しい白人で、君のことを知らないけど、君がとても陽気だと人に言われたものだから、当日招待客の中に君がいるのは願ってもないことだって言うんだ」

「支度ができていないよ、マリス坊や」

「毛を剃ってやるから座りなよ！」

毛を剃ったあと、こうつけ加えました。

「舌を見せて！」

「ほら」

「汚い舌だなあ。すぐにこすってやるよ」

マリスは舌をこすって、こすって、突然舌の先を切り飛ばしてしまいました。サルは叫び声を上げながら逃げました。森にたどり着くと、何があったか説明しようとしました。でも無理なのです！身ぶり手ぶりで伝えようとした末に、そのときの癖が残りました。それからというもの、マリスの悪さのせいもあって、サルの一族がしゃべることはなくなり、しょっちゅう身ぶり手ぶりをするのです。

夜になると動物たちはいつものように家に戻ってきましたが、何らおかしなところはなく、サルに起こったことは悪い夢だと考えたのでした。

三　ミゾ

クリック？　クラック！

とても若い娘がひとりいて、自分と結婚するに値する男はどこにもいないと思っていました。ブキは娘のことを好きになり、言い寄りました。娘はこの太った大男のことを面白いと思い、贈り物を受け取りましたが、結婚を申しこんでくるようなことは決してないだろうと思っていました。ブキの考えは違いました。ある日、立派な黒い背広を着て、婿にしてもらうために一家のお父さんのところに姿を現しました。驚いて、お父さんは娘を探しに行きました。

「ブキにわたしの元にくることを許したか、お前はマダム・ブキになりたいのか？」

「あの男は頭がおかしいんですよ、お父さん。おしゃべりしたり、あの男のへまを笑ったりはするけれど、自分の夫にするなんて考えたことはないわ。わたしが自分の犬を一日じゅう撫《な》でるからといって、犬と結婚しようなんて考えるかしら？」

ブキはその会話を聞きました。お父さんが帰るのを待ちました。自尊心が傷つけられ、自分の部屋に閉じこもり、復讐の計画を練りました。

「おれはあの娘にとって犬なんだ。結構、それは結構。犬と結婚することになる、本物の犬と！」

ブキは、ミゾと呼んでいる大きな白い犬を飼っていました。その犬はブキにとても忠実で、どこにでもついてきました。ブキは犬と一緒に呪術師《カプラタ》のところへ行って、数日のあいだミゾを人間に変えてくれるように頼みました。呪術師はたくさんのお金と引き換えにそれを引き受け、ブキに魔法の歌を教えて、ミゾが犬の姿に戻るためにはそれを歌うだけで十分なのでした。

翌日、ブキはミゾを連れて、復讐をする相手の家に向かう道を歩いていきました。歩きながら、ブキはミゾにしかるべきふ

るまいを言い聞かせました。

「愛想よくするべきだけど、ほどほどに。夕食を勧められたら、感謝の言葉を言って受けるんだぞ。お世辞は絶対に言わないこと、目くばせだけだ！」

　別れると、ミゾは若い娘の家に入り、ものをたずねました。白くて、大きくて、鈍そうな様子で、言葉には妙ななまりがあってたどたどしく、家の女の人たちにすぐに気に入られました

「あんた、あれはハイチ人じゃない、きっとヨーロッパから来たのよ。なんて内気なんでしょう」

　また来るようにと誘われました。ミゾはいつでもやってきました。朝も、正午も、晩も　いつも言い訳をして、帰るふりをして、引き留められるのでした。ミゾは一緒に夕食をとって、次に昼食を取りました。

　お父さんは奥さんに言いました。

「お前はムッシュ・ミゾをどう見る？　真剣に娘に夢中みたいだが、どうしてしゃべらないんだろう？」

　ミゾは助けられて、結婚を考えているということを、娘にも親にも、ほんのわずかでさえほのめかすことなく婚約者として受け入れられました。

　結婚式が準備され、その月にとり行なわれることになりました。ミゾは若い娘たちのあいだでちやほやされていたので、両親はそれほどまでに貴重な婿が取られてしまわないかと心配していました。

　結婚して三日後、ミゾが部屋で昼寝をしていると、ブキが通りに現れました。自分の計画が成功したことに満足して、復讐の仕上げをしようとしていました。

ミゾ、こらミゾ！　こらおれの犬！
ここ三日、お前はよそに行っていた。

この地でお前は何を食べたんだ？

このイモの皮を食べろ。

ブキが持ってきた。

ミゾ、こらミゾ！　こらおれの犬！


ミゾは目を覚ますと飛び上がり、主人の声だと気づいて、犬のしゃべり方をしました。

「ワン、ワン！　ワンワンワン！」

妻はその声を聞いて駆けつけました。

「どうしたの？　様子が変よ」

「ワン、ワン！」

「お母さん、お母さん、助けて！　ミゾの様子が変なの。しゃべれなくなったみたいなの」

ミゾのまわりに人がつめかけました。


ミゾ、こらミゾ！　こらおれの犬！

ここ三日、お前はよそに行っていた。

この地でお前は何を食べたんだ？

このイモの皮を食べろ。

ブキが持ってきた。

ミゾ、こらミゾ！　こらおれの犬！


自分を制止しようとする人たちに対してもがいていると、尻尾が生え出し、毛が生えてきて、顔全体が変わりました。

「ワン、ワン！　ワンワンワン！」

「神様、どうしたらいいのでしょう？」


ミゾ、こらミゾ！　こらおれの犬！

ここ三日、お前はよそに行っていた。

この地でお前は何を食べたんだ？

このイモの皮を食べろ。

ブキが持ってきた。

ミゾ、こらミゾ！　こらおれの犬！


ミゾは完全に犬に戻って、全員を押しのけて階段を駆け降り、ブキの元に行くと、一緒に去っていったのでした。

四　ブキとマリスがお母さんを売る

クリック？　クラック！

それは飢饉のまっただ中のことでした。食料はほとんどなくなって、とても高価になり、狩りに出ても、みんなが猟師になっているので、もう何も獲物はありませんでした。マリスはある日、ブキに言いました。

「ひと月食べていく方法がある」

「マリス、おれがどれだけお前のことを気にかけているかわかっているだろう。早く教えてくれ、早く！」

「そう、つまり僕たちのお母さんたちを市場で売るんだ」

「お母さんたちを売るだって？　お母さんたちはどうなるんだ？」

「そんなの関係ない、お母さんたちの勝手さ。お金が手に入れば、自分たちでなんとかやっていくだろうから」

しばらく抗議したものの、かぎりなく食いしん坊のブキは誘惑に負け、お母さんを売るため、翌日マリスと同じ時間に市場におもむくことを約束しました。

夜明けの光に続く日の出のころ、ブキはお母さんに用意しておいた犬の首輪と鎖の代わりに竜舌《りゅうぜつ》蘭《らん》の繊維でできた縄をつけました。

「これはなんだい？　どうしてこの首輪と縄をつけるの？」

「問答無用だ、お母さん。市場に行って売ってやるのさ」

「あんた、頭がおかしくなったの！　息子が母親を売ることなんて聞いたことがない。それに、わたしは市場で売られたくない。いやだ！」

お母さんは縄を引っ張りながら、あらゆる方向に飛び回りました。しかしブキは力が強く、縄もしっかりしているので、しばらくするとお母さんはおとなしくなりました。

そのあいだ、マリス一家ではまったく違った光景が繰り広げられていました。マリスはお母さんを撫でて、サツマイモのつるの縄をつけさせてくれないかと頼んでいました。

「お母さん、これが冗談だってわかるだろ。ひとつ茶番劇をやろうと思うんだ。疲れたらすぐに縄を引っ張れば切れるから。ただ、できるだけ速く走って逃げないといけない。あの阿呆のブキに何をされるかわからないからね」

「そんな危ない悪ふざけは好きじゃないね。自分のお母さんを市場で売るふりなんかしないものだけどね、マリス坊や」

「お母さん、大切なお母さん、ほんのちょっとのあいだだけ縄に引かれているふりをしてもらえないかな？」

　マリスがあまりにも頼み込むので、結局お母さんはサツマイモのつるでできた縄を首にかけることを承知しました。大通りに出ると、ふたりの目には、嫌がってひどくわめき散らすお母さんと、それを引きずってくるブキが見えました。それを見ると、マリスのお母さんは飛び上がり、縄を切って姿を消してしまいました。マリスがそれを追いかける一方で、ブキはお母さんを見張っていなければならないので何ら手助けができませんでした。

　しばらくして、マリスが戻ってきました。

「しようがない。お母さんはどこかに隠れてしまった」

「肩を落とすな。ふたりで分ければいい」

　ふたりは難なく市場につきました。ブキのお母さんは、息子には何の期待もできないことがわかると子羊のようにおとなしくなり、買い手からうまく逃げねばならないときのために力を残しておきました。

　ブキはお母さんを、畑で仕事をさせて、もしものときには食べてしまおうという考えのコロギエールの親戚に、六十グルドで売りました。そのお金でかなりの食料を買い、それを運ばせる小さな黒いロバを買いました。

　ブキがしばらく用を足しに行かねばならなくなると、マリスはその機会を利用して食料を隠しました。ロバの耳と尻尾を切り、それを半分まで泥の中に埋め、ロバは確実だと思われる場所に隠しておきました。

ブキは相棒がいないので口笛を吹きましたが、何も返事がありません。ようやくマリスが姿を現しました。

「ひどいことが起きた。ロバが泥にはまって、見えるのは耳と尻尾だけになった」

「引っ張っても、はまっていくばかりなんだ。来てみてよ」

ブキはその災いが起こった場所に来ると、尻尾に飛びつきました。尻尾だけが手の中に残されました。耳に飛びつくと、同じように抜けてしまいました。

「全部なくなった、お母さんですらも！　全部なくなった！」

マリスはうまいことブキを家に帰し、盗んだものを取りに戻ってきました。マリスには罰が当たりました。赤アリが食料を持っていってしまい、ロバは姿を消していたのです。誰が盗ったかわかるでしょうか？　思いもよらないことでしょう。答えを言わなければなりません。ブキのお母さんです！そう、ブキのお母さんはうまく逃げて、悪い息子のところに早々に戻ってくると、傷ついて捨てられた様子のロバを拾っていたのです。さあみなさん、家族のいざこざに首を突っ込むことになりますよ！

五　ヒツジの国のブキ

ヴォワラ！

むかしむかし、飢饉で荒れた村がありました。村人たちはみんな死んでしまい、その土地にヒツジたちがやってきて住みつき、しばらくすると人間たちが再びそのあたりに住むようになりました。ところが人間たちはヒツジしか食べなかったため、すぐにまた飢饉が起こることになったのですが。

　ある日、ブキがたったひとりで狩りをしていると、ヒツジの国のはずれにある集落にたどり着きました。

「こんにちは、コンペ、こんにちは、コメ、こんにちは皆さん！」

「どうも、コンペ。調子はどうだい？」

「神の助けを借りて貧しさと戦っているよ。そっちではどうだい？」

「飢えて人が死んでいる。服を買うお金もないし、種を買うお金もない」

「大変な事態だな。自分もむかしそんな目にあったことがある。裸でいることはかまわないけど、お腹を空かしてはいられない。神様が君たちを助けるため、おれをここに遣《つか》わしたんだ。おれのおかげで、この先一週間はずっと食べるものがあるだろうよ。火をたくための木はあるかい？」

「あるよ、パパ〔294頁参照〕」

「大きな火をたいて。強く息を吹いて、この家の屋根に届くまで。大きなショディエールはあるかい？　裸でいることはかまわないけど、お腹を空かしてはいられないだろう」

「あるよ、パパ。コンビット〔訳註：音楽や歌をともなう互助的な習慣労働のあとに食事が饗される〕で使うショディエールがある」

「四分の三まで水を入れて、火にかけて」

　ヒツジたちは火をたいて、底に少しだけ水の入った巨大なショディエールを持ってきました。それを火の上にすえて、四分の三まで水を入れました。次に、ラタニアヤシの大きな葉っぱを持った子供三人が、火をあおりました。

「ふたを取りにいって、おれのいうことをよく聞くんだ。なんて悲しいことだろう、神様！　裸でいることはかまわないけど、お腹を空かしてはいられない。おれがショディエールの中に入るから、お湯がはやく温まるようにふたをしてくれ。おれが『湯が熱い』と言ったら、中から引き出して、お前たちがみんな入って、お湯が肌を刺すようになったら、今度はお前たちが『湯が熱い』と言ってくれ。

おれがふたを開けるから、外に出れば、ショディエールは脂《あぶら》がたくさんついた肉でいっぱいになっているだろうよ。それはとてもおいしいことだろう、神様！」

ブキがショディエールの中に入ると、ヒツジたちはトタンの板でふたをしました。ほんのちょっとして、ブキは声を上げました。

「湯が熱い、湯が熱い！」

すぐにふたを開けてやりました。ブキはみんなに水しぶきを飛ばしながら、ショディエールから飛び出ました。

「すぐに入って！」

家族全員が入りましたが、小さいヒツジだけは逃げて、コーヒーの木の中に隠れました。ブキは火をあおり、懸命に息を吹きかけました。

「湯が熱い、湯が熱い！」

「まだまだ！　もう少しの辛抱、ブイヨンはまだできていない」

「湯が熱い、焼けるようだ」

「まだまだ！」

ブキはトタンの板の上に、周囲にあった石や道具を全部のせました。ヒツジたちは暴れましたがふたを開けるには至りませんでした。

「湯が熱い！　お願いだから、助けてくれ！」

「おれはヒツジのブイヨンをいただくことにしよう。むかしから羊肉が好きなんだ」

「お願いだから！」

ブキは火をあおるために乾いた枝を足して、ふたが重くなるようにさらに石をのせました。声が弱くなってきました。とうとう声がしなくなりました。ブキがふたを開け、ショディエールからヒツジを取り出し、袋に詰め込んで、丘《モルヌ》で目をつけておいた隠し場所まで引きずって行き、二匹だけ自分の家に持って帰りました。夜になったら家族総出で残りのヒツジを取りに戻って、機会を見しすぐにでもまた来ようと心に決めたのでした。

六　ヒツジの仕返し

クリック？　クラック！

コーヒーの木のあいだに隠れていた小さいヒツジは、起きたことをすべて見ていました。ブキが立ち去るとすぐに丘《モルヌ》の反対側、ヒツジの国でいちばん美しい集落に住んでいる代母のところへおもむきました。小さいヒツジは不幸な出来事を語り、知らせは広まって、住民たちはブキに目の覚めるような仕返しをすることにしました。

ブキおじさんは、食糧庫にある肉のたくわえをすべて食べきってしまうと、ヒツジたちのことが頭に浮かび、例の国におもむきました。代母の集落がすぐに目に入ったので、みんなに挨拶するために立ち止まりました。赤ん坊を連れた三人の肥えた女たちで、男たちは畑にいました。

「こんにちはマダムたち、調子はどうだい？」

「神の助けを借りて貧しさと戦っているけど、ものがない中でいちばんつらいのはお腹が空くことだね」

「裸でいることはかまわないけど、お腹を空かしてはいられないからね、かわいらしいマダムたち。神様があなたたちを助けるために、おれをここに遣わしたんだ。トロワピエ〔訳註：三本脚のなべ〕はあるかい？」

「あるわよ、パパ」

かの有名なトロワピエとなる大きな石が三つ持ってこられました。

「ちゃんとふたのついたショディエールはあるかい？」

「あるわよ、パパ。プリエール〔訳註：豪華な食事とダンスパーティーをともなう葬式〕に使っているのが」

「木を取りに行って、大きな火をたいて、水を半分入れたショディエールをトロワピエの上にのせるんだ」

「わかったわ、パパ」

ヒツジのマダムたちは木を持ってきて大きな火をたき、トロワピエの上にショディエールをのせました。

「いいかい、よく聞くんだ。おれはショディエールの中に入るから『湯が熱い』と言ったらふたを開けるんだ。おれが出たら、あんたたちが代わりに入るんだ。『湯が熱い』と言えば、おれがふたを開けるから、外に出たら、ショディエールは脂がたくさんついた肉のおいしいブイヨンでいっぱいになっているだろうよ。裸でいることはかまわないけど、お腹を空かしてはいられないからね、かわいいマダムたち」

「ありがとう、パパ」

「わかったわ、パパ」

ブキは笑いながらショディエールの中に入りました。ヒツジのマダムたちはふたを置いて、大きな石を七つのせて動かないようにしました。

「湯が熱い！」

「まだまだ！　ブイヨンはまだできていない」

「湯が熱い！　湯が熱いって言っているんだから、開けろ！」

ブキはふたをドンドンと叩きました。

「叩いたって無駄よ。ふたの上に大きな石を七つ置いたから。このあいだあなたはわたしの兄弟一家をみんな食べてしまったから、あなたがいい具合に煮えたら食べてやる」

ブキは腹が立って言葉が出ませんでした。激怒して気を失ったのです。しばらくして、苦しくて目を覚ましました。蒸気がときどき抜けて、ふたを軽く持ち上げていました。力をこめて肩でぐっと押し、うまいこと頭を出して、ふたをひっくり返すことができました。女たちはブキが死んだと思って、旦那たちに勝利を伝えるため赤ん坊を連れて畑に行っていました。

ブキは集落からはいずり出て、どうにかこうにか大通りにたどり着きました。

わたしがブキに会ったのはそこです。

「なんて格好をしているんだ、あわれなブキ！」

「ヒツジたちがおれのことを殺そうとしたんだ」

「自業自得だよ、ブキ。君が同じ手を使うからさ。流れる水が同じ場所を二度通るなんてことがあるかい？」

七　カブリの仕返し

クリック？　クラック！

カブリは自分のために、海辺に小さな藁《わら》ぶき屋根の家を建てました。天気がいいときは小さなくり《ブン》舟《バ》に乗り、ひとりで釣りに出かけました。ある日、魚が食いつかないので、長いあいだ漕ぎ続け、それからさらに漕いで、誰もいなさそうな場所にたどり着きました。サツマイモを持ってきていたので、空腹をおさめるためにイモを焼こうと火をたきました。

炎が立ちのぼると、影が現れるのが見えました。

「そこにいるのは誰だ？　何の用だ？」

「おれだ、イヌだよ。サツマイモが焼けたら食べてやろう。もし納得できないなら、お前も食べてやる！」

カブリは慎重です。相手の上下の牙が並んでいるのを見て、口をつぐみました。そこにブキが通りかかりました。明かりに誘われて、近づいてきました。

「いいにおいがするなあ！　何をしているんだい？」

「カブリどんが焼きイモを焼いてくれているところさ」

「そりゃあいい！　続けて。おれがまずはサツマイモを食べて、つぎにイヌどんを食べて、さいごにカブリどんを食べてやろう」

焼き上がったころにサツマイモのひとつかふたつを持って逃げようという望みを失っていないイヌから目を離さず、ブキは腰を下ろしました。

ところで、その日はトラどんが狩りをしていました。もう夜になっていました。トラは小さな焚火《ブカン》を目にして、近づいてみるとお歴々がいるのがわかりました。

「何をしているんだ？　そこで何を焼いているんだ？」

「サツマイモを焼いている僕をイヌどんとブキどんが見つけてやってきたんだ。イヌどんは僕からサツマイ

モを盗もうとしているし、ブキどんはサツマイモを食べたら、僕たちふたりとも食べてしまおうとしているんだ」

「ああ！　じゃあ急いでサツマイモを食べてくれ。わたしがブキを食べてしまうが、ブキは死ぬ直前にお腹いっぱいに食べるというささやかな満足を得ることができる」

そのときカブリが立ち上がって、カツンカツンと靴が音を立てました。

トラどんはすぐにたずねました。

「その靴はどこで買ったんだ？　なんて立派なんだ！」

「自分で作ったんだ。褒めてくれてありがとう」

「同じものを作ってくれ。わたしは王様の舞踏会に招待されていて、歩くときにその格別な音を鳴らす必要がある」

「願ってもないことだけど、素材を手に入れるのが簡単じゃないことはわかっているでしょう。ブキの右脚の皮と靴ひものためにイヌの神経が二本必要なんだ」

カブリがブキの名を言い終えないうちに、トラがしばし気をゆるめたのを見て、ブキは逃げ出しました。トラはブキを追いかけて駆けだしました。イヌは逃げ、カブリはくり舟に戻りました。

しばらくして、叫び声が聞こえました。

「おーい！　カブリどん！　おーい！　まだ神経はないけど、まずは皮を受け取ってくれ！」

カブリは海の真ん中から、地面に埋めたままになっていたサツマイモの皮をむきながら答えました。

「いつから僕が靴屋になったと思っているんだい？」

八　ホロホロチョウ狩り

マリスはいつもひとりでホロホロチョウを狩りにいって、つねにマクト〔訳註：底の形が丸い藁でできた手提げ袋〕いっぱいにして戻ってくるのでした。ブキが一緒に行かせてくれといくら頼んでも、マリスはいつも断る言い訳を見つけるのでした。ブキおじさんはしまいには怒りました。

「マリス、ちょっと生意気だな！　もし連れていってくれないのなら、ホロホロチョウの代わりにお前を食べてやる」

「いいや、そんなことさせませんよ。いつも狩った獲物を分けてあげているじゃないですか。連れていかないのは、狩りの仕方を知らないからですよ。ホロホロチョウを捕まえるのは舞踏会で、そこで人は歌って踊るんですけど、あなたは踊りが下手で、歌は参加者が逃げだすほどじゃないですか」

「歌を教えてくれ。声は鍛冶場でのどにアイロンをかけてもらう」

「それなら、断るようなことはしません。明日一緒に行きましょう」

午後になると、ブキは精錬所におもむいて、ナイチンゲールと同じぐらい豊かな声になるようにアイロンをかけてもらいましたが、鍛冶屋《マショケット》は、声を変えても二十四時間以上もたないし、こんなことをしたのは初めてだからと警告しました。美しい声を手に入れると、ブキはマリスに、ホロホロチョウを捕まえることができる歌を教えてくれと頼みました。

「すごく単純なことですよ、おじさん。僕みたいにホロホロチョウたちのところに大きなマクトを持っていく。一方の手は外に出して、もう一方は鳴き声を上げさせないように投げ入れたホロホロチョウの首を絞めるためにマクトの中に入れる。その隠した手のことをホロホロチョウのご婦人がたは不思議に思って、こう尋ねてきます。

ブキどん、ブキどん、
マクトの中に隠したまま
その手は何をしているの？

それにはこう答えます。

ホロホロチョウさん、ホロホロチョウさん、
太鼓の皮の張り具合を調節するため
この手がどうしても必要なんだ。

ホロホロチョウたちは疑わないだろうから、捕まえ続けることができるでしょう」

ブキおじさんは歌を覚え、マリスについてホロホロチョウたちのところへ行きました。紹介された
ご婦人がたを見ながら、以前より上手に踊り始めました。

ブキがどれだけ辛抱できない性質《たち》かはご存知でしょう。しばらくすると、マリスに尋ねました。

「始めてもいいか？」

「いいや、待って！　まずはこっちにまかせて、見ていてください」

ホロホロチョウたちが歌い始めました。

マリスどん、マリスどん、
マクトの中に隠したまま

その手は何をしているの？

マリスは答えました。

ホロホロチョウさん、ホロホロチョウさん、
太鼓の皮の張り具合を調節するため
この手がどうしても必要なんだ。

そのあいだ、舞踏会がますます活気づいてきたので、近くを通り過ぎるたび、マリスはホロホロチョウの首をひねっては袋に入れ、抵抗するのが感じられなくなるまで首を絞め続けました。この方法で、五羽のホロホロチョウを捕まえました。そこでブキおじさんを呼び、ブキは歌い始めました。

ブキどん、ブキどん、
マクトの中に隠したまま
その手は何をしているの？

ブキは答えました。

ホロホロチョウさん、ホロホロチョウさん、
太鼓の皮の張り具合を調節するため

この手がどうしても必要なのさ。

小さいホロホロチョウが一羽ブキの近くを通ると、ブキは首をひねって、マリスがそうするのを見ていたようにマクトに投げ入れました。

他のホロホロチョウはそれにちっとも気づかず、歌い続けました。

ブキどん、ブキどん、
マクトの中に隠したまま
その手は何をしているの？

成功して大胆になったブキは歌いました。

ホロホロチョウさん、ホロホロチョウさん、
ホロホロチョウの首をひねるため
この手がどうしても必要なのさ。

バサ、バサ、バサ！　ホロホロチョウたちはみんな飛び立ち、顔を見合わせたままのふたりだけが残されました。

「いったいどうしてそんなに馬鹿なんですか？　うまいこと始めておいて、どうして同じように続けなかったんです？」

「連中が言い訳なしであいさつもせず立ち去るほど育ちが悪いだなんて、考えるわけがないだろう」

九　泥棒の泥棒

クリック？　クラック！

仲間ふたりが、狩りも盗みもしなくなってしばらくになります。ふたりの食料庫は完全に空になりました。ブキは恐ろしいほどやせ、顔は細長くなり、服はボロボロで、ベルトは穴ふたつ余計に締め、目は落ちくぼみ、その目は狂人のように落ち着きがありませんでした。マリスは小さいので、空腹はそれほど影響しませんでした。

貧しいにもかかわらず、ふたりは仕事をしようとしませんでした。もし賢い人たちが愚か者たちとは別の方法で悪い状況から抜け出そうとしなければ、国はすたれてしまうでしょう。

いつものように嘆きながら散歩をしていたある日、マリスは太って、つやつやして、ポン・ブデの市場でさえ目にすることのない牛を連れて通っていく男を見かけました。

「コンペ、それだけの栄養を取らせるために餌は何を与えているのか、ちょっと教えてくれないかな」マリスは言いました。

「牛のことはかまわないでくれ。こっちから話しかけたか？」

「ふん！　耳にあるこのぶちはソル・ジヌのところのやつを思い出させるな。そう言われないかい？」

「おれの牛に近づいたら、こっぴどく鞭で打ってやるぞ！」

マリスは相手をちょっと先に行かせてから、ブキに言いました。

「あれは泥棒だ。あとで牛を盗んでやることにしよう。なあブキ、少なくともひと月は食っていけるし、残りでタソを作ろう」

ブキは素直に立ち去りました。マリスのほうはといえば、家に帰って屋根裏でいい頃合いを待ち、勝利のおたけびを上げて姿を消すと、女の人の靴を片手に近道を駆けていきました。

マリスは、泥棒がグロ・モルヌを迂回するちょっと前に大通りに出ました。道の真ん中に靴をていねいに置きました。そのすぐあと、泥棒が姿を現しました。靴を目にすると、手に取って調べました。

「こりゃ上等だ！　もし左右そろっていたらな！　靴が片方だけでは、どうしようもない」

残念に思いながらそのまま置いていきました。身を隠していたマリスは靴を拾い、近道を通して泥棒を追い抜きました。マリスはもう一度、靴を道の真ん中のよく見えるところに置きました。

泥棒が足を止めました。

「これはもうけものだ！」

泥棒は靴を拾い、雑木林に入って牛を木につなぐと、最初の靴を探すために来た道を引き返していきました。

泥棒が行ってしまうと、マリスは牛をほどいて一緒に逃げました。気前良くしたい気分だったので、牛を自分のためだけにとっておく代わりに、ブキの家におもむきました。

「おじさん、神様がこの獲物を送ってくれた。もし逃げるままにさせておいたら僕らには罰が与えられるかもしれない。分けてあげようか？」

十　馬具をつけたブキ

ヴォワラ！

ブキとマリスはふたりの若い娘、同じ家に住むふたりの姉妹のことが好きでした。ブキは背が高く太っていて、美しい背広に立派な馬を持っていて、やせて身なりの良くないマリスよりずいぶんうまくいっていました。まったく意に反することですが、マリスは自分の負けを認めました。マリスは妬んで、婚約者にブキのことを嫌いにさせ、奪ってやることにしました。

「あなたはそんなにも上品なのに、どうすればあの馬鹿に愛着を抱くことができるのか、理解できない。ブキを僕の望むとおりものにしてやる。ブキはただのロバだ！」

「ロバだというのなら見せてちょうだい。やせたあなたの馬よりよっぽどいいでしょう」

「結構！　日曜日の午後に舞踏会のためにあなたの家に、鞍をのせて手綱をつけたブキに乗っていくことにしましょう」

「なんてほら吹きなのかしら！」

「あんな馬鹿を人間扱いしているあなたこそほら吹きさ」

マリスは自分の丘《モルヌ》に登り、若い娘たちの家族が「プリエール」を準備していて、その会の役目をまかされたとブキに伝えました。

「おれも一緒に行くんだろう？」

「あなたの話は出していません。いや、僕自身もどうやって行けばいいのかわからない。年老いた馬は売ってしまったし、チノムが貸してくれた馬は綱を切ってしまったし、昨日から探しているんだけど見つからないんです」

「うちのを使うといい、マリス、うちのを使え。この機会を逃すわけにはいかないからな！」

それはマリスの目論見《もくろみ》にとっては不都合でした。偶然であるかのように、火曜日、ブキの馬は病気になりました。そして翌日に死んでしまいました。

「なんて残念なんだ！　プリエールに行けなくなってしまう。肉がたっぷりあるのに」

「囲いの杭にするような牛の脚はもうたくさんだ！　いいやマリス、ちび、やっぱり行こう」

金曜日、マリスは少し熱があるふりをしてベッドに入りました。土曜日、さらにうめき声を上げました。

「だめだ、明日プリエールに行けると思いますか？」

「おい、うさん臭すぎだ、そんなこと何度も言っているんじゃないぞ！　囲いのつるのかわりになるような内臓はもうたくさんだ！　行くぞ、行くぞ！」

とうとうその日がやってきました。

「いいや、力が入らない。そこらで倒れてしまうから、無理だ。行けない。馬さえあったらなあ！」

「あるさ。お前の馬になってやろう。道半ばのところで下りればいい」

ブキは四つんばいになり、すぐに馬に姿を変えましたが、大きな頭のせいでまだブキだしわかるのでした。

「いいや、鞍なしでは乗れない！」

「さあさあ、急げ、遅れることになる」

「鞍がない。前の馬と一緒に売ってしまった」

「うちのを使うといいから、急げ」

マリスはブキに鞍をつけ、背中に飛び乗りました。ところが三歩行ったところで滑り落ちました。

「ひどく体が痛むんだ！　だめだ、乗っていられない」

「さあさあ、そんなに気がねをするな。手綱があるなら、おれの首に回せ、でもあまり強く引くなよ」

マリスは再び乗りました。そしてまた身を投げだしました。

「休んでいたほうがいい。無理だ！」

「今度は何だ？」

「くつわというものがない。体が弱っているから、そいつがないと乗っていられない。でも決してそんなものをしたくないだろうとわかってますから、僕は休んでいたほうがいい」

「取りに行け、急ぐんだ！」

マリスはおじさんの口にくつわをつけ、背中によじ登りましたが、すぐにまた落ちてしまいました。

「だめだ、しようがない。足につける拍車というものがない。でも僕がそいつを使うことはない、そんなことありませんように！　ただ慣れていないから、そいつなしでは馬に乗っていられない。それにハエたたきがいる、乗馬鞭っていうやつです」

「フン！　乗馬鞭か！　そいつは鞭の一種だって聞いたことがあるが、打ってくれるなよ！」

「まさか、僕を誰だと思っているんですか？　わずらわしいハエたちをおいはらうためですよ」

「さあさあ、急ぐんだ！　なんて手間のかかる奴なんだ！」

マリスは行く道のあいだ、ずっとおとなしくブキに乗っていました。若い娘たちの家が目に入るところに来ました。

「降りろ、もうすぐだ、到着するぞ！」

返事の代わりに、マリスはブキを拍車でつつきました。

「何のつもりだ？　降りろ！」

マリスはまた拍車でつつき、ブキにきつく鞭を入れると、ブキはあらゆる方向に尻尾を動かし、全速力で駆け出しました。柵のところにたどり着くと、マリスはさらに拍車をかけました。ブキは鳩のように飛びあがりながら、ご婦人がたの玄関の前に着地しました。みんなが手を叩きました。

「立派な馬だ！　それになんという騎手だ！」

マリスは囲まれ、褒められました。ブキを固くつなぎとめると、若い娘たちに近づいていきました。

「君たちに言ったでしょう？　鞍をつけて手綱をつけたブキの背中に乗ってやってくるって。僕がうそをついたか確かめて！」

若い娘たちは近づいて、ブキおじさんだとわかりましたが、ブキは明らかに背を向けていました。マリスは一晩じゅう楽しみました。あらゆるおいしいものを食べましたが、自分の馬のためには肉を食べたあとの骨としおれたサツマイモの皮だけしか持っていきませんでした。ブキはといえば、はみを噛み、恥をかいたと繰り返していました。

ブキおじさんの婚約者はマリスに、現実には馬鹿でしかない者と婚約以上のことを考えていたけれど、ブキがあつかましくもまたやってきても、もう相手にしないと宣言しました。

翌日の夜明け、舞踏会はおひらきになりました。マリスはブキの背に乗り、鞭と拍車を入れ、柵を越えさせました。ブキは激怒して、全速力で森を駆け抜けました。マリスが木の枝につかまって、ブキおじさんは鞍を背に乗せたまま駆け続けていきました。

家にたどり着くと、ブキは使用人に言いました。「早く、早く、外しに来てくれ。マリスのいたずら坊主に一杯食わされた。今度こそ捕まえてきたぞ。具合が悪いに違いない。ちっとも動かない」

「マリスはどこですか？　鞍しか見えませんけど」

「あいつはまたしても逃げたのか。鞍しか見えないなら、鞍を取ってショディエールに入れて、ブイヨンにしよう！」

十一　ブキの結婚

クリック？　クラック！

ブキは家族のいるところに戻ると、結婚することにしました。若くてかわいらしい娘に決めると、娘が受け入れたので、ブキは結婚を申し込む手紙を父親のガイヌデに持っていきました。次の収穫のときに結婚をすることにして、数か月前に家族、親類、友人を招待し始めました。しかしガイヌデどんは、ブキの仲間であるマリス坊やの頭のよさを妬みに思って、ギヤナク家を結婚式に呼びませんでした。

ギヤナクどんは好奇心旺盛で悪知恵が働いたので、それでも行くことにしました。当日、息子と一緒に楽師に姿を変えて、音楽を演奏しにきました。ふたりは、その日はお祝いのために集められたたくさんの蛍《ククイ》で照らされたガイヌデの洞穴《ほらあな》にすぐに迎え入れられ、食事の前に舞踏会をすることにしました。ギヤナクはバンザを弾きました。マルチニック、ポルカ、バイラが休みなく続きました。しまいには疲れて、マリスに楽器を渡し、花嫁に踊りを申し込みに行きました。自分の歳を利用して、両頬に口づけをしましたが、そのことが嫉妬の王様であるブキの気分を害しました。

そうしているあいだに、食事の時間だと告げられました。入念に用意されたおいしい食事と洗練された飲みものの代わりに、ひょうたんに入れた安酒《タフイア》と大きな鉢に入れた腐った肉が出されました。ギヤナクが何も食べないで去ろうとしたとき、隅にちょっとしたサラダと新鮮な水があるのを見つけ、息子を呼んでこの質素な晩餐を分け合いました。ふたりはそのあと、少しばかり空気を吸いに外に出ました。

ブキは目を離しておらず、ふたりを追って外に出て仕返しをしてやろう考えていました。ギヤナクが暗がりで大きな体が寝そべっているのにつまずくと、悲しげな鳴き声がしました。手で探ると、脂がのったカブリであることがわかりました。

「息子よ、このカブリはわたしたちのものだ！　人を断食させるために招待なんてするもんじゃない。こいつを連れて帰ろう。帽子と楽器を取りに行こう」

ブキは、お父さんに知らせるために走りました。ガイヌデはすぐにカブリを安全な場所に連れていって、自分の席に戻りました。ギヤナクとその息子がカブリを取りに戻ってくると、マリス坊やはカブリがかなり重くなった様子であることをお父さんに告げました。それでもふたりは鳴き声でばれてしまわないように、できるだけそれを担いでいきました。

月が昇るころ、事態が変わり、月の明かりがカブリの顔に差すと、ギヤナクには燃えるような敵意に満ちた目が見えました。ギヤナクは地面に置くと、息子に言いました。

「マリス坊や、急に用が足したくなった。カブリを連れていって、大通りに置いておけ。あとから近道で追いつくから」

マリスもカブリらしきものを見て、歌を歌いながら連れていきました。突然、綱を手離して、全力で茂みの中に姿を消しました。しかしガイヌデは走って追いかけ、すぐにマリスを捕まえよした。

「親父の償いをするんだ。お前は死ぬことになる」

「ああ、理不尽だ、僕が何をしたって言うんだい？」

「坊や、これが人生だ。カブリがお前の畑を食い荒らせば、牛がくびきを負い、ねずみがサトウキビをかじれば、とかげが殺される。サクランボの木をゆすれば、熟す前に緑の実が落ちる。祈りをあげろ」

「何て言ったらいいんだろう？　ゴキブリは鶏を前に道理なしというから、殺してくれ」

マリスは泣き出しました。

「ゆるしてやろう。お前の親父の名前は？」

「マドレです」

「お前は」

「マドレ坊やです」

「よし！　いいかマドレ坊や、わたしをお前の親父の家に連れていって、ベッドの下に寝かせるんだ。わかったか？」

「わかりました」

ふたりはギヤナクの家にやってきて、マリス坊やはガイヌデをベッドの下に据え、自分の部屋に立てこもりました。お父さんが寝ている隣の部屋で何が起きているのか見えるように、先のとがった鉄で丸い穴を開けました。

しばらくして、ギヤナクが帰ってくると、マリスはすぐに叫びました。

「パパ、パパ、カブリがベッドの下にいるよ！」

ギヤナクは飛び上がって起きましたが、ガイヌデが脚をつかみました。

「息子よ、お前がベッドの下に据えたのはカブリではなく、結婚式で見た誰かだ。旦那、喧嘩《けんか》というのは部屋の中ではなく外で決着をつけるものです。それに、もしわたしに用があるのなら、家具を壊すべきではありません。そんなにも強くベッドの脚を握って、どうするつもりですか？」

ガイヌデが本物の脚を放しベッドの脚をつかむと、ギヤナクは全速力で逃げ出しました。ガイヌデはだまされたことに気づくと、追いかけ始めました。とあるサトウキビ畑の前にやってくると、サトウキビは風にそよいで波打っていて、月明かりが当たる波に似ていました。ギヤナクは、水の中に飛び込んで泳ぐふりをしました。ガイヌデは水が怖いので遠くで立ち止まり、あらゆる種類の罵《のの》りの言葉を叫びました。

もう追いつかれないと判断すると、ギヤナクはフランボワイヤンの木によじ登り、そこから敵に向かって叫びました。

「ガイヌデ、ガイヌデ！　お前が逃したのはギヤナクだが、恥ずかしくないのか？」

首をうなだれ、尻尾を両足のあいだに挟んで、ガイヌデは家に帰ったのでした。

十二　ヤムイモ畑

　マダム・ブキはすばらしいヤムイモのプランテーションを持っていて、マリスどんはそれをとても欲しがっていました。マダム・ブキはすばらしい豚も飼っていました。マリスは、豚と収穫物を自分のものにしてやろうと決心しました。マリスはブキに会いに行きました。

「あなたのヤムイモを見てきました。実際とても立派ですが、うちのおじいさんのと比べると、感心するところは何もありません」

「おじいさんのはどんなだったんだ？」

「すごく大きくて、掘ったヤムイモの根はあなたよりも長かったほどですよ」

「おれより長いヤムイモなんて！　マリス、冗談だろう」

「僕の名前がマリスというぐらい本当です。おじいさんがやっている堆肥《たいひ》でならおどろくことはありません」

「おれより大きいなんて！　それは牛の堆肥せいか？」

「いいえ、豚を太らせて、ちょうどいいところで切り分けて、それぞれのイモの上にバナナの皮に包んであますことなく埋めていました」

「それでヤムイモがおれより大きくなったって言うんだな」

「ええ、おじさん、それであなたより大きくなったんですよ！」

　一日じゅう、ブキはそのことが気になっていました。日が暮れるころ、泉まで豚を連れていって、水を飲ませました。そこで豚を屠《ほふ》

放ちました。

夜のあいだにマリスは、翌日マダム・ブキが豚の消えたのと同時にヤムイモが盗まれているのを目にするよう、ヤムイモと肉を掘りに来ました。ブキはマリスを責めて、世にも恐ろしい呪いの言葉を放ちました。

マリスのほうでは盗んだものをどうするか心配で、ブキ一家がどんなことを言っているのか知るために、代子のうちのいちばん下の子をブキの家に遊びに行かせました。代子は、耳にした脅し文句が怖くてすぐに帰ってくると、まもなくブキおじさんがやってくるだろうとマリスに告げました。

「怖がらなくていい、ブキは冗談を言っているんだ。何もしやしない」

マリスは横になり、腐ったたまごを手の届くところに置かせました。ブキは姿を現すやいなや、マリスが口の中に入れたたまごのにおいに気分が悪くなりました。

「マリス、泥棒、人殺し！　おれはヤムイモと子豚をすっかり返してもらいに来た。本気で自分のおじさんから盗むつもりじゃないだろうな。それにしてもこのにおいは何だ？　何があったんだ？」

「ああ！　病気なんです。あの呪われた豚肉とヤムイモを食べてからというもの、床《とこ》についているんだ。内臓が腐っているんです。うっ、うっ」

マリスが腐ったたまごを吐き出すと、においが強さを増しました。

「マリス、どこでその病気にかかったんだ？」

「わかりません。ああ、ああ、僕は死ぬんだ」

そして、ベッドの中で体をよじりました。ブキはゆっくりと後ずさり、神が最も恐ろしい病気を送りこんで、マリスの盗みを罰したと確信したのでした。

十三　マリスが決してブキをゆるさなかったこと

ヴォワラ！

マリスとブキは、ある日狩りから帰ってきました。何も捕まえられませんでした。ブキはときどき小さな目をきらきらさせ、横目で相棒を見ていたのですが、それはちっともいい兆しではありませんでした。マリスは注意をそらしたいと思っていました。

「何か食べたいんでしょう？　どうすれば一週間肉を食べられるか教えましょうか」

「甥っ子のマリス、優しい子、早く言ってくれ！　おれがお前のことを気にかけているのは知っているだろう」

「ああ！　じゃあ、こうしましょう。僕たちのお母さんは歳をとって、何の役にも立たないのに一日じゅう食べてばかりいる。お母さんたちを食べてしまえば、二重の節約になる。食べさせる必要がなくなるし、自分たちが肉を買う必要がなくなる。お母さんたちは死ななきゃならない、そうでしょう？　僕たちはお母さんなしですまさないといけない。もう会うこともなく、話を聞くこともなくなるのに慣れないといけない。どうしてそれを待つ理由があるだろう？　肉が固くなってしまわないうちに食べてしまおう」

「マリス、かわいいマリス、それはいい考えだ……でも、お母さんたちはそれを望まないだろうよ！」

「どうして？　僕たちは名前を変えて、あなたはガニデで僕はロマンディア。帰ったら僕たちの名前を当てさせて、当てられなかったら、食べてしまいましょう」

ふたりの陽気な仲間は、腕を組んで町に帰りました。たくさんグロッグを飲んで、お母さんたちが住む田舎《いなか》に向かいました。

「あの、ちょっと待っていてください。急に用が足したくなって」

「早くしてこい、甥っ子」

マリスはひと飛びで、自分のお母さんの藁小屋につきました。

「お母さん、僕たちは名前を変えた。僕の名前はロマンディア、おじさんはガニデってことを覚えておいて」

「何の話？」

「説明する時間がない。ちゃんと覚えておいて。ロマンディア、ガニデ」

マリスは戻ってきてブキを見つけ、ブキのお母さんが昼寝をしているあずまやで立ち止まりました。

「ブーン、ブンブン！　ブーン、ブンブン！」

「何のつもり？　どうしたの？」

「おれの名前を言え」

「ブーン、ブンブン！　ブーン、ブンブン！」

「それにあなた、何の真似《まね》なの？」

「僕の名前を言え」

「お前の名前はマリス、お前はブキ。これは何のつもり？」

「僕の名前はもうマリスではありませんよ、マダム。名前を変えたんです」

「自分で好きに名前を変えたのだとしたら、どうしてわたしが当てられるというの？」

「それでもわからないといけないんです、マダム。僕の名前が当てられないなら、僕らはあなたを食べてやる」

「もしおれの名前が当てられないなら、食べてやる！」

太ったマダム・ブキの叫び声と命乞いにもかかわらず、ふたりは飛びかかり、殺して、一瞬でバラバラにしました。肉が多すぎたので、一部を塩漬けにすることにしました。マリスは手伝おうと言いました。

「町に塩を探しに行かせてください！」

その機会を利用して、お母さんの家に戻りました。

「忘れないで。ガニデとロマンディア」

「なんて馬鹿なの！　ふざけているんでしょう！　ええ、忘れないわ。ガニデとロマンディアね」

「僕が教えたって言わないで」

「何も言わないわ」

マダム・ブキを塩漬けにしてしまうと、ふたりはマリスのお母さんのところに行きました。恐ろしい表情で、口ひげは反りかえっていました。

「ブーン、ブンブン！　ブーン、ブンブン！」

「何のつもり？　どうしたの？」

「おれの名前を言え！」

「ブーン、ブンブン！　ブーン、ブンブン！」

「だからどうしたの？」

「僕の名前を言ってくれる？」

「あんたはブキ、それにお前はわたしの息子のマリス」

「僕はもうマリスという名前じゃないんだ、マダム、名前を変えた」

「おれはもうブキという名前じゃないんだ、マダム、名前を変えた」

「ああ！　そうだったね、お前はロマンディアであっちはガニデ。おめでとう」

マリスはすぐに、友達を連れて出ていきました。

「帰ろう。お母さんがちょっとばかり呪術師であることは知っていたけど、いま明らかになった。用心しなきゃならない。お母さんを捕まえるけど、怖がらないで。何かいい方法を考えないと」

ブキは納得しておらず、マリスにはそのことがよくわかっていました。マリスはお母さんのことを心配しました。夜のあいだにお母さんに引っ越しをさせて、丘《モルヌ》の中にある小さな穀倉に住まわせました。その穀倉は岩のてっぺんにあったのですが、あまりにも切り立っているので、馬でも徒歩でもたどり着くことはできませんでした。たったひとつだけとても高い窓があり、そこから綱が下がっていました。マリスはお母さんを登らせました。お母さんが穀倉につくと、マットレスを結びつけて引っ張るようにマリスが言いました。次は藁の椅子、その次はテーブルと食糧の番になりました。マリスはお母さんに別れを告げ、綱を引き上げるように言って、自分がいないあいだは誰にも綱を下ろさないように言いつけました。毎日、マリスは母親に会いに行きました。穀倉にやってくると、マリスは歌を歌いました。

お母さん、お母さん、綱を下ろして
お母さん、お母さん、綱を下ろして
おお！　綱よ下りろ
僕だ、マリスだ
「綱よ下りろ！」と言っているんだ

息子の声が聞こえると、年老いたマリスのお母さんは綱をスルスルと下ろしました。

お母さん、お母さん、綱を上げて
お母さん、お母さん、綱を上げて
おお！　綱よ上がれ
僕だ、マリスだ
食べ物を持ってきてあげたよ！

　お母さんが綱を引き上げると、そこには食糧を持ったマリスがぶら下がっていました。ふたりは一緒にご飯を食べて、おしゃべりをして、マリスが狩りに出る時間になってやっと別れるのでした。

　ブキはマリスの年老いたお母さんのことを忘れていませんでした。自分のお母さんを殺した翌日、息子のマリスが新しい立派な背広を町の娘たちに見せるため、ボタン穴に花を挿《さ》して市場の広場を散歩する習慣になっている時間に、お母さんの家におもむきました。家は空っぽでした。

　マリスを見つけると、こう言いました。

「お前のお母さんはどこだ？」

「あの年寄りはずいぶんずる賢いんだ！　出ていったことを知らないんですか？　僕はそこらじゅうをさがしたんですけど」

　ブキおじさんは何も答えませんでしたが、その日から、マリスのことを見張り始めました。森についていって、歌を聞き、息子が立ち去ったらすぐにおばさんを食べてやることにしました

お母さん、お母さん、綱を下ろして
お母さん、お母さん、綱を下ろして

おお！　綱よ下りろ
僕だ、マリスだ
「綱よ下りろ！」と言っているんだ

マリスのお母さんは少しばかり耳が遠かったのですが、その大きなガラガラ声はちっとも息子の声に似ていないので、何も答えませんでした。ブキはまた繰り返しました。

お母さん、お母さん、綱を下ろして……

そこでブキは、のどにアイロンをかけてもらうために鍛冶屋《マシヨケット》のところに行き、小さな声になって帰ってきました。

お母さん、お母さん、綱を下ろして
お母さん、お母さん、綱を下ろして
おお！　綱よ下りろ
僕だ、マリスだ
「綱よ下りろ！」と言っているんだ

マリスのお母さんは綱をスルスルと下ろしました。

お母さん、お母さん、綱を上げて

お母さん、お母さん、綱を上げて
おお！　綱よ上がれ
僕だ、マリスだ
食べ物を持ってきてあげたよ！

お母さんは、綱にぶら下がったブキを引き上げました。ブキはお母さんに突進し、すぐに丸呑みにしてお腹いっぱいで狩りに出かけていきました。

マリスは戻ってきて、遠くから呼びかけました。

お母さん、お母さん、綱を下ろして

返事がありません。マリスが近づくと、綱が見えたので、それで穀倉まで登っていきました。そこらじゅうに血が！　不幸な出来事を理解し、仕返しを誓いました。

……そのときわたしがそこを通りがかりました。「どうしてブキのお母さんを食べたんだい？　ブキがお前のお母さんを食べてしまったけど、当然のことさ！　話をもちかけたのは君じゃないのか？」マリスは聞く耳を持ちませんでした。

「それが損か得か、いまにわかる、いまにわかるさ！」

十四　カングアメールの象

ムッシュ・カングアメールは、象《エレファン》と呼ばれる大きな動物を飼っており、たいそうかわいがっていました。

　ある日、象が病気になって倒れ、動物を診《み》ることができる人たちは、もう立ち上がることはないだろうと言いました。

「いい機会だ！　食べてやる！」

　ブキは動物が死ぬのを待たず、苦しみを長引かせないためにムッシュ・カングアメールがお気に入りの動物の息の根を止めるのさえ待ちませんでした。

　まだ生きているにもかかわらず、ブキは穴を空けて、象のお腹に入り込みました。

　ブキが腹の中にすっかり収まっていると、マリスがカングアメールの使用人たちとやってきました。

「頭を棒で一発殴るんだ！　皆さん、そうすればもう象が苦しむことはないでしょう！」

　象は目を閉じ、うめき声ひとつ上げずに死にました。うめくことさえできないほど弱っていたのです。みんなが亡骸《なきがら》を見にきました。ブキは食べ続けていました。

　ひとりの女の人が気づきました。

「どうして象のお腹のこちら側がふくれているのかしら？」

　マリスは近づいて、こう思いました。「これは間違いなく、またブキおじさんの悪さだ。中で食べているところにちがいない。仕返しをしてやるときだ」

　マリスは男の人たちに言いました。

「ふくれたところをちゃんと狙って、棒で何発か殴ってください。この動物は不自然な死に方をしました。中に何かむしばむものがないかぎり、こんなふうに衰弱して死ぬことはありません。もしかしたら、何か見つかるかもしれない」

　一発目で、ブキは場所を変えました。二発目でわめき始めました。

「助けてくれ！　助けてくれ！　マリス、兄弟、おれだってわかるだろう。どうしてこんな目にあわせようとするんだ？　聞こえるか？　ブキおじさんだ」

マリスはすでに逃げ去っていました。使用人たちは叩き続けました。ブキのことが好きではなかったからです。叩きながら、ブキを罵っていました。

「捕まえたぞ、極悪人め！　ほら、これでもくらえ、悪党め！」

ブキは骨が折れるのを感じました。象のお腹から出てきて、走ってサポティユの木の上に逃げました。ブキが逃げることはわかっていたので、マリスは使用人たちをたきつけるために戻ってきて、ムッシュ・カングアメールがブキに責任があると言っていると使用人たちに伝えました。

「もしこいつが逃げると、あなたたちのうちの誰かが指名されて、代わりに罰を受けることになります。大切な象を殺したのに、罰せられないというわけにはいかない」

使用人たちはブキを攻撃し、声も出せないほど叩きました。使用人たちは象の肉を分け合い、ブキをどうすべきかムッシュ・カングアメールに尋ねました。

「わたしが大切にしていた象が生きたままで下手人がむさぼった肉がまだ残っているにちがいない胃とはらわたを取ってやれ。それをぜんぶ藁に入れ換えて燃やしてしまえ！」

使用人たちはブキに飛びかかり、叫び声を上げるのを無視して、はらわたを抜き、バナナの茎をつめました。それが終わると、石油をかけ、藁にマッチで火をつけました。それは見事に燃え上がりました！　残ったのは、ブキおじさんと小さな灰の山でした。

かわいそうなブキにあわてて同情しないでください。これは、使用人たちが王様のところでした話です。わたしのほうでは、真実はまったく別だと知っています。マリスはおじさんがはらわたを抜かれそうになっているところにやってきて、あわれに思いました。マリスは使用人にお金を払って、半死半生で完全に頭がおかしくなったブキと一緒に他の国に去ったので、そこでわたしたちはブキと再会することになるでしょう。

十五　また別の象の話

さて、神は知恵を自分が思うように分けるのであって、市場で買えるものではありません。マリスはつねに頭がよく、ブキが馬鹿なのは終わることがないのです。

ふたりが居を構えた国には王様がいました。その王様はこの家ほどの背の高さがある巨大な雄牛を持っていました。雄牛はカングアメールのと同様に象《エレファン》と呼ばれていました。王様は自分の宮殿と同じぐらい立派な牛小屋を建ててやり、毎朝いちばん上等な草を持っていかせていました。しかしながら、一頭だけで群れと同じ量を食べるにもかかわらず、王様のお気に入りは太らず、一日じゅう寝そべっていて人が近づくと悲しげな小さい瞳で見るのでした。毎晩、マリスがしっかり研いだナイフを手に、牛小屋に忍び込んでいました。

牛の前にやってくると、こう言いました。

「さあ、開け！　ドゥポット！」

牛は口を開きました。マリスは体の中に入っていくと、お腹の中の肉を小さく切り取り、ハンカチに包んで叫びました。

「さあ、出られるようにまた開け！　ムポット」

牛が体の反対側を開くと、そこからマリスは重荷を担いで出てきました。

ある日、いつものように肉を焼いていると、ブキが通りかかりました。

「マリス、フン！　いいにおいがする肉じゃないか！」

「そうですよ、おじさん」

「マリス、おれはいつもお前に甘いんだから、ちょっとはおじさんのことも考えてくれ、マリス！

腹が減っているんだ。肉を一口くれ！」

「ああ！　おじさん、どうぞ、どうぞ！　こっちに来て座ってください」

マリスは肉をひと切れあげました。ブキにはひと口分にしかなりませんでした。

「腹が減った、フン！　腹が減った！」

マリスはまた肉をあげました。するがままにしたらブキは全部食べてしまったことでしょう。「マリス、おい、どこでこの肉を取ってきたのか教えてくれ。フン！　マリス、なんて肉だ！　おれはこんな肉を食ったことがないぞ！」

「教えてもいいですけど、そんなにも食べるのが好きだから、僕が困ることになる。もし食いしん坊じゃなかったなら！　でもおじさんの目はお腹より大きくて、一日で全部取ってしまおうとするでしょう。我慢ってものがないんですよ」

「マリス、おい、おれが死ぬのを見たいっていうのか？　頼むから連れていってくれ、これと同じくらい小さいのしか取らないから」

ブキがあまりにもせがむので、マリスは連れていくことを認めました。

「明日の晩、十時に来て。ハンカチと小さいナイフを持ってきてください」

ブキはすぐに立ち去ると家に帰り、みんなを起こしました。肉を運ぶための袋を探しましたが、十分な大きさではありませんでした。マットレスを空にさせましたが、それでも十分ではありませんでした。そこで家じゅうのマットレスを切らせ、端と端を縫って大きな袋を作りました。言われた時間に、なた《マンシエット》を手にしてマリスと会いました。

ふたりは不都合もなく牛小屋につきました。ブキは大きな茶色い塊《かたまり》、そしてその塊の中にある悲しげな小さな瞳をふたつ目にしました。

「肉はどこだ？　王様の雄牛と格闘するつもりか？　そんなことは聞いていないぞ！」

「黙ってください、おじさん。肉は約束通り、手に入りますよ。さあ、入れるように開け、ドゥポット！」

エレファンが口を開くと、ふたりは飲み込まれていきました。お腹の中につくと、マリスは肉を小さく切って、おじさんに言いました。

「おじさん、ナイフを持ってくるように言ったのに、マンシェットを持ってくるなんて、それは使っちゃいけない。僕のナイフを貸してあげるから、肉を小さく切って外に出ましょう」

「マリス、甥っ子、お前は取るべき部分がわかっていない。もうちょっと上のほうに、骨のついていなさそうな大きい肉の塊が見えた。ずっと動いているから、それを取るぞ！」

「おじさん、頼むからそこには触らないで。それは心臓だから！　心臓を触ったら牛は死んで、僕らは中に閉じ込められることになる」

「いいや、おれは家に帰ってこの立派な肉を全部料理したいんだ」と言ってブキは肉を小さく切り取りました。

「おじさん、急いで！」

「いま行く。もうひとつ」

マリスが目を離したすきに、ブキはマンシェットを振り上げました。ブン！　はらわた、肉、胃、マンシェットはその中に入っていきました。血が流れました。牛は叫び声を上げました。

「おじさん、おじさん、何をしているんですか？」

ブキはふくろをいっぱいにしていました。動いている小さな肉の塊は磁石のようにブキを引きつけました。ブキはマリスが戻ってきていちばんいいところを全部自分のものにしてしまうために、自分をだましているのだと思いました。心臓を両手でつかみました。牛は飛び上がって立ち上がり、音を立てて倒れました。牛は死んでしまいました。

中では、マリスがどうにかしようとしていました。

「出られるように開け。ムポット！　さあ、開けドゥポット！　ムポット！　ドゥポッー！」

牛は死んでいました。

「おじさん、あなたのせいで僕が困ったことになったのがわかるでしょう！　中に閉じ込められたんだ。エレファンの腹が開かれて、殺されることになる」

「マリス、おい、ちび、利口でかわいい子、お前はそんなにも頭がいいんだから、おじさんを助けてくれるだろう！　おれは死にたくない！」

「あなたは死んでも仕方ないですけど、僕は！　僕が何をしたって言うんだ？　ときどき瀉血《しやけつ》をするのは、健康のためにいいことなのに」

ふたりは胃の中、お腹の中を歩き回り、気づかれないように外に出る方法を探しました。牛が鳴き声を上げた途端、お姫様、王様、召使、全員が牛小屋に駆けつけて、侍医を探しに行かせたことを言っておかなければなりません。

医者は、雄牛が死んだことを確認しました。王様は、どうしてかわいいエレファンが死んだのかとたずね、最愛の牛を連れ去った病気を確実に突き止めるために腹を開かせました。

マリスはそれを耳にしてひとつ思いつきました。

「おじさん、その小さい袋の中に入るんだ！」

マリスは膀胱《ぼうこう》を指しました。ブキが答えました。

「無理だ！　おれはそいつより大きい、大きい袋の中に入るぞ！」そう言ってブキは、ひとつ目の胃の中に入りました。

「運が悪いな！」

マリスは縮こまって牛のお腹に入りました。膀胱で隠れたところに身を置きました。医者が割《さ》き始めるとすぐに、マリスはナイフで膀胱を突き刺しました。液体が勢いよく流れ出しました。マリスはお腹から飛び出て、声を上げました。

「旦那がた、おお！　旦那がた、注意してくださいよ！　通りがかったらびしょ濡れだ。見てください！　ほら見てくださいよ！　汚いものでベタベタだ」

するとおのおのが声を上げました。「確かに、確かにそうだ！　ゆるしてください。見ていなかったんだ！」

「そんなことわかっているさ。畑で草刈りをしたり道を舗装したりするときは、僕の姿が目に入らない。いい働き手だからね！　ごみを捨てて僕に降りかかるときは、姿が目に入らなかったからなんだ！　肉をさばくとき、手助けに来るよう僕を招待しようなんて思いもよらないから、僕の姿が目に入らないんだ！」

「そんなことを言ってくれるな、マリスどん、あなたのことを招待しにいくところだったんだ」

「遅すぎる！」

「そんなふうに言わないでくれ、フィレを全部あげるから」

「遅すぎる！」

「いいから、つむじを曲げないで、四分の一を受け取って」

ずいぶんとゆるしを乞わせ、解体されたあと雄牛の半分を持っていくことで、話がつきました。マリスは旦那がたのあいだに座り込んで、威厳をもって忠告を与え始めました。

「どうしてそんなふうにすぐ腹を割くのですか？　皮を無駄にしないために、カブリにするようにしなければならない。それぞれが棒を持って、かわるがわるお腹を叩くんです」

ブキが叫び出しました。ひとつ目の胃を開くと、ブキおじさんを引き出させました。

「それはマ……それはマ……」

「泥棒め、ふてえ奴だ！　旦那がた、口を！　口を叩いてやってください。現行犯のくせに、まだしゃべろうとしている！」マリスが言いました。

その日、ブキは一生でいちばんすばやく逃げ出し、マリスは一か月分の肉のたくわえと一緒に立ち去りました。神様は、ある人たちには知恵を与え、また別の人にはそれを与えず楽しむと申し上げておきませんでしたか？

十六　トウェ……ファ……マロレ

ブキは激怒して家に帰り、耳を傾ける者に、マリスの死だけが自分が受けた殴打に値する仕返しだと言いました。マリスは怖ろしさに震え、家から出ようとしませんでした。マリスが市場にこっそり出かけたある日、ブキがついてきていることに気がつきました。道を曲がるところで、マンゴの木に登り、ブキをやり過ごしました。

ブキはマリスの家までやってくると、扉を突き破って、主《あるじ》がいないことを確認するまで居すわりました。

「帰ってきたらすぐにマリスを食ってやる」

マリスは慎重です。四つ辻から叫び始めました。

「家よ、僕のかわいいお家、お前は空っぽかい？」

返事はありません。

「家よ、僕のかわいいお家、どうしていつもみたいに『ご主人様、僕は空っぽで待っています』って答えないんだ。家に誰かいるのか？　家よ、僕のかわいいお家、どうして挨拶しないんだ？」

返事はありません。

「じゃあ、行っちゃうよ。黙っているというのが返事だ。誰かがいるんだな」

「こん……にち……」

「ああ！　おじさん、あなたがそこにいることはわかっていました！　あなたにそうだと言ってほしかったんだ。どこに口をきく家なんて話があるんですか？　さようなら、おじさん！」

マリスは一目散に逃げ去りました。走りながら、ブキをなだめる方法を考えました。道の端に、馬の死骸がありました。蛆虫がたかって、炭と灰と葉っぱで覆われ、傷だらけの乞食のようでした。

マリスはブキが通りかかると、慈悲を求めました。

「コンペ、そんなにも蛆虫がたかって、病気になって長いのか？」

「ああ！　パパ、みんなにそう言われます。わたしは不幸なのです！　ああ！　もしこんなにも腐っているのだとしたら、わたしはどうなってしまうのでしょう？　この傷はできたばかりです。さっき会ったあのマリスのろくでなしをやっつけてやろうとしたら、わたしに唾を吐きかけて、こう言ったんです。『トウェ……ファ……マロレ！』すると一瞬で体が痛くなって、この虫どもがわたしに降りかかったのです」

「マリスは何て言ったんだ？　もう一度言ってくれるか？」

「トウェ……ファ……マロレ！」

「やっつけてやろうとしていたのはこのおれだ！」

「すぐに仲直りをするようにあなたに忠告しておきます。幸いなことにわたしと会ったので」

「ほら、食べものを買うための二スーだ」

ブキはマリスの家に戻りました。マリスは変装を捨てて、ブキおじさんがどうするつもりかを察し、近道をして先に家につきました。ブキがさっと入ってきました。

「マリス、ちび……」

「トウエ……！」

マリスは唾を吐きかけるふりをしました。

「ファと言ってはだめだ！　おれはお前の友達で、おじさんだ、マリス、お前のお母さんの兄弟だ。望むことをしてもいい、犬みたいにお前に従うことにしよう。ただ、ファとだけは言ってはだめだ！」

十七　モンプレジール

ヴォワラ！

エレファンが死んでからというもの、王様は肥えた羊に愛情のすべてを注ぎました。羊はモンプレジールと呼ばれていました。ところがある日、マリスは羊の肉を食べようという気になりました。いちばん肥えていて、世界のどの羊よりも栄養を取っているモンプレジールはどうだろう？　マリスはそこでモンプレジールを盗み、皮を剥いで、家族みんなでおいしく食べました。

王様は占い師《ディヴィノール》を呼んで、どこにモンプレジールがいるか当てるように頼みました。占い師はろうそくを一本、水差しをひとつ、硬貨をいくつか求めました。

「カカス・パ・ボス！」

次にろうそくに火をつけ、十字架の四つの端に水をかけて水差しを空にしました。「モンプレジールは死んでいる。犬の糞はとげではない。それを足で踏んだとして、どうしてびっこになることがあるだろうか？　誰が

モンプレジールを殺したのだろう？　おお！　王様、この国でいちばん利口な者です」

「それは誰だ？」

「わたしには名前が見えない。死にゆく者と死んだ者が同義語であったことは一度もない。お前はその人物を知っている。早く支払いをくれ、遠くで用がある」

王様は感謝して、たいそうな額のお金を与え、いちばん利口な者ではないかと強く疑っているマリスを探しに行かせました。

「盗まれたのは聞いただろう。モンプレジールが死んだことはわかっている。殺し屋を見つけてきてくれ」

「それは難儀なことです。羊が消えたときすぐにわたしを呼びに来るべきでした」

「お前は頭がいい、口答えをするとどういうことになるかわかっているだろう。極悪人を連れてくるのに十日やる。もし十日のうちに見つけられなかったら、わたしは栗毛のラバを飼っているから、お前を八つ裂きにしてやる」

「ああ王様、よくわかりました。従うことにしましょう」

死骸を見つけることはできなかったものの、王様は羊が消えてから九日目にプリエールを催しました。それは動物ではなく人間のことのように、国の名士たちがそこに招待されました。

マリスはブキに、いちばん美しい羊革の背広を持っていて、歌をいちばん上手に歌う者に、王様が牛三頭、羊六匹とカブリ十一匹を与えると約束していると言いました。

「マリス、ちび、おじさんにひとつ歌を教えてくれたら、動物を半分やろう。ほら、お金だ。いちばん立派な美しい革を買ってきてくれ」

マリスはお金を受け取ると、背中の真ん中に焼き印が来るように注意して、モンプレジールの革で背広を作らせました。それから、次のような歌をブキに教えました。

それはこのブキ
楽《モン・プレジール》しんだのはおれ
王様のところ、王様のところ
おれは楽《モン・プレジール》しんだ！

焼印が背中に
自分は楽《モン・プレジール》しんで食べた
王様のところ、王様のところ
おれは楽《モン・プレジール》しんだ

「なんて美しい歌だ。おれが勝つに違いない」

「約束を覚えておいてくださいね。動物の半分ですからね」

「おじさんのことを信じるんだ」

ふたりはプリエールにやってきました。ブキは待ちきれませんでした。繰り返しうしろを振り返っていました。ブキは自分の番より先に歌いたがりました。マリスは全力でブキを抑えました。とうとうブキが飛び出してしまいました。

それはこのブキ
楽《モン・プレジール》しんだのはおれ
王様のところ、王様のところ
おれは楽《モン・プレジール》しんだ！

焼印が背中に
自分は楽《モン・プレジール》しんで食べた
王様のところ、王様のところ
おれは楽《モン・プレジール》しんだ

王様が言いました。

「あの美しい歌を歌っているのは誰だ！　ほうびを取らせてやるから、わたしの前にもう一度歌いに来させろ！」

ブキは喜びを抑えられませんでした。勝利者の態度で、声のかぎりにまた歌い始めました。

それはこのブキ
楽《モン・プレジール》しんだのはおれ
王様のところ、王様のところ
おれは楽《モン・プレジール》しんだ！
焼印が背中に……

「背広がよく見えるように振り返るんだ！」

ブキは振り返りました。

「なるほど！　そうとわかって満足だ。モンプレジールを殺したのはお前か。衛兵たち、この者を捕えて、したたか棒で打ちすえ、火あぶりにするまで牢獄に入れておけ！」

ブキが連れていかれるあいだ、マリスは王様に近づき、約束を果たすように求めました。

「僕が殺し屋を見つけました。ブキの罪を暴くことになった歌を教えたのは僕です。王様の土地の半分をください」

王様は喜んで受け入れるふりをしましたが、自分自身に言い聞かせました。「この者は頭がよすぎるから、消さなければならんぞ！」

マリスはそれを感じ、国を離れることを決めたのですが、自分のなぶり者であるブキも見捨てるつもりはありません。あなたがたがどう思うにせよ、真に愛着を持っていたのです。

マリスは衛兵の何人かにお金を渡し、他の衛兵を酔っぱらわせ、おじさんを解放しました。

「出ていきましょう。この国は安全じゃない」

「こんなことになったのはお前のせいだろう！　責任はお前にある」

「僕のせいじゃない。店の店主が革を折りたたんで僕に売って、それをそのまま仕立屋に持っていったんだ。言い合いをするよりも、持ってきたものを見てくださいよ！」

「肉か！　マリス、今日のところはゆるしてやろう。ただ、もう二度とするなよ、二度とな！」

十八　クジラどんの賭け

マリスは初めてクジラどんと知り合いになりました。クジラは知恵のある人たちが好きで、小さな人間の自慢話を面白がり、マリスを守ってやるのでした。マリスはそれだけで十分だったにちがいないのですが、育ちに関してちょっとだけブキと似たところがあり、マリスはつねに相手につけ込まなければ気がすみませんでした。それでマリスはある日クジラどんに、イギリスの薬のおかげで二十人分の力が自分にあって、勝負することができる感じがすると告げました。

「マリス、坊や、頭がおかしくなったのね！　わたしを見てみなさい」

「クジラどん、魚釣りのカヌーを賭けて、日が暮れる前にあなたを陸に引き上げます」

「考え直しなさい、カヌーはもらってもいいけれど」

「じゃあ、よし、決まりだ」

「決まった！」

マリスは象《エレファン》と呼ばれ、サヴァンナに住む巨大な外国の雄牛を見つけに行きました。マリスは言いました。

「エレファンどん、あなたはずいぶん強いと言われていますが、技というのはまったく別のものです。わたしがどれだけ小さいかわかりますか？」

「ああ、わかる。強そうではないな」

「じゃあ、よし、イギリスの薬を飲んでからというもの自分に二十人分の力がある感じがするんです。あなたを海まで引っ張ってご覧に入れることができるでしょう」

「ふざけるな！」

「樽いっぱいの肉を賭けて、あなたを海まで連れていくことができるでしょう」

「お前は樽いっぱいの肉を失うことになるぞ、決まりだ！」

「決まった！」

マリスは町におもむき、竜舌蘭でできた大きな綱をひと巻き買いました。それからクジラどんに会いに行きました。

「ほら、この綱を体につけて。僕は反対側の端を自分につけるから、『引いて』と言ったら引き始めてください。僕のほうからも引きますから」

マリスは次にエレファンどんのところに行き、綱の端を差し出しました。

「ほら、この綱を体につけて。僕は海辺にある反対側の端を自分につけるから、『引いて』と言ったら引き始めてください。僕のほうからも引きますから」

マリスがクジラどんのところに走っていって「引いて！」と言うと、海のほうに向かって激しく引かれたエレファンはわめき出しました。

「お前は合図の前に引き始めたな。取り決めと違うぞ」と言って全力で引くと、クジラどんは岸のほうに揺るぎない力で引っ張られるのを感じました。

「あのマリスの悪魔が持っているのは二十人分の力どころじゃない！　四十人分の力だ！」

勝負はしばらく続けられました。しまいには、起こるべきことが起こりました。綱が切れて、どちらもがひっくり返りました。クジラどんは溺れかけましたが、おかしなふうに水を飲んだだけで切り抜けました。エレファンどんのほうは、先のとがった杭で怪我《けが》をしましたが、それは事の顛末を予測してうしろに並べておいたものでした。エレファンが倒れたのを見て、マリスは石をぶつけて襲いかかり、出血のせいで動けないほど弱ったところで、なたで《マンシエット》とどめを刺しました。樽いっぱいの肉の代わりに、樽四つ分の塩漬けができました。

クジラどんのほうは、何かおかしいと思ったか、あるいは漏れ聞いた話から真実を知りました。それでクジラはマリスに魚釣り用のカヌーを渡すことを断り、死にたくないなら自分の領分に足を踏み入れるなと言いました。海は決して小さなマリスの領分ではないので、クジラどんを挑発するのを控え、陸の上で一連の手柄を立て続けたのでした。

十九　王様の泉

ヴォワラ！

むかしむかし泉があって、その水があまりにもきれいだったので、王様はそれを見て、自分だけのためにとっておくことにし、自分を除いてそこで水浴びをすることは誰にも許さないと宣言しました。ところで、わたしがお話ししている年はひどい旱魃《かんばつ》がこの国に広がり、王様の泉に水をもたらす水源を除いて、あらゆる水源が涸《か》れてしまいました。おのおのが別の国へ、とても遠くまで水を汲みに行くことを強いられました。

マリスは思いました。「簡単に手に入れることができるものを求めて、こんなにも苦労するのは馬鹿みたいだ」

マリスは毎晩、桶《ボキト》二杯の水を汲みに王様の泉に来て、水浴びをし、泳ぎ、水の中で何回もぐるぐる回って、家に帰りました。一度いつもより遅れて来たとき、水浴びをしていると音が聞こえ、急いで水から出てボキトを取りに行きましたが、出るときに穴になっているぬかるみで転んで、泥が水に交じり、完全に濁ってしまいました。そのとき泉にやってきたのは王様で、夜明けにそこで水浴びをするためでした。

「誰かがわたしの泉を汚した。誰かが無礼をかえりみずにわたしの水に触れた。その者は死なねばならん！」

王様は衛兵をふたり、泉の両脇に常駐させました。夜一時ごろ、マリスはボキトをふたつ持ってやってきました。マリスは葦《あし》の中にボキトを隠し、衛兵のひとりのところにやってきました。

「早く、早く、水がいっぱい入った容器を持って男がひとり立ち去っていくのを見かけた。あなたの同僚は眠りこけているに違いない」

衛兵は走ってその場を離れましたが、一方でマリスはもうひとりの衛兵にも同じことを繰り返し、逆のほうに向かわせるようにして、そのあいだにボキトを水でいっぱいにし、そこを去る前にふざけて棒で泉の泥をかき混ぜました。

翌日、王様は衛兵の首を切らせました。サルがその様子を見に来ました。

「王様、あなたを馬鹿にする者を捕まえる方法を知っていますが、試してみることをお許しいただけますか？」

「もしうまくいったら、ラバに金をつけて授けよう」

サルは女の人の像を作って、糊で覆い、泉のすぐ近くに置きました。マリスは真夜中ごろにやってきました。真っ暗闇でしたが、泉のほとりに女の人のシルエットが見えたように思えました。

「調子はどうだい、おねえさん？」

返事はありません。

「僕はそんなふうに人に見下されるためにいる犬じゃない。あなたはずいぶん育ちが悪いんだな！」

女の人は相変わらず動きませんでした。マリスは近づいて、腕を撫でようとしました。右手は像に貼りついたままになりました。

「そんなことをしないでくれ、マムゼル！」

左手で平手打ちを放ちました。左手も同じように貼りついてしまいました。もがけばもがくほど、くっついてしまいました。服も、脚も、像に貼りついていきました。じきに身動きが取れなくなりました。

朝四時、サルがやってきて、マリスがそんな状態にあるのを見つけました。サルは衛兵を呼びに行って、王様に知らせました。すぐに王様がやってきて、下手人をただちに処刑するよう命しました。

マリスは叫び続けていました。

「濡らした草はやめてくれ、濡らした草はやめてくれ」

「何を言っているのだ？」王様がたずねました。

「すぐに死んでしまうことになるから、草の中に投げ入れられたくないのです。崖から大きな岩の上に落とされるのを望んでいるのでしょう。というのも、ギニアの黒人女であったおばあさんがマリスに『ポワン』〔訳註：呪術師から授けられる魔除け〕を授かっていて、岩にぶつかってバラバラになるのはそれで防ぐことができるのですが、マリスの血筋は濡らした草をいつも恐れているのです」

「ああ！　そういうことなら！　崖から突き落とそうと思っていたのだが、またしてもだまされてあいつを喜ばせるつもりはない。皆の者、湯をかけて像からはがして、濡らした草のど真ん中に放て！」

衛兵たちはただちに刑を執行しました。マリスをはがして、自分たちの頭上でぐるぐる回し、草に放ちました。マリスは分厚い草のマットレスに突っ込み、立ち上がって身をぶるっと震わせると、遠くから王様に叫びました。「ありがとう、パパ！」そして一目散に逃げていったのでした。

二十　マリス、おお！　お前が正しい

マリスは王様の怒りを恐れて国を離れました。自分の悪事は忘れられたと判断すると、戻ってきて王様の農園から遠くない丘《モルヌ》の上に落ち着きました。

それからしばらくして、王様は亡くなった親族みんなのために大きな「プリエール」を催すことにしました。国の名士をみんな招待しました。厚かましくも泉の水を汚した無礼者のマリスを思い出しましたが、それは「忘れたこと」にしました。ところが、マリスのほうは執念深いのです。プリエールもなくなる」

「よろしい、王様、マリスに来てほしくないというのなら、誰も来なくなるだろう。プリエールもなくなる」

当日、朝の四時から、泉の隣にある川のほとりに三人の楽師と陣取り、そこにあずまやを建てました。マダム・マリスは少し離れたところにトロワピエを置き、大きなショディエールで脂身を入れた豆と米を炊く一方で、妹が冷たい飲みものに気を配っていました。クレランを入れた細首の大びんと、

「アニス漬け」のびんでした。王様のところに行くために服を着替える前に体を洗うのですが、そのためには水が必要でした。まもなく、若い娘が集まって姿を現しました。
カタ、カタ、カタ！　ブリン、ビディビン、ビンビンビン。
太鼓がうなりを上げていました。マリスが歌を歌い始めました。

マリス、おお！　お前が正しい
マリス、おお！　お前が正しい
ほとりには何がある？
それはほとりでの楽しみ
太鼓よ、邪魔をしてくれるな
マ・トゥザンザン
マ・トゥザンザン
マリス、おお！　お前が正しい

若い娘たちは集団から離れ、あずまやの下に入って、歌い踊り始めました。まもなく誰もが、ひょうたんとブリキの容器を下ろして、しばしそこで踊りました。踊りのあとに踊りが続き、日が昇り、踊る女たちが増え、誰もそこから去る様子はありませんでした。太鼓を聞いて、近所の若者たちが同じようにやってきました。

マリス、おお！　お前が正しい
マリス、おお！　お前が正しい

ほとりには何がある？
それはほとりでの楽しみ
太鼓よ、邪魔をしてくれるな
マ・トゥザンザン
マ・トゥザンザン
マリス、おお！　お前が正しい

朝から自分たちのための水を待っていた親たちは、子供や若い娘たちが戻ってこないことにうんざりして、何が起こっているのか確かめるために川に下っていくことにしました。
ブリンビディビン、ビンビンビン……太鼓が呼んでいました。親たちは坂を下っていって子供らを叱る代わりに、あずまやに駆けつけました。
「ちょっとどきなさい！　踊りはもう十分だろう！」

マリス、おお！　お前が正しい
マリス、おお！　お前が正しい
ほとりには何がある？
それはほとりでの楽しみ……

午前十時になりました。みんな王様のプリエールを忘れていました。王様は手を後ろで組んで、外廊下を歩いていました。炊事場には誰もおらず、屋敷にも誰もいません。召使たちがみんな姿を消していたのです。この国から人がいなくなったみたいですが、向こうの谷では太鼓がうなりを上げています。

ブリンビディビン、ビンビンビン……

女王が王様に言いました。「太鼓が聞こえないかしら？　踊りを見に行きましょう。誰もまだ来ていないし、正午には戻ってくるだけの時間はあるでしょうから」

「自宅で人を待っているときは、外に出てはならない。もし見に行きたいのであれば少しだけにしなさい。わしはここに残る」

女王は駆けていきました。しばらくすると、誘惑があまりにも強いので、王様自身も屋敷から出て、川のほうに向かいました。

ブリムビディビン、ビンビンビン……

マリスは王様を目にして、仲間に合図して姿を消しました。王様が近づくと場所が空けられ、太鼓はさらに激しく鳴り、まもなく王様も輪に加わりました。

マリス、おお！　お前が正しい
マリス、おお！　お前が正しい
ほとりには何がある？
それはほとりでの楽しみ
太鼓よ、邪魔をしてくれるな
マ・トゥザンザン
マ・トゥザンザン
マリス、おお！　お前が正しい

人々は昼を踊って過ごし、夜を踊って過ごしました。翌日になって、自分たちの家に帰りました。王様は、自分の屋敷が空っぽになっているのを目の当たりにしました。それはマリスの仕返しだったのです。予定されていた日にプリエールは行なわれず、次のプリエールのためのお金もありません。以上！

二十一　ブキのお通夜

クリック？　クラック！

マリスとブキがバナナと畑のサツマイモと一緒に食べる肉を手に入れられなくなってひと月が経っていました。マリスがどれだけ肉を好きかはご存知でしょう！　ブキのほうは性格が変わってしまい、悲しげで、不平をこぼしており、その当時ブキを見ても、それがブキだとはわからなかったことでしょう。

ところで、ふたりの家から少し離れたところ、もしかしたら奥行き百ピエ、幅五百ピエはあるかもしれない巨大な家に幾千万というカブリがいました。

ある日、ブキがマリスに言いました。

「カブリたちの近くに、家を建てよう」

「ブキおじさん、珍しくすばらしい考えですね」

ふたりはカブリの家よりも立派で大きな家を建てました。仕事をしている昼のあいだ、カブリの王様は留守にしていました。夜になると帰ってきましたが、すぐには新しい建物が目に入りませんでした。翌朝、王様は目を見張りました。

「なんという宮殿だ！　わたしが住むべきはあれだ。すぐに引っ越すことにしよう」

カブリたちは、正式な手続きを踏まずにふたりの家に落ち着きました。マリスとブキは文句を言わずに場所を明け渡し、ふたりのために空けられた家に家具と荷物を運び込みました。

カブリたちはとても陽気で、ずっと歌って踊っていましたが、決してマリスとブキを誘うことはしませんでした。

ある日、ブキはマリスに言いました。

「マンシェットを研ごう。おれのやり方で、一杯食わせてやる」

ブキは、仲間であるマリスに詳しく説明しました。マリスは、目を輝かせて、小さくうなずいていました。

ふたりが引き継いだもとのカブリの家には三百六十五の扉と窓がありました。ふたりはこれを全部閉めて、ひとつだけ半開きにしておきました。ブキがマンシェットを横に置くと、地面に寝そべって、マリスは声のかぎりに叫びました。

「ブキ、大切なブキ、僕のたったひとりの仲間、こんなふうに僕をひとりにしないで！　あなたが死んだら、僕はこの大きな家でどうしたらいいんでしょう？　ブキ、ブキイイイ！」

太ったカブリが、それを耳にして尋ねました。

「そっちで何があったんですか？　何が起こったんですか？」

「ブキどんが死んじゃったんだ」

カブリたちの王様が答えました。

「ああ、亡くなったのであれば埋めてやらないと」

そして王様は、他の十四匹のカブリと一緒に帰っていきました。

「準備をしてください。ブキどんのお通夜をします」

王様はタフィア酒とカッサヴァ、米、それに女の人たちのためにコラ〔訳註：アルコールを含まない飲みもの〕を買いました。椅子と長椅子をもってこさせて、子供がうまれそうで外にでられないお母さん以外、国じゅうのカブリ全員を連れて現れました。

お通夜が始まりました。マリスは開かれたままだった唯一の扉を、気づかれることなく巧みに閉めました。次に死んだブキの額を三度なでました。それが合図でした。ブキは立ち上がってマンシェットを振り上げ、マリスも自分のマンシェットを抜きました。ふたりは最初に王様の首を切り、次にカブリ全員の首を切りました。

大虐殺のあと、マリスとブキは三年間肉を食べ続けました。家に残っていたお母さんカブリはそれから逃れて四匹のカブリを生み、それは二匹の雄《おす》と二匹の雌《めす》だったのですが、そうでなければハイチの国にカブリはもういなかったことでしょう。

二十二　マリスがおじさんにひどいいたずらをし続けることについて

糊で覆われた像の出来事があってからというもの、マリスは王様にうらみを抱いていました。狩りと盗みをする場所に、王様のものである畑と菜園を選ぶことにしました。衛兵は二倍にされ、罠が仕掛けられました。何事もなく、三週間マリスは監視の裏をかき続けました。マリスはその成功でいい気になり、へまをやらかして、似たようなことがよくあるように、獲物を抱えているところを捕まってしまいました。

王様はマリスを杭に縛りつけるよう命令し、証拠となるもの（バナナ二房、牛、そして小さなカブリ）を足元に置くかたわらで、板を熱し、また悪さをしたくなる気持ちをすべてなくさせるため、その上に座らせようとしていました。

マリスがそこから逃れる方法を考えていると、ブキが通りかかりました。

「マリス、ちび、何があったんだ？　どうして縛られているんだ？」

「おじさん、小さいときからずっと僕が頑固なことは知っているでしょう。王様がカブリとバナナは昼間のうちに、牛は今日から日曜日までに食べろというんです。僕はそんなこと絶対にしたくないんです！　それでここにつながれて、僕が降参したと認めてこれを全部食べると言うまでここに放っておかれることになっているんです。でも王様がそれを目にすることはない、僕がそう言うからにはそうなるんです！」

「マリス、マリス、落ち着け！　お前の身代わりになってやってもいい。気が変わったかどうか、人がよく尋ねに来るのか？」

「ええ！　二時間ごとですけど、僕が気を変えることはありません。僕は自分が食べたいときに、食べたいように、食べたいものを食べるんだ」

「よし、よし、おれが代わってやろう！」

「おじさん、あらかじめ言っておきますけど、三日のうちにこれを全部食べきれなければ殺されることになっているんですよ！」

「おじさんのことは心配するな。三日のうちに食べきってしまうから」

　ブキはマリスの縄をほどいて、自分を杭に縛りつけさせました。

「マリス、ちび、立ち去る前に熟し始めているその房をおじさんにくれ。おれの力を見せてやる」

　マリスはバナナを差し出すと、おもむろに去っていきました。しかしブキから見えなくなるところまで行くとすぐ、こんなに簡単に逃げられたことがうれしくて一目散に逃げ出しました。

　しばらくすると板は熱で真っ赤になり、衛兵たちが泥棒を連れにやってきました。縄をほどこうと近づいてくる様子を目にしたブキは声を上げました。

「バナナをくれ、カブリを焼いてくれ。おれにまかせろ、おれにまかせるんだ！」

衛兵たちは顔を見合わせて、あわれみの目を向けました。

「かわいそうな奴だ！　恐ろしさのあまりおかしくなったんだろう。気が狂っている……」

衛兵たちはブキを連れていき、ズボンを下ろさせ、焼けた板の上に力ずくで座らせました。うまく逃れても、また同じように座らされました。解放されると、そのおしりは真っ赤で、まさに血の滴る肉と化し、皮はすっかりはがれていました。

ブキは林に逃げ込みました。アボカドの木の下につくと、傷に空気をあてて痛みを鎮めるために腹ばいになりました。ちょうどマリスはそのときアボカドの木の上にいました。ふざけた調子で、半分腐ったアボカドを選んで、差し出された的に投げつけました。ブキは傷の上に軟膏が塗られたような、べとべとした冷たさを感じました。

「おれはなんて神に愛されているんだろう！　あの生意気なマリスの小僧に仕返しをするのを助けてくれるだろう。過ちを償うには、あいつを殺してやるしかない。ああ、痛くてしようがない！」

激怒したマリスは、熟《う》れていない小さなアボカドを傷の真ん中に投げつけました。コツン！　ブキは立ち上がって、わめきながら逃げていきました。

「神に嫌われた！　おれがあいつに何をしたっていうんだ？」

しかしそこで疑念が頭をよぎりました。振り返ると、マリスが腹を抱えて笑っていました。アボカドがどこから落ちてきたかわかり、飛び上がりました。

「あいつを殺してやる、絶対に殺してやる！」

マリスは地下に小さな家を持っていて、入り口が道の端に面しており、ブキはいつもその前を通るのです。マリスはそこに行って、大きな馬の頭で入り口をふさぎ、その陰に身を隠して待ちました。

ブキが通りがかると、呼びかけました。

「これはどういうことだ？　昨今は偉い人にあいさつもせず堂々と通り過ぎるのか！」

地面から聞こえてくるようなその声と、じっと見つめるその馬の頭が恐ろしくて、ブキは震えながら答えました。

「ごきげんよう、地の神様！」

「喧嘩のかたをつけに行くのです。そんなに急いでどこへ行くのだ？」

「その者は何という名前だ？」おれを始終苦しめる者がいるので、殺しに行くのです」

「マリスです、地の神様！」

「マリスか！　それはわたしが目をかけている、いわば息子だ！　マリスを敬うようにと忠告しておく。たったみっつの言葉を言うだけで、マリスはお前を殺すことができる」

「わかっています、わかっています。トウエ……ファ……マロレです！」

「わかっていて、あえてマリスの敵になろうというのか！」

「忘れていました、地の神様。おれはマリスを見つけて、自分が食べるものを半分やります」

「そうだ。この先そのことを忘れないように！」

二十三　その名のとおりのマリス

クリック？　クラック！

さて、マリスは近くに住む女の人と婚約していました。次の日曜日に大きなお祝いをしなければなりませんでしたが、馬がありませんでした。マリスは馬を手に入れようとあちこち探しまわりました。国じゅうの馬が、すでに予約されていました。マリスはそのことを婚約者に訴えると、婚約者は、大きな建物を持っていて、確実に馬を貸してくれるであろうムッシュ・ジャコブに問い合わせてみるようにと勧めました。

マリスは、教えられた住所まで走っていきました。ムッシュ・ジャコブは無情で極端に貪欲な人だったのですが、持っている馬はみんな立派でしっかり手入れされていました。マリスを目にすると、今日はすばらしい取引ができると考えました。そこで、馬を見せました。マリスが選んだのは、灰色の立派な若い雌馬でした。

「前金で五グルド、後で十グルドだ」

「おかしいじゃないですか！　馬を借りるのはひと晩だけです。ふつう一日で五グルドなのに」

「みんながしていることなどわたしには関係ない。前金で五グルド、後で十グルド」

「じゃあこの小さい鹿毛はいくらですか？」

「同じだ。前金で五グルド、後で十グルド。嫌ならけっこう。馬が欲しいのなら今すぐに五グルド払う必要がある」

マリスは頭にきたものの、五グルド払って若い雌馬を取っておくようにと頼みました。

ところが二日後、マリスの代父が立派な黒い馬に乗って会いに来て、こう言いました。

「代子よ、体を休めるためにここで一週間過ごすつもりだ。わたしがいるあいだ、昼間はわたしの拳銃と黒い馬を好きにしていい。あのマダムたちにどれだけもてるか想像できるだろう」

マリスはお礼を言って、ムッシュ・ジャコブから五グルド取り戻すために町に出ていきました。ふと思いついて婚

約者のところに立ち寄り、どうするつもりか言いました。

「かわいそうな人！　ムッシュ・ジャコブに渡したお金が返ってきたなんて話は一度も聞いたことがないわ。十五グルド全額を払うことなくムッシュ・ジャコブの爪から逃れることができたとしたら、あなたは運がいいでしょうね」

「でも馬は使っていないんだよ」

「話し合ってみればわかるわ」

マリスはどのように振る舞うべきかよく考え、巻き尺を持ってムッシュ・ジャコブのところに姿を現しました。

「おさえておいた若い雌馬をもう一度見たいんですけど」

「喜んで！」

馬屋にやってくると、マリスは巻き尺を伸ばし、背中、脚、頭、体のあちこちを測り、口を閉じてもごもごと言いました。

「この馬を借りるなんて軽率だったと思います。ほら、ここからここまで僕に三十センチ、ここからここまで僕の婚約者に三十センチ、ここからここまでゼリおばさんに三十センチ。白人のための部分がない。尻尾の上に乗せたら座り心地が悪いだろうし、若い雌馬は慣れていなくて尻尾が動かせないでしょう。僕はほとんど首のところだから、前にも場所がない。先に馬を測っておくべきだった。でも決めてしまったことは仕方がない。なるようになる。肩車をすることにしよう」

「ねえ君、コンペ、わたしのことを阿呆だと思っているのか？　荷車じゃなくて、鞍と手綱をつけた馬を貸したんだ。乗せることができる以上のものを乗せる権利はない」

「あなたには関係ありません。馬の金を払ったんですから、引き渡してもらわないといけません。返しに来たときに十グルドを受け取って、それから好きなように言いたいことを言ってもらってかまいません」

「もし馬がつぶれたら、十グルドでどうしろって言うんだ？　馬を貸すのを断る」

「もう一度同じことを繰り返してください。立会人を探しに行ってきます。契約破棄だ。なんてすごい訴訟だろう！　うちの兄は弁護士で、父は判事ですよ！」

「じゃあ支払うべき十グルドを払ったものとみなす」

「まさか、僕は馬がいるんだからあとで十グルド払うつもりです」

「なんて頑固な男だ！　さあ、面倒はよそうじゃないか！　五グルドを返すから、よき友として別れよう」

「契約破棄だ！　だめだ、だめだ、十五グルド渡さなければ、この足で訴訟を始めに行く」

「わかった、わかった。ほら十五グルドだ！　また近いうちに！」

ムッシュ・ジャコブはもう邪魔されないように一日じゅう扉を二重に閉めて、まさにその名のとおりのマリスはムッシュ・ジャコブの十五グルドを婚約者への贈りものにしたのでした。

二十四　勝ち取った雄牛

クリック？　クラック！

王様はイラクサの野原を持っていて、財布のひもを解かずに開墾したいと思っていました。仕事をする人が見つからないのを恐れて、たった一度も体を掻かずに草刈りをした者には星形の白い毛が額にある黒い雄牛を与えると約束しました。

五十人ほどの候補者が集まりました。雄牛はかなりの評判でした。しばらくするとかゆみに耐えられず、体を掻き、支払いの望みなしに仕事をしたことを馬鹿馬鹿しいと思いながら脱落していきました。

　マリスも競争者の中にいました。できるかぎり我慢していました。とうとう他の者たちと同じように体を掻こうと思い、衛兵に近づきました。

「衛兵さん、雄牛は本当に肥えているのかい？」

「王様がそう言った。王様は決してうそをつかない」

「ここも肥えている？」とマリスはかゆいところのなかでもいちばんかゆい部分に触れ、かゆみを鎮《しず》めるためにトントン叩きました。

「ここも肥えている」

「じゃあこっちは？」と他の場所をトントン叩きました。

「全部肥えている」

　マリスは苦痛が少しおさまり、熱心に仕事を再開しました。しばらくすると、また戻ってきました。

「衛兵さん、ねえ、雄牛は本当に真っ黒なの？」

「いいや、額に星形の白い毛がある」

「衛兵さん、うちのお父さんは小さい雌牛を飼っていたんだ。雌牛だよ！　真っ黒で、ここに白い斑《ぶち》があった」と気づかれないように指した個所を掻きました。

「衛兵さん、戻ることにするよ。あまりに楽しいもんだからおしゃべりが終わらないし、そのあいだ僕は仕事をしていないことになるからね」

　マリスは草刈りを再開し、この策をうまいこと成功させました。王様は出し抜かれたにもかかわらず、雄牛を与えました。

　ところで、マリスはしばらく前からブキおじさんに二百グルドの借りがありました。マリスはブキに言いました。

「おじさん、王様のところでもらってきた雄牛だ。借りを帳消しにして、一緒に太らせて、最低でも四百グルドで売ろう」

ブキが異論を唱えたので、話し合って最後には提案を受け入れましたが、運の悪いことに牛はあまりに食べ物を与えられすぎて、息がつまって死んでしまいました。

マリスは頭と足を切って、半分ずつではなく、くじ引きでどっちが胴体をとるか決めることにしようと提案しました。不運がマリスにつきまといました。胴体がブキの手に落ちたのです。

マリスは頭と足を持って、急いで立ち去りました。考えがあったのです、とても暗い林を横切る街道がありました。そこにつくと、マリスはロバを雑木林に押し込め、胴体を葉っぱで隠し、頭には牛の頭をかぶせました。ブキが現れたのを目にすると、こう呼びかけました。

「わたしの領分に何をしにきた？」

「通りがかりだ、大悪魔、ただ通るだけだ」

「通ってもいいが、その牛を置いていけ」

「大悪魔よ、この肉のことか？」

「肉はわたしのものだ。我慢できない……」

「わかった、大悪魔、わかった」

ブキは肉を乗せた自分のロバをそこにおいて、走って逃げました。マリスはそれを自分のものにし、ロバを売って、肉のたくわえを増やしました。

午後になって、ブキは甥っ子の家に寄り、大悪魔に襲われたことを苦々しく話しました。

「おじさん、あの肉のことは悔しいね！　間違いなく僕にも少しくれただろう？」

「おお！　マリス、何の話だ？　そんなのは言うまでもないことだぞ」

「おじさんのために精一杯身を切りましょう。これが僕の分だから、もらってくれれば、僕に幸運がもたらされることになるでしょう」

おじさんは感謝しきりで、満足げに頭と足四本を持っていったのでした。

二十五　いちばん仕事をする者

ヴォワラ！

ブキとマリスはそれぞれトウモロコシの畑を耕していました。この旦那がたがどれだけ仕事好きでないかはご存知でしょう！　怠けることしか考えず、ふたりはため息をつき、文句を言い、またため息をつくのでした。もしそれが平野なら、誰かにお金を払ってやってもらうこともできたしょうが、丘の中《モルヌ》では社会の一員とならなければ自分のために働いてもらえず、同様に他の人たちのために仕事をしなければならないのです。マリスはブキに言いました。

「おじさん、僕がおじさんより先に自分の畑を耕せるか、賭けをしよう」

「マリス、ちび、冗談だろう！　この腕を見てみろ、それにお前のマッチ棒みたいな腕を！　この肩幅、この腰を見てみろ。その小さい体を見てみろ」

「おじさん、もし僕が先に終わったら、おじさんが収穫まで雑草取りをする。そっちが先に終わったら、僕が両方の畑の面倒を見る」

「よし決まった！　のった。ただで働いてくれる奴ができた。いつ始めることにする？」

「明日の朝、夜明け」

翌日の朝四時、マリスはおじさんを迎えに来ました。それぞれの畑には、カナリがひとりとコップが置いてありました。マリスのカナリにはブイヨンが入っていて、ブキのカナリは澄んだ水が入っていました。

それぞれが鍬《くわ》をとって歌い始めました。

わたしは自分のミルリトンを植える
わたしのミルリトンはなるだろう
わたしは自分の豆を植える
わたしの豆もなるだろう
やあ旦那がた、わたしのトウモロコシはどうだい
わたしのトウモロコシはどうだい！

朝八時、日が高くなり、ブキは汗をかき始めました。

「マリス、ちび、ちょっと手を休めよう。食事の時間だ」

「おじさん、僕が勝つ。おじさんは疲れている。僕のほうがよく仕事をする。食事に行って。僕はお腹が空いていない」

「おいおい、マリス、冗談だ」

ふたりは冷たい水を立て続けに二杯飲んで仕事を再開しました。

わたしは自分のミルリトンを植える
わたしのミルリトンはなるだろう
わたしは自分の豆を植える
わたしの豆もなるだろう
やあ旦那がた、わたしのトウモロコシはどうだい

わたしのトウモロコシはどうだい！


ときどきマリスは自分のカナリがあるところまで行って、牛の足を加えたおいしいブイヨンをコップ一杯飲みました。そして、力を倍にして仕事に戻ってきました。ブキは十時に手を止めました。

「マリス、ちび、おれを殺す気か！　おれがどれだけお前のことを気にかけているか知っているだろう。お前を見ていると辛くなる。ちょっと食事に行こう！」

「おじさん、僕はお腹が空いていない。やり口はわかっていますよ、疲れているんでしょう」

「笑わせるな、マリス、おれはバラみたいにぴんぴんしている」

「じゃあいいでしょう、続けましょう」

わたしは自分のミルリトンを植える
わたしのミルリトンはなるだろう
わたしは自分の豆を植える
わたしの豆もなるだろう
やあ旦那がた、わたしのトウモロコシはどうだい
わたしのトウモロコシはどうだい！

正午、ブキは手を止めて水を少し飲み、マリスのほうを見ました。マリスは朝四時と同じぐらい元気に鍬で畑を耕し、その声はトランペットのように響いていました。ブキは半分以上耕されたのを見て、自分の畑のほうを見ると、自分に力がないように感じ、額から冷汗をかいて、脚がふらつき、声がかれていきました。

「マリス、ちび、手を止めるんだ。食事の時間だ。またあとで仕事を再開しよう」

「おじさん、食事するのを邪魔するつもりはちっともありません。お腹が空いているのなら自分の家に帰って、疲れているのなら横になってください。こっちはじきに仕事を終わらせて、あとで休憩することにします。僕のほうが仕事をすると言ったでしょう。そっちより先に耕し終えます」

「おいおい、馬鹿なことを言うな」


わたしは自分のミルリトンを植える……


午後二時、おじさんは倒れ、伸びて気を失っていました。その大きな体は耐え忍ぶことができないのです！　しばらくして、マリスが近寄りました。マリスはタフィア酒をたっぷり飲ませて元気にさせ、家に連れ帰って食事をさせてあげました。

「おじさん、僕が勝った。畑はおじさんの担当ですよ！」

「おれは全部知っていたけど、マリスを叱ることができなかった……お前はどうしてこの哀れなブキに、ブイヨンを飲んでおきながら水を飲んでいると思わせたんだ？」

「いちばん力のない者は利口じゃなきゃいけないからです」

二十六　魔法のイチジクの木

クリック？　クラック！

ブキは先月やられたことを根にもっていました。国の子供たちは、気を失ったとブキをからかいました。

「ブキは女みたいに弱い」

　ブキは食事をとらないでいる練習をしていました。仕返しをしようと思っていたからです。熟練したと判断すると、マリスに会いにやってきました。

「おれがお前よりも長いあいだ食べないでいることができるかどうか、賭けをするぞ！」

「おじさん、負けることになりますよ。僕は気晴らしに食事をしているだけで、生きるために食べる必要はないんだから」

「おいおい、冗談はよせ。今度こそ勝つのは間違いない」

「忠告しましたからね。どうしても負けたいというなら、賭《トペ》けた！」

「のった《クペ》！」

　国じゅうにこのことが知らされました。それぞれに、藁《わら》ぶきで窓も扉もない小さな小屋が建てられました。空気と光を十分に通すため土壁《クリサジュ》の上の部分には泥が塗られませんでした。競争者のひとりが断食にうんざりしたら、土壁につるした棒を押すだけで、すぐに開けられるようになっていました。

　閉じられた小さな小屋の前を通りかかる人たちは皆、どうしているか尋ね、励ましの言葉をかけました。二日経つと、ブキは死にそうな感じがして、恐ろしいほどやせ、声はかすれ、マリスの声がラッパのような響きを保っていることに絶望を感じました。

「あいつがいんちきをしているのは間違いない。夜になってから外に出て食べているに違いない！」

　ブキはつねに硬くてとがった爪をしていました。それを使って、村の端に出る地下道を掘りました。夜になるとすぐ、ブキは小屋から出て、そのうち自分の相手がやってくるのを目にするだろうと確信して、見張りを始めました。

　さほど待つこともなく、マリスが他の地下道から出てきて、ブキが気づいていなかった小さな植物に向かっていきました。

イチジクの木、僕の立派なイチジクの木
大きくなれ、伸びろ！
イチジクの木、僕の立派なイチジクの木
大きくなれ、伸びろ！

イチジクはすぐに伸び始め、大きくなり、膀胱《ぼうこう》がふくらむように太くなりました。ブキの背丈の倍になると、マリスは歌い始めました。

イチジクの木、僕の立派なイチジクの木
花を咲かせろ、実をつけろ！
イチジクの木、僕の立派なイチジクの木
花を咲かせろ、実をつけろ！

イチジクの木は大きくなるのをやめ、花で覆われ、それが実になっていきました。マリスは木に登ると、イチジクを飽きるまで食べ、歌い出しました。

イチジクの木、僕の立派なイチジクの木
低くなれ、姿を隠せ！
イチジクの木、僕の立派なイチジクの木
低くなれ、姿を隠せ！

イチジクの木は小さくなり、低い茂みのようになって、マリスはその中にいたのですが、小屋に向かう道に戻りました。
ブキはそこで物陰から出てきました。

イチジクの木、おれの立派なイチジクの木
大きくなれ、伸びろ！
イチジクの木、おれの立派なイチジクの木
大きくなれ、伸びろ！

イチジクの木は大きくなり始めました。十分に大きくなったと判断したところで、ブキはその上に飛び乗ったのですが、大きくなるのをやめて花を咲かせるように言わなければならなかったのを忘れ、愚か者はイチジクの木が勝手に大きくなるのをやめるのを歌わずに待っていました。イチジクの木は高く、どんどん高くなっていきました。幹が音を立てました。ブキは怖くなって、自分のいる枝から手を離し、落ちてしまいました……。
……幸いなことに草をいっぱい積んだ牛車を引いてわたしがそこを通りがかりました。ブキはその中にはまり込んで叫び出しました。「あのいたずら坊主、いたずら坊主め、仕返ししてやる。いんちきをした。仕返しをしてやる」ブキおじさん、わたしの言うことをよく聞いて、仕返しはあきらめなさい。体は小さくても、マリスが一番強いのだから。

二十七　洗礼

ヴォワラ！

ブキとマリスは、自分たちが貯めたお金を集め、共同で耕す畑を買いました。いつもより太陽が肌を刺すある日、マリスは仕事の手を止めました。

「おじさん、聞こえませんでしたか？」

「何だ？」

「あっちのほうから呼ばれたみたいだ」

「マリス、ちび、呼ばれているなら行かないと」

「すみません、おじさん、すぐに戻ります」

マリスはその方向に走って去りました。視界から消えたと判断すると、すぐにブキの家のほうに進路を変えました。マリスを呼んでいたのは誰かではなく、コロギエールが畑を開墾してくれたお礼にとおじさんにくれたはちみつの壺でした。家には誰もいませんでした。マリスは水と一緒に何杯かはちみつを注ぎ、ひょうたんをふたついっぱいにして安全な場所に置きに行きました。それから、ちょっと離れたところに植えられたマンゴの木の陰で休憩しました。

一時間か二時間したあと、そこを離れて自分の鍬《くわ》に駆けつけ、失った時間を取り戻すために懸命に働きました。

「マリス、ちび、ずいぶん長いあいだいたんだな。何があったんだ？」

「おじさん、洗礼式に呼ばれたんです。僕はいやだったけど。親たちがしつこくせがむもんだから、しまいには承諾しなきゃならなかったんです」

「女の子か男の子かどっちだ？」

「男の子さ！　今どき誰が女の子を欲しがるでしょう？　損さ。男のほうがいつも市場ではいい値がつくものだから」

「それでお前は代子に何と名づけたんだ？」

「最初《デビュ》さ」

「なんて素敵な名前だ。その名前のいいところは、珍しいってことだ。デビュ、デビュ……マリス、おれにできる最初の男の子もお前が名づけてデビュと呼ぶことにしよう」

それからしばらくして、雑草が畑にはびこってきました。ブキはまた手伝いに来てくれとマリスに声を掛けました。正午前、マリスは誰かに呼ばれるのが聞こえました。

「もしかしたら、また代子かもしれないぞ！」

「人気者になりすぎました。断らないといけない。みんなに贈り物をするほど、お金を持っていないのに。すでにコンペたちの手助けを続けることができなくなる。おじさん、また代子ができたら本当に困ったことになる」

「マリス、ちび、代子を断るものではないぞ。お前は立派な埋葬と、素晴らしい通夜を迎えることになる。代子というのは、マリス、家畜が余計に増えるようなものだ」

「それでどうなるって言うんですか、おじさん？　もう食べることもなくなるというのにじゃないか」

「さっさと行け、マリス、お前は自分勝手すぎる、お前のおじさんのことを考えてみろ。おれがいるじゃないか」

マリスは一度目のときのように立ち去り、壺を半分まで空にしました。ブキはちっとも気づいていませんでした。ブキ家の親族全員のためにとり行なうつもりのプリエールを見越して、はりみつをとっておいていたのでした。

マリスが二時間不在にしてから戻ってくると、ブキはたずねました。

「おい、また別の代子だったんだな。そうだと思った」

「大きな男の子さ。断れなかった。あらかじめ母親にそう言っておいたんだけど、自分のせいで断られたと思うだろうから」

「それでその大きな子《トントン》の名前は？」

「半分《ドウミ》さ」

「そういった名前はどこから持ってくるんだ、マリス？　お前にはずいぶん知恵があるな」

「自分の代子には珍しい名前をつけるのが好きなんだ」

マリスはまた働き始め、飲んだはちみつで元気を回復させて、午前より二倍も早く仕事を片づけました。

トウモロコシは伸びていきましたが、雨のあと雑草があまりに広がったので、ふたりのコンペは草刈りが欠かせないと判断しました。午前十時、マリスはこう言い訳をしました。

「おじさん、また洗礼式だ！」

「マリス、どういったわけで洗礼する子供がみんなお前にまかされて、おれのところには来ないんだ？　今度はおれにまかせろ」

「おじさん、そりゃ無理ですよ。今度は女の子で、おじさんは女運がないから、間違ったことはしたくないんです」

「確かにそうだ。行ってこい！　ただ次は洗礼式を仕事の日に選ばないように。おれはうんざりしかかっているんだ」

「おじさん、これが最後です。もう誰の頼みも引き受けない」

「行ってこい。だけどあんまり長いあいだおれをひとりにしてくれるなよ！」

マリスは壺を最後の一滴まで空にして、畑に戻ってきました。

「マリス、ちび、女の子の名前を聞き忘れていた」

「全部《セトゥ》」

「セトゥだと！　そりゃ犬の名前じゃないか。両親は受け入れたのか？」

「かわいい名前だと言いましたよ。その名前はハイチじゃなくて、外国の名前なんです。誰もがセトゥと名乗るわけじゃないから！」

ふたりはいつもより早く草刈りを終えました。ブキはマリスに、自分の家についてくるようにと何度も誘いましたが、そこには驚きが待っていました。かわいそうなブキおじさん。大切な甥《おい》っ子にはちみつをごちそうするつもりだったのです。

家につくと、ブキははちみつの壺のほうに向かいました。

「申し訳ない、おじさん、友達が家で待っているんです。もう行くよ」

「言い訳はなしだ。一緒に飲むぞ」

話しながらブキは壺のほうに向かいました。壺を開けて叫び声を上げました。

「泥棒、泥棒だ！」

「おじさん、落ち着いて！　その壺の中にはちみつがあったというのは確かなんですか？　きれいになくなっているじゃないですか」

ブキがわめきながら嘆く一方、マリスはこっそり小屋の外に忍び出て、全速力で逃げました。ブキおじさんは少し落ち着いたところで、はちみつが消えてなくなったことについてよく考え、ついに何が起こったかに気づきました。三人の代子の名前の悪知恵に我を失いました。

「あいつはおれをからかったんだ、あの悪ガキめ、仕返ししてやる。ずいぶん前から仕返ししてやらなきゃならなかったんだ」

夜になってブキはマリスの家におもむき、敵がベッドにいるのを見つけました。

「マリス、おい、はちみつがどこへ行ったのか知っているぞ！」

「それはよかった、おじさん！　泥棒は盗んだものを弁償しましたか？」

「まだだ……」

何も言わずにブキはマリスに飛びかかり、脚をつかみました。

「なんて細い脚だ！　これはデビュの分……」

ブキは細い脚をへし折ろうとしました。

「おじさん、本当に疲れているみたいですね。この悪ふざけは何ですか？　ベッドの脚を撫でて、六カ月の赤ん坊みたいに自分の口にもっていくつもりなんですか？」

ブキはマリスの脚を放し、すぐにベッドの脚をつかみました。マリスは痛そうな叫び声を上げました。

「食ってやる。これがデビュの分、これがドゥミの分……」

「それにこれがセトゥの分」とマリスは声を上げると、窓から飛び出して、大笑いしました。「おじさん、マリス坊やを捕まえるのは十年早いですよ！」

ブキは窓のほうに飛びかかりましたが、マリスは闇の中に消えたのでした。

二十八　マリスが結婚を望む

クリック？　クラック！

さて、ある日マリスは王様の娘と結婚することにしました。そこで王様に頼みに行きました。王様はマリスの評判を知っており、娘の結婚相手としては不釣り合いと思いつつも、そうとは言わずに、無茶な試練を与えるだけにしました。

「マリスどんにお願いできれば願ってもないことだが、フォン・ペルデュで見つかる美しい赤土を袋七つ分持ってきてほしい」

マリスは感謝の言葉を述べて、すぐに出発しました。日暮れには、フォン・ペルデュに着きました。一軒の家の扉を叩いて、ひと晩泊めてくれるようにとお願いしました。子供たちのひとりが馬に乗って小さな屋根のあるところへマリスを連れていくと、家の主人が家族と一緒にブイヨンを飲もうと誘いました。

晩ご飯をとったあと、しばらく外廊下でおしゃべりをして過ごし、女悪魔は寝るべき場所を旅行者に示すようにと母親に頼みました。その家には三つの部屋がありました。大悪魔とその奥さんは一番大きな部屋で寝るのですが、そこには刺繍された掛布をかけたアカジュの立派なベッドが置かれていて、悪魔の義理のお母さんは一番小さい部屋で寝て、そこには掛布のついたカトルピケ〔訳註：四本杭を打って、そこに布を張った簡易ベッド〕があり、その一方で子供たちは三つ目の部屋で寝て、そこでは床にむしろが敷かれていました。

老婆はマリスを子供たちと一緒に寝かせました。

われらが小さなマリスが寝たと判断すると、老婆はすぐに部屋に戻ってきて、マリスの頭に赤いスカーフを結び、自分の部屋に帰っていきました。

老婆が出ていくとマリスはすぐにスカーフをとり、小悪魔のひとりの頭に巻いて、穏やかに眠りました。

真夜中、大悪魔が奥さんとともに子供たちの部屋にやってきました。松の木でできた、煙が出るたいまつの明かりで黄色いスカーフ、青いスカーフ、何もかぶっていない小さい頭と、隅にいるたったひとつの赤いスカーフを見分けました。

「あいつだ！」奥さんはそのスカーフをかぶった者の首を絞め、部屋から出ていきました。

翌朝、夜明けにマリスが姿を見せました。

「なんていい夜を過ごせたんだろう！」

老婆はコーヒー豆を挽《ひ》き、若い女悪魔はサトウキビを砕いていました。

悪魔は子供たちの部屋に走っていき、息子が首を絞められているのを見つけました。悪魔は家族に不幸を告げに戻ってきました。

おわかりでしょうが、悪魔は人間たちとはちがい、どんな肉も捨てたり埋めたりはしません。子供の体でラグを作ることにして、残りは塩漬けにしました。もちろん、粉々にするために骨のひとつをとっておくのは忘れませんでした。悪魔の骨の粉は、この世にあるものの中でいちばんの猛毒なのです。大悪魔はその粉を少し取って、畑におもむくと、そこにたったひとつだけあるメロンを針で刺し、粉で覆いました。そして家に戻り、メロンを持ってくるのを忘れたので取りに行ってほしいとマリスに頼みました。

しばらくして、マリスは何も持たずに帰ってきました。

「おい、コンペ、メロンが見つからなかったのか？」

「見かけたけど、来ようとしなかったんです」

「どういうわけだ？」

「ああ、三度呼んだけど返事をしなかったんです。うちではメロンを呼ぶと、遅くても三度目には来る。あいつは育ちが悪くて、僕とは気が合わないから、放っておきました」

大悪魔は、阿呆の王様を相手にしているような気になりました。他の者を探しに行くと、畑の横で恐ろしいうめき声がして、それはメロンをとった子供の悪魔のひとりで、ひどい下痢で身をよじっていました。そして数分後には死んでしまいました。

悪魔はそこで、家から畑に向かう道をふさぐようにバナナの房を置き、子供たちのひとりが置いてきた鍬を取りに行くようマリスを遣《や》りました。

われらがマリスは、今度は鍬を持って戻ってきました。

「おい、見つかったか？」

「畑のほうに行きましたが、街道沿いに大きなバナナの房があって、道がふさがれていて、ていねいにどくように頼みましたが、動こうとしないので、こちらも無理を言わず、あなたの子供たちをそこに呼びました。子供たちのひとりが鍬を持っていたので、その子に頼んだら持ってきてくれたんです。僕は子供たちにバナナの房を分けさせました」

悪魔たちが駆けつけて、子供ふたりを救うのには間に合いましたが、他はすでに紫色になっていて、なす術《すべ》がありませんでした。恐ろしい苦しみの中、五分後には死んでしまいました。

女悪魔は旦那に言いました。

「わたしたちがみんな死んでしまう前に、この旅人に何が欲しいか尋ねて、できるだけ早く家に帰ってもらって」

大悪魔も同じように考えていて、旅を続けるようにとマリスに勧めました。

「その前にあなたのところの美しい赤土で袋を七ついっぱいにしてほしいのですが」

「なんてことはない、コンペ！」

マリスに赤土をつめた袋を七つと、それを運ぶロバを一緒に渡しました。マリスはある金曜日に出発して、次の金曜日、土の袋七つをもって、王様の屋敷の扉を叩きました。王様は、驚きと怒りで息がつまったと言われています。何の証拠もありませんが、王様がその日に亡くなったこともわたしは知っています。王女についていえば、そのあいだに気が変わったわれらがマリスと結婚することはありませんでした。

二十九　ミュロミュバ

クリック？　クラック！

さて、マリスは林の中をぶらぶら歩いていました。扉も窓もない、小さくて美しい家に突き当たりました。「こんな家が欲しかったんだ！」

茂みに姿を隠し、家をながめていると、悪魔がやってくるのが見えました。悪魔は壁の前に立ち、こう叫びました。「ミュロ！」壁は幅六ピエ、高さ十ピエの大きさに開き、悪魔は家に入ることができました。中に入って「ミュバ」と叫ぶと壁はすぐに閉まりました。

マリスは、悪魔が出てくるのを我慢強く待ちました。二時間すると悪魔が現れるのが見え、町のほうに向かっていくのを確認すると、悪魔がそうしたのを見たように、マリスは壁の前に立って、命じました。「ミュロ！」壁が上がっていきました。「ミュバ！」壁が下りてきました。マリスは周りを見ました。そこには、あらゆる富がありました。お金、メダル、宝石、飲みもの、食べもの、王様のように着られるものが何年分もありました。飲みものを飲んで、食べものを食べ、金貨でアルフォール〔訳註：藁で編んだ荷物袋〕をいっぱいにしてしまうと、マリスは立ち去りました。「ミュロ、ミュバ！」

ブキおじさんの家の前を通りかかると、ブキが飛び出してきました。

「昨今はおじさんにあいさつもせずに堂々と通り過ぎるようになったのか！　グロッグを飲むぞ！」

「おじさん、ごめんなさい、急いでいるので」

「お前のアルフォールはなんて重たそうなんだ！　中に入っているのはお金だろう」

「ふざけないでください。おじさん、僕は急いでいるんです」

「金貨を何枚かくれ」

「ほら！」

「なるほど！　おれが正しかったというわけだ。このお金をどこから盗《と》ったか言うんだ」

ブキはマリスの首に組みつきました。

「おじさん、おじさん、苦しい……」

「このお金を盗ったところへ連れていってくれ」

「わか……った、わか……った、明日の朝連れていってあげるから」

翌朝四時、ブキはマリスのベッドの前にいました。

「時間だ。お金を入れるために袋をふたつ持ってきた」

「まだ早いですよ、おじさん。邪魔されないように悪魔が出ていくのを待ってからでないと」

「早く行ったほうがいい。引っ越しでもされたらどうするんだ？」

ふたりづれは林の奥の、扉も窓もない小さい家にやってきました。「ミュロ！」ふたりは中に入りました。マリスはほどほどに飲み食いし、自分のアルフォールを詰めにかかりました。ブキはテーブルにつきました。マリスは詰め終わると、ブキに言いました。

「おじさん、急いで、悪魔がいつ帰ってくるかわからない」

「放っておいてくれ。まだ始めたばかりだ」

「おじさん、忘れないで！　開けるためにはミュロ、閉じるためにはミュバ」

ブキは聞いていませんでした。マリスは扉を開けたまま立ち去りました。たっぷり食べたあとで、ブキは飲み始めました。ブキがアニス酒を飲んでいる真っ最中に、小さな息子をつれた悪魔が姿を現しました。ブキは逃げるどころか、恐さのあまり叫び声をあげました。「ミュバ！」ガラガラと音を立てて壁が下りてきました。ブキは力ずくで開けようとして、その壁に飛びつきました。「ミュバ、ミュバ！」ブキは壁を開く言葉を忘れてしまっていました。

　突然「ミュロ！」という声が聞こえました。ブキが「ミュバ！」と叫んでテーブルの下に姿を隠すと、おおよそ三ピエまで開いていた壁は止まりました。悪魔は、思いもよらない抵抗に驚いて叫びました。「ミュロ、ミュロ！」すると、壁はいつものように上がりました。

　悪魔は、子供の悪魔と向かい合ってテーブルにつきました。悪魔が子供のためにとってやったものがあまりにおいしそうなので、ブキは悪魔が背中を向けた一瞬の隙を突いて、顔を出して頼みました。「かわいい小悪魔、おじさんに何かくれないか？」子供は驚いて叫び声を上げました。お父さんが振り返り、子供を落ち着かせました。しばらくして、また悪魔がいなくなった隙に子供の悪魔が持っているケーキをつかみ取りました。

　子供の悪魔は、この上ないほど大声で叫びました。お父さんが聞きました。

「ケーキはどこだ？」

「そこ、そこ！」

　悪魔がテーブルクロスを持ち上げてテーブルの下をのぞくと、ブキがそこにいました。別の部屋に駆けていき、なた《マンシエット》を研ぎ始めました。シュ……シュ……シュ……悪魔が宙を切ると、ハエが真っ二つになりました。「まだ十分じゃない！」シュ……シュ……シュ……

　そのあいだに、ブキは考えをめぐらせていました。不意に、「ミュロ！」という言葉がひらめきました。「ミュロ！」ブキはテーブルの下から飛び出しました。「ミュバ！」悪魔が叫びました。壁がまた下りてきました。ブキには逃げる時間があったのですが、上着の端、ズボンのすそ、自分の肉をしつかり一切れ残してきました。

「懲りないですね、ブキおじさん」

「二日分の食べ物があるのに、どうして我慢しなきゃならないんだ？」

三十　マリスがもう少しだけ知恵がほしいと神様にお願いしに行ったのが見られたことについて

マリスは自分の頭がいいことから引き出せる利益を全部わかっていて、こう考えました。

「もし二倍のお金があったら、力が二倍あることになる。頭のよさは市場で買うことはできない。それを与えてくれるのは神なのだから、頼みに行こう」

マリスはクモどんの了解を得て、クモは空まで届く長い糸を編み、雲にひっかけました。マリスはこの即席のはしごを登って、神のもとにやってきました。

「神様、もしあなたが全能なら、僕にもう少し知恵をください。僕はこのお願いを聞き入れてもらうために、ここまで来ました。他の連中は地上にいるままであなたにお金を頼んだり、女の人を頼んだりしますが、僕はちょっとばかりの知恵だけをお願いしたいのです」

「ちょっとばかりの知恵だと！　自分では控えめな願いだと思っているのかもしれないが、いちばん価値があるものだぞ！　だがもうここまで来てしまったからには、お前が出向いてきたのに何もしてやらなかったと言われるのも不本意だ。ブキの歯一本、野ブタどんの毛の房、野犬《ペルロ》の糞を持ってくるんだ」

マリスは承知して、地上に降りてきました。翌日、ブキに会ってこう言いました。

「おじさん、太り過ぎですね。ちょっと体を動かさないと。間違いなく少し走ることすらしきないでしょうね」

「お前は誤解しているぞ、マリス、おれは完璧に走れる」

「やってみましょう。僕の畑まで競走しましょう。おじさんは小さい丘《モルヌ》を通って。それがいちばん近道だから。僕は遠回りの道を行きます」

「いち、にの、さん！」

マリスは、丘の下り坂にあるすべての石にせっけんを塗っておきました。ブキは叫び声を上げながら転げ落ちました。マリスが助けに駆けつけました。運がいい！　歯が一本落ちていました。ブキどんが立ち上がるのを助け、さすり、撫でてやりました。

「おじさん、もう少し体を動かさないと。言ったじゃないですか。一緒に少しずつやることにしましょう。この競走は最初にやるにはちょっと難しすぎた」

「マリス、ちび、地面が滑ったんだ」

「歯が一本抜けていますよ！　子供たちのために僕にください。首飾りにつければ、歯並びがよくなるでしょう」

「じゃあとっておけ、マリス」

マリスはその言葉を受け入れ、真新しい巾着《きんちゃく》に歯をしまいました。次にマリスは、野ブタどんの毛の房を入手する件にとりかかることにしました。

もしかしたら野ブタどんをご存知じゃないでしょうか？　この世でいちばん意地の悪い動物です。森の中に住んでいて、誰も近づけないほど野蛮なのです。何度か声をかけようと試しても実を結ばず、マリスはその力が知れわたっているブキを利用することにしました。

「おじさん、ブキおじさん！　野ブタどんが何て言ったか知っていますか？　そこら中で先日おじさんが坂から転げ落ちたことを馬鹿にしているんですよ。『ブキどんは早々にもうろくして、歯も全部抜けるのが目に見えないか？　ハハハハ！』」

「あいつを食ってやる！　おれにまだ歯があることを思い知るだろう」

「野ブタがいちばんいやがることを知っていますか？　背後から、自慢の背中にある毛をひと房引き抜いてやるんですよ！」

ふたりで出かけると、野ブタがサヴァンナを横切るのが目に入りました。ブキは走っていき、マリスがそれに続きました。野ブタは、その力の程がわかっているブキと争うことを望まず、走る速度を倍にしました。それも徒労に終わり、ブキが野ブタを捕まえ、背中に飛びかかって毛の房を抜くと、マリスはそれを集めて、歯と一緒に真新しい巾着にしまいました。

「おじさん、勘弁してやってください。今後もう悪口は言わないでしょうから」するとブキは野ブタをつかんでいる手を放して、「野ブタどん、わかっただろう、もう少しで殺されるところだったが、命を救ってやったのはおれだ。どれだけおれがお前の仲間なのかわかったか！」

「フン、フン」

残すはペルロの糞を集めるだけでした。わたしが申し上げているペルロというのは、大きな体をした犬たちで、群れをなして生活し、小さな山羊や小羊をむさぼり食うのでした。

マリスは、ペルロたちが川におもむくために通るのが習慣になっている、サヴァンナにある茂みの陰に姿を隠しました。四頭か五頭が群れになって通り過ぎるのが目に入りました。このように大勢では、襲いかかるのは無理です。マリスは待ち続けました。正午ごろ、こんな長い牙をもつ大型犬が現れました。マリスは身を震わせました。どうやってペルロの糞を手に入れよう？　たったひとつの方法は、戦ってひるませることです。ブキは絶対に承知しないでしょうから、自分の身を犠牲にしなければなりません。マリスはまた待ちました。

ついにその我慢が報われるべき時がきました。日暮れに、小さくて、やせていて、くる病にかかった、まがいもののようなペルロが通るのを目にしました。

「あいつがふさわしい」

マリスは飛びかかりました。激しい戦いになりました。あちらこちらに嚙みつき、マリスはペルロ一匹に十頭以上の叫び声を上げさせせました。ペルロがその場から逃げ去ると、マリスはそこにいくつか糞があるのを満足げに確認しました。いちばん小さいのを選んで銀紙に包み、真新しい巾着の中に、野ブタどんの毛の房とブキの歯と一緒に入れました。そして、クモの糸をたどって天に登りました。

「神様、早く、知恵をください！　命じられたものを持ってきました」

「結構、マリスどん、地上でお前がしでかした悪事をうわさに聞いた。わたしをだまそうとしてはならぬ。お前には不幸がおとずれるだろう」

そう言うと、神様は小さなフォークを手に取りました。

「いいかマリス、もしわたしがこの歯にこのフォークで触れると、その持ち主が地上でいちばん頭のいい人間になるだろう」

「神様、そんな約束はしていません。僕は自分のために知恵を求めに来たのであって、あの阿呆のブキのためではありません」

「わたしは『もし』と言ったんだ、マリス。今のところは何もしないことにする。さあ、耳の穴をかっぽじってよく聞きなさい、もしもこの毛の房をここにあるこのフォークで撫でると、これが体に生えているものが地上でいちばん金持ちになる」

「神様、どうしてそうなる必要がない者を富ませようとするのですか？　野ブタは林の中にいれば幸せなのだから、そのままにしておいて、僕に知恵を少しばかりください」

「知恵を得ることになるだろうが、マリス、その前によく見なさい。この糞をフォークで突くと、これをひり出した者はたちまち死んでしまう」

「ちょっと待ってください、神様！」

「なぜ待てと言うのだ？　そのあとすぐにお前は望むものを得ることになるのに、ちょっとばかり知恵が増すのをもう待ち焦がれていないのか？　突くぞ！」

「待った！　僕たちはやりあって、どっちがそれを出したのかはっきりとわからないのです。また他のを取りに行ってきます」

「マリス、わたしからすればお前は利口すぎる。お前には知恵がありすぎる。地上に戻って、もう二度と神をだまそうとするでないぞ！」

そして神様はマリスの耳をつかむと、地上に投げ返しました。その日からというもの、わたしたちハイチ人は「耳の小さい人たち」ないし「耳の短い人たち」と呼ばれるのですが、マリス一家は常に例外で、その一族は異常に長い耳を先祖から受け継いでいるのです。

三十一　マリスの結婚

クリック？　クラック！

むかしむかし五人の娘を持つ王様がいました。国には誰も娘たちの名前を知っている者がおらず、王様は将来妻となる人物の名前を当てることができた者と娘たちを結婚させると言っていました。

マリスは若い娘のひとりに恋しましたが、どうすれば名前を知ることできるというのでしょう？

とげのある茂みに身を隠して森の中で寝ていたある日、こんな声が聞こえました。

「アルマタラ、ちょっと待って！」

「アルマタコフィはいつも待ってって頼むんだから！　急いで、オレンジがなくなるわよ」

「意地悪なマンボヴェニ、昨日あなたにポム・ローズをみんなあげたのに、そのお返しがこれなの？」

「セセレワ、交代の時間よ。今度はわたしの番」

「お願いイレタンブワ！　あともうちょっとだけ、すぐあなたに代わるから」

マリスが首を伸ばすと、王様の五人の娘だとわかりました。忘れないように五人の名前を繰り返して、中断した眠りに戻りました。

夜になって真っ暗になると、王様の部屋の窓の下にやってきて、バンザ〔訳註：アフリカ起源の弦楽器〕を調律して歌い始めました。

アルマタラ、いち
アルマタコフィ、に
マンボヴェニ、さん
イレタンブラ、よん
セセレワ、ご

女王が最初に目を覚まし、王様に言いました。

「あの歌を聞いて！」王様は注意深く耳を傾けて答えました。

「あれは鳥だよ、わたしたちの意識がそちらに向いているから、ありもしない言葉が聞こえるように思うんだ」

王様はまた横になりました。しばらくすると、再び歌が始まりました。

アルマタラ、いち
アルマタコフィ、に
マンボヴェニ、さん
イレタンブラ、よん

王様は起き上がり、宮廷にいる動物たちをすべて集めさせました。

「カエル、お前がわたしの部屋の窓の下で歌ったのか？」

「ゲロゲロ！」

「お前じゃないな。お前か、ニワトリ？」

「コケコッ……コ」

「いやいや、その声じゃない。じゃあお前か、アノリ？」

「チュウチュウ、チュウチュウ」

「その声でもない。間違いなく夢だ」

王様はもう一度横になりました。目を閉じるやいなや、闇夜の中に澄んだ歌声が響き渡りました。

アルマタラ、いち
アルマタコフィ、に
マンボヴェニ、さん……

王様は声のほうに向かって走り出しましたが、階段の半ばで歌はやんでしまいました。宮殿じゅうを歩き回り、中庭、庭園を訪れましたが、何もみつかりません。収穫はなく女王のもとに戻りました。

「寝よう！」

「待って、もしもまた始まったら！」

その瞬間、歌が聞こえました。

アルマタラ、いち
アルマタコフィ、に……

王様は奥さんと一緒に外に向かいました。扉の前にやってきましたが、何も聞こえません。「ここで待っていましょう」女王が言いました。「きっとまた始まるから」
実際に、しばらくすると歌がまた聞こえ始めました。

アルマタラ、いち……

ふたりが走って外に出ると、歌い終えようとしているマリスを見つけました。遅い時間にもかかわらず、ふたりはマリスを迎え入れさせて、風呂を準備させ、食べものと飲みものを与えました。つぎに五人の娘を連れてこさせて、好きな娘を選ばせ、その名前を呼ぶように言いました。マリスはセセレワを選び、一週間後にマダム・マリスになりました。
わたしは冗談を申し上げているわけではなく、これは洗礼式を一緒に受けた女友達から聞いた本当の話です。その王様は、どのトランプにも肖像がのっているダイヤのキングでした。手を胸に当て、わたしのことを信じてもらってかまいません。

三十二　宮殿のマリス

マリスは退屈していました。しばらくまえから送っていたきちんとした生活が、重くのしかかっていました。改めて、みんなのうわさになりたいと思っていました。王様が楽師を必要としていたので、マリスは宮殿のファンファーレ係に志願しました。元気いっぱいで、大衆のお気に入りになったのでした！

王様が大きな晩餐会を催す日、指揮者は楽師たちを集めました。マリスは点呼のときにいませんでした。マリスについてたくさんのうわさを聞いていた招待客が大声でそのことを指摘し、この比類ない楽師を出せと求めました。

王様は、衛兵をひとり使いに遣りました。

「病気で動けないんです。動けるようになったらすぐ楽団に戻ると王様に伝えてください」

衛兵はうわの空で聞いていました。テーブルの上にある、立派なランプに見入っていたのです。それは金《きん》のように輝いていました。

「ランプを見ているんですか？　お父さんからもらったものです。身も心も清い者は、このランプの光で、壁を通してよその国まで見えると言っていました」

「試してみましたか？」

「僕には肉を断つようなことはできませんよ！　ランプは悪くない品なので、装飾としてとってあるんです」

「金でできているんでしょう」

「わかりません。そうとは思えませんが」

衛兵は宮殿に帰ると、ランプの話しかしませんでした。その話は王様の耳まで届き、マリスの家におもむきました。ランプは人目を引くように、テーブルの真ん中に置かれていました。

「なんと美しいランプだ！　売ってくれないか？」

「王様、大した価値のあるものではありませんが、わたしにとっては思い出の品で、取っておきたいのです」

「さあ、値段を言え。このランプをどうしておくつもりだ？　他のランプをいくつか買えるぐらいの額は出すぞ」

ずいぶんもったいぶったあと、マリスは二十ドルで譲ることに同意し、そのお金で立派な馬を買いました。

しばらくして、あらためて宮殿で一日がかりの大きな宴《うたげ》が行なわれることになりました。前回のように、衛兵たちがマリスを呼びに来ました。マリスは金色の硬貨を馬の尻尾の裏につけて、窓の正面にあるあずまやの端につないでおきました。衛兵のひとりが突然、声を上げました。

「マリス、マリス、お前の馬は金を産んでいるぞ」

「君、僕はずる賢んだぞ。ときどきしっぺ返しを食らわさなかったら、今の時代どうやって生きていけるって言うんだい？」

衛兵は口をつぐみましたが、宮廷に戻ってくると口を開きました。しばらくすると、そこらじゅうがすばらしい馬の話でもちきりになりました。王様は、すぐにそれを買いたいと申し出ました。

「王様、それは僕の食い扶持《ぶち》です。気まぐれから楽師になってしまって、馬が唯一の生活の手段なんです」

「値段を言え」

「一万ドル、お買いになるかやめるかです」

「買おう」

「かしこまりました。どうぞ」

馬を宮殿に連れていきましたが、マリスの馬屋を離れると、たちまち金を産まなくなりました。金もなく、美しく丸い硬貨の響きもありません。王様は激怒して、思い知らせてやろうと、マリスのところに自ら大隊を連れておもむきました。

ドアを叩きましたが、誰も返事をしません。声が上がるのが聞こえました。

「殺してやる」

「勘弁して、お願い、わたしのせいじゃない！」

「愚か者、お前は死ぬんだ」

王様がドアを破らせると、マリスが奥さんの首を切って、奥さんは血の海の中に崩れていました。安心してください、繊細な皆さん、こういったことのすべてはあらかじめ示し合わせてあったのです。マダム・マリスは首に血をたっぷり入れた膀胱をつけていて、マリスはそれを刺しただけなのです。

そこに王様が現れました。

「マリス、これはどうしたことだ？」

「僕はひどい状態なんです。その人たちは誰ですか？　みんな殺してやる」

「落ち着きなさい、君、落ち着くんだ！　不幸はもう十分だ」

「僕はもしかしたらちょっときつすぎたかもしれないけど、妻は戒《いまし》めに値することをしたんです。生き返らせてみせましょう」

「冗談はよすんだ、マリス君、君は神ではないんだから」

「冗談を言っているとお思いでしょうが、ときどきしっぺ返しを食らわさなかったら、今の時代どうやって生きていけるというのでしょう？」

マリスは色とりどりに塗られたココマカク〔訳註：堅い木でできた棒〕をつかむと、死体を軽く三回叩きました。

「妻よ起きろ、命令だ！」

マダム・マリスは血を噴き出しながら起き上がり、自分の部屋に走っていって隠れてしまいました。

「マリス、その棒を売ってくれ」

「王様は僕の道具の使い方をご存知ない。きっと不幸が起こって、文句を言いに来るでしょう」

「コツを教えてくれなければ、当然そうなる」

「僕がしたことをご覧になったでしょう。コツはまったくありません。その棒は僕の奴隷なんです」

「その棒を売ってくれ」

ずいぶんせがんだり脅したりしたのち、王様は棒を持っていき、マリスのところにちょっとした財産が残されました。

数日後、王様と女王はたわいもないことで喧嘩《けんか》をし、王様は剣を抜くと、女王の首を切ってしまいました。

「この女はお前たちにいばりちらしてしている。戒めに値する！」

あと継ぎの王子が駆け寄りました。

「父上、父上、何をしているんですか？　おかしくなったんですか？」

王様は王子の首を切り、娘に言いました。

「心配するな。生き返らせてみせる」

棒を取りに行って、マリスがそうしたのを見たように三回奥さんを叩きました。

「妻よ起きろ、命令だ！」

もちろん、動くことはありませんでした。不安になって、いらいらしながら、息子のほうに行って三度叩きました。

「息子よ起きろ、命令だ！」

棒は効果を示さないままでした。王様は激怒してマリスを捕えさせました。マリスを袋に入れてアボカドの木に吊るし、女王と王子の最後の祈りの晩を待って、マリスを処刑するつもりでした。

その体勢で二日間食べるものなしでしたが、木の根元でふたりの泥棒が話し合っているのを耳にしました。袋を目にして、自分たちのものにしようとしていたのですが、自分が最初に獲物を見つけたといって片方が余計に取り分を求めていました。最終的にお互いが納得して、袋を下ろしました。

ひどく驚いたことに、袋の中から声が聞こえてきました。

「開けてくれ、君たちに財産をあげよう！」

泥棒たちが用心深く袋を開けると、マリスはブキにしたいたずらを思い出して、自分はよその国の王子で、王様は娘と結婚させようとしているのだけれど、自分は娘が好みではなく、約束された富はどうでもいいと語りました。

「それでも王様は計画を一切修正したくないから、僕に考え直させようとして、こんな目にあわせたんだ。もしこの件に興味があるのなら、どちらかが代わりになってくれてもいいですよ」

ふたりとも、財産目当てで王女と結婚したがりました。マリスはくじを引くように提案し、勝ったほうが権力の座に就いて、名誉と富で満たされたらすぐにもうひとりを連れてこさせる約束をしました。ひとりがさいころを持っていました。

「振って、投げろ！」

「四と六！　おれの勝ちだ！」

「まだだ！　おれがもっと大きいのを出すかもしれない」

「振って、投げろ！」

「ふたつとも六！　娘はおれのもの、お金はおれのもの！」

ふたりはマリスをほどいてやり、幸運な勝者は袋の中で身代わりになりました。そしてマリスはもうひとりと一緒にこっそり去りました。

その晩、王様はマリスをすぐに殺すよう命じました。袋を取り上げると、泥棒が叫んで抗議するにもかかわらず、崖の上から海に放り投げました。

翌日、王様が散歩をしていると、楽師マリスの家の前を通りかかり、マリスがふたのしっかり閉じられた壺と一緒に、何千万という黄金色《こがねいろ》の硬貨をむしろの上で乾かしているのを目にしました。

「わたしは何を見ているんだろう？　お前はマリスではないのか？」

「ええそうですよ！　王様、金に日光浴をさせているのです。王様が僕を遣《つか》わしたところで手に入れたたものを見てください！」

「他にもまだいっぱいあるのか？」

「たくさんあります。海の深いところは、広大な金庫に他なりません」

王様はしばらく考えをめぐらせ、物思いにふけりながら立ち去りました。この阿呆が何をしたかおわかりですか？　袋の中に自分を入れさせて、マリスのように崖の上から放り投げさせたのです。人生というのは、いちばん頭のいい人のものなのです！

三十三　魚のたまご

クリック？　クラック！

ブキはしばらく肉を食べておらず、日に日にやせていきました。ブキはブカン坊やをマリスの家のあたりでぶらつかせ、どうなっているか様子を伝えさせました。子供が囲いの隙間から必死に中を見ていると、呼ぶ声がするのが聞こえました。

「ブカン坊や、どうしてお前が家でユダみたいなことをしているんだい？」

ブカン坊やは飛び上がりました。

「いいや、マリスどん、僕じゃない」

「何だって？　現場を押さえられて、自分じゃないとはどういうつもりだい？」

「ユダみたいなことはしていない、見ているだけでひと言も言わない」

「人の家の中を穴からのぞくもんじゃない。入りなさい。安心して見たいものが見られるから」

子供は午後じゅうずっと遊んで、晩には仲間たちと一緒に夕食に呼ばれました。肉はなかったのですが、友よ、なんというオムレツでしょう！　金色に輝いておいしそうで、よだれが出る、そのようなものをブカン坊やは目にしたことが一度もありませんでした！　最後のひと口まで食べてしまうと、皿をなめて、指をなめて、胸いっぱいでお腹もいっぱいで、自分の家に帰りました。

ブカン坊やの姿が見えると、ブキは遠くから叫びました。

「肉はあったか？」

「いいや、パパ、マリスどんのところには肉がなかった」

「こっちに来なさい、ムッシュ」

ブキは一回転させ、においをかぎました。

「口を開けなさい、ムッシュ！」

ブキは、子供の口から吐き出される息のにおいを深くかぎました。

「たまごのにおいがするぞ！」

ブカン坊やには虫歯があって、ときどき痛むのですが、ブキは奥歯にオムレツの食べかすを見つけました。

「ブキネット！　ヤットコを持ってきてくれ！」

ブカン坊や息子が嫌がるのも聞かずに、ブキはじっとさせ、口にヤットコを突っこんで歯を引っこ抜きました。

「自分のパパのことを忘れてごちそうを食べるとは、懲らしめてやる」

ブキは歯を吸い、何も無駄にしないようにとその歯も飲み込みました。そして、マリスのところにおもむきました。

「マリス、ちび、あのたまごはどこで取ってきたんだ？」

「おじさん、遠すぎるから連れていくことはできないよ」

「マリス、肉がもうないんだ。お前を食ってやりたい。おれからたまごを取りあげようとして……」

ブキの小さな目がぎらぎらと輝いていました。マリスは怖くなって、よからぬ考えが頭をよぎり、唯一怒らせることを恐れている相手を厄介払いしようと決心しました。

「おじさん、今日の午後、連れていってあげましょう。あれは魚のたまごで、海の底で見つかるんです」

「たまごがあんなにも大きくて黄色いのは、何ていう魚だ？　マリス」

「知りませんよ、おじさん。僕は食べるだけ。名前を調べるより食べるだけのほうがいい」

「マリス、今日の午後って言ったよな、正午って聞いた」

「おじさん、あまりにも焦っているみたいだから、待たせることはできないですね。首輪を取ってくるから、すぐにも出かけましょう」

しばらくしてマリスは、腕にするにはおかしな犬の首輪をつけて戻ってきました。首輪には、鈴や身元を示すメダルの代わりに、大きな石がついていました。

「なんでその首輪なんだ？　おい、マリス」

「おじさん、たまごを探しに、海の底に早く着くためですよ」

「そうか！」

ふたりはマリスのコラランに乗り込みました。海に出ると、漕ぐのをやめました。

「おじさん、首輪を取ってください。横にあります」

「どうしてだ？」

「たまごを取りに潜るためにそれをつけるんです」

「お前が潜るんじゃない、首輪をよこせ。先にたまごを取るのはおれだ」

「おじさん、そんなにたくさんはないですよ。先に行かせてください。おじさんは絶対に全部取ってしまうんだから」

「さあ、さあ、その首輪をよこせ！」

マリスは意地を張らずに首輪を渡し、潜る手助けすらしてやりました。ブキが頭から飛び込み、海底まで真っすぐ沈んでいく一方、マリスは悪さを成し遂げてしまうと、全力で丘《モルヌ》に向かって漕ぎました。

ブキにとって幸いなことに、クジラどんが近くにいて、コラランが逃げるように水の上をすっ飛んでいくのを見て、少し近づき、宿敵であるマリスが船から下りるのを目にしました。

「あの厄介者の犠牲者は誰だろう？」と考えました。

クジラが海に戻っていくと、水は澄んでいて、ブキが底で溺れているのが見えました。クジラは潜り、水面まで引き上げ、砂浜に放り投げました。数時間後、太陽でその服が渇いてしまうと、かなりひどく日に焼け始めて、ブキは意識を取り戻し、あたりを見回すと、ひとりであることに気づいてわめき出しました。

「おれの魚のたまご、おれの魚のたまご、おれのたまごはどこだ！　あの悪魔のマリスが全部食べてしまったんだ！」

三十四　また別のたまごの話

クリック？　クラック！

組んだ脚に板をのせて作った小さなテーブルを囲んで座ったマリスの子供たちは、昼ご飯を食べていました。なんてことでしょう、満月よりも大きいオムレツが、まだめいめいの前にありました。ブカン坊やが入ってきました。

「いとこのマリス、つるはし《ピクワ》を借りてきてくれってパパに頼まれたんです」

その大ごちそうを見て、ブカン坊やの口は大きく開いたままで、口の右端からよだれが垂れていました。

「おじさんには、うちのピクワはまだそっちにあるって言うんだ。でもなんてひもじそうな顔をしているんだ！　たまごが欲しいかい？　子供たち、席を空けてあげなさい」

ブカン坊やは、無心にオムレツを飲み込みました。顎から目まで、黄色い跡がついてしまいました。

「お父さんがどんな人かわかっているだろう」笑いながらマリスは言いました。「帰る前にしっかり口を拭くんだよ」

ブカン坊やは口を拭き、自分の家に走って帰りました。

「どこから出てきたんだ、ムッシュ？　ピクワはどうした？」とブキおじさんは息子を見つけると、すぐに言いました。

「いとこのマリスが言った……言ったんだけど」

「何だこれは？　黄色い爪がひとつ、黄色い爪がふたつ！　ちょっとこっちに来い」

ブキは慎重に、それぞれの爪からオムレツの残りかすをほじくり出しました。

「どこでこんなごちそうを食べたんだ？　早く言いなさい。さもないとこん棒でぶちのめすぞ！」

「いとこのマリスのところで」息子は歯をカチカチ鳴らしながら答えました。

「あいつはどこでそのたまごを手に入れたんだ？」

「それは聞かなかったよ、パパ・ブキ」

「よし、わかった。聞いてもどうせあいつは言わなかっただろうな。マリスは隠しごとをする奴だから。待っていなさい」

その二分後、ブキは頭の上で結んだ大きなマドラス織のスカーフで顔を覆い、戻ってきました。

「マリスのところに、おれと一緒にまた行くんだ。おれは歯が痛いことにする。この手を挙げたら、今朝のたまごをどこで手に入れたか尋ねるんだ。さあ進め！」

「おじさん、そんな恰好をして、何があったんですか？」

「歯が、マリス、歯が！　お前なら痛みを和《やわ》らげることができるらしいな。おじさんをあわれんでくれ、マリスの坊主！」

「中に入ってください。座って。見てみましょう。口を開けてください！」

「奥の歯だ。小さい骨が挟まっているんだと思う」

「見てみましょう！」

自信をもってマリスはのぞきこみましたが、何も見えず、指を口の中に入れました。すぐにカチンという音がして、おじさんの口が閉じました。

「おじさん、何をしているんですか！」本気で不安になったマリスがうめきました。ブキが手を挙げました。

「いとこのマリス」ブカン坊やが言いました。「パパは、今朝のたまごをどこで手に入れたか知りたいんだ」

「それが知りたいのか？　何てやりくちだ。あれはカランデリクのたまごさ、おじさん、早く放して」

「巣はどこだ？」

「明日の朝、鳥が巣を離れるときに連れていってあげましょう」

「ああ！　甥っ子よ、おれがどれだけお前のことを気にかけていることか！　袋を持っていくのか？」

「そう、もちろんそうさ。じゃあ明日」

ブキは寝ませんでした。夜の十一時に、マリスの家の戸を叩きました。

「マリス！　マリス！　夜明けだぞ！」

しばらくして、ブキは木に登り、ほうきで鳥が羽ばたく音を出しました。「コケコッコー！　マリス、マリス、夜明けだぞ。鶏が鳴くのが聞こえたか？」

「おじさん、帰って寝てください。僕は横になったばかりです。まだ十一時じゃないですか！」

「おじさん、鶏はあなたじゃないですか。その太い声でわかりましたよ。まだ真夜中でもない！」

ブキは残念がり、他の方法を考えました。ラクには人の住んでいない半分崩れかけた藁小屋があり、われらがブキはそれに火をつけました。

「マリス、マリス、時間だ。夜明けが見えないのか？」

マリスは起き上がりました。おかしな明かりが窓の下と扉のつなぎ目から漏れてきていて、とても暑い夜になっていました。扉を開けてみると、目の前で火事が起きているのに唖然として立ちつくしました。

「お前を外に出てこさせてやろうと思ったんだ！　さあ、カランデリクのたまごを捕りに行こう！」

「先に火を消すのを手伝ってください」

廃屋は他から離れていて、すぐに燃え尽き、火事は収まりました。月が明るかったので、マリスはおじさんがいやがらせをやめることはないと思い、ついにカランデリクの巣まで連れていくことにしました。

たまごは白く山になっていて、大きな円錐のようでした。マリスは自分のかごに二十個ほど入れました。ブキはグズグズして、袋はすでにいっぱいになっていても、どうすればたまごを残していく決心がつくというのでしょう！

「おじさん、早く、カランデリクが戻ってくるから……」

「マリス、おい、袋が小さすぎた！」

「おじさん、また明日来ればいいから、一度に捕りすぎちゃいけない！」

すぐにブキは決心がつきました。「さようなら、おれのかわいいたまごたち！」

マリスが家に帰りベッドに入って夜を過ごす一方、ブキは一家全員を起こしました。

「見に来なさい、カランデリクのたまごを見に来なさい！　ブキネット、ブカン坊や、袋を全部集めて、残りを捕りに戻るんだ！」

子供たち全員、まだ三歳にしかならないブキノまでが袋を手にしました。マダム・ブキは扉を全部閉めて、頭の上に大きなかごをのせ、行列の最後を行きました。カランデリクの巣に到着すると、袋とかごを全部いっぱいにして、ひとつのたまごさえお土産《みやげ》に残しておきませんでした。

朝六時、カランデリクがたまごを産みに巣に戻ってきました。

「ありえない、信じられない！」その恐ろしい叫びが、あたりの空気を引き裂きました。カランデリクは鳥たちを呼びました。

「誰がたまごを盗んだか知っているか？」誰も見ておらず、誰も知りませんでした。「よし！　自分ひとりで見つける」

カランデリクは水辺に陣取りに行きました。

申し上げておかねばなりませんが、この国にはキリスト教徒であろうが動物であろうが、みんなが水を汲みに来る川はひとつしかなく、その川にたどり着くにはひとつの道しかありませんでした。だから、この道が終わるところに、カランデリクは羽を大きく広げて陣取ったのです。最初に、元気なラバがやってきました。

ラバどん、ラバどん
ここに水を飲みに来るからには
何を食べてのどが渇いた？
わたしは草を食べた
馬屋で
それでのどが渇いて
ここに水を飲みに来た

カランデリクは道を開けてラバを通しました。次に、ブタの一団が川岸を下ってきました。

ブタどん、ブタどん
ここに水を飲みに来るからには
何を食べてのどが渇いた？
主人の公園のマンゴで
のどが渇いて

ここに水を飲みに来た

カランデリクは道を開けました。イヌがぴたりと立ち止まりました。

イヌどん、イヌどん
ここに水を飲みに来るからには
何を食べてのどが渇いた？
家のテーブルにあった骨で
のどが渇いて
ここに水を飲みに来た

カランデリクは横にずれました。マリスがやってきました。

マリスどん、マリスどん
ここに水を飲みに来るからには
何を食べてのどが渇いた？
焼いた《ブカネ》鱈《たら》で
のどが渇いて
ここに水を飲みに来た

カランデリクは羽を閉じてマリスを通しました。とうとうブキがやってきました。

ブキどん、ブキどん
ここに水を飲みに来るからには
何を食べてのどが渇いた？
カランデリクのたまご全部
のどが渇いて
ここに水を飲みに来た

「ありえない」カランデリクは思いました。「ふざけているんだ。この男にそんな厚かましいことはできない！」そして、まじめな声で質問を繰り返しました。

ブキどん、ブキどん
ここに水を飲みに来るからには
何を食べてのどが渇いた？

我慢できなくなって、ブキは声を上げました。

カランデリクのたまご全部
のどが渇いて
ここに水を飲みに来た

「ああ！　そうやってわたしの一族を滅ぼそうというのか！」カランデリクはブキに飛びかかって、目をひとつつぶし、鼻をずたずたにし、腕を折り、脚を折り、肩からかかとまで皮を剝ぎ、ブキが息をしなくなったところで、ようやく飛び立ちました。

ブキはしぶといのです。真昼の太陽で傷が痛み、片目を半分開けると、うめき声を上げ、腕を伸ばしましたが誰もおらず、わめき出しました。

……わたしはそこに通りかかりました。「見てみなさい」わたしは言ってやりました。「白分の懲りない食い意地のせいでそんな目にあったのを！　マリスみたいに鳥が何も気がつかないように毎日たまごを残しておくことができなかったの？　それに、どうしてたまごを食べてやったなんて自慢する必要があったの？　ほかに何か思いつかなかったの？　マリスは焼いた鱈を思いついたけど」

「あんた、地面にあるものは犬のもの、そうじゃないか？　それにおれはブキだろう？　もし神がみんなを同じに造ったとしたら、退屈するだろうよ」

三十五　ガチョウたち

ヴォワラ！

ブキとブキネットは、いつものように口論していました。食糧が少ないので、小さなブキネットは灰の下にひとつかみのサツマイモをとっておきました。

「ブキネット、娘よ、そのサツマイモはおれのものだ！」その言葉どおり、ブキおじさんは焼いたサツマイモを口に放り込みました。

「パパ、それはパパがくれたサツマイモじゃない。わたしは朝から何も食べていないのに。パパはブカン坊やが持ってきた袋をもう全部食べちゃったじゃない」子供は泣きながら言いました。

「お前を食ってしまうぞ、ブキネット、おれがどれだけ血の気が多いか知っているだろう。怒らせると、食ってしまうぞ！」
ブキがしゃべっていると、天から優しい調べが聞こえてきました。

わたしは去っていく、おお！　わたしは去っていく、ガチョウ
わたしは去っていく、おお！　わたしは去っていく、ガチョウ
ガチョウ、ガチョウ、わたしは去っていく
死んだ動物はみんな捨てられる
ガチョウ、ガチョウ、わたしは去っていく！

ブキは耳をそばだてました。「何が聞こえたんだろう？」待った、マダムたち！　ガチョウたちは礼儀正しく、群れは宙で止まりました。「何を歌っているんだ？　おれには聞こえなかった」手で耳を囲って、ラッパみたいにしました。

わたしは去っていく、おお！　わたしは去っていく、ガチョウ
わたしは去っていく、おお！　わたしは去っていく、ガチョウ
ガチョウ、ガチョウ、わたしは去っていく
死んだ動物はみんな捨てられる
ガチョウ、ガチョウ、わたしは去っていく！

「よく聞こえた。じゃあ、本当にあんたたちのところでは動物を死なせておいて、あとで捨てるぐら

いたくさんいるんだな！　ああ！　あんたたちのところに連れていってくれ！　肉を食べなくなってしばらくになる。死骸を丸ごと片づけてやろう！」

　ブキはあとについていて、ひざまずいて進みました。

「あわれんでくれ！　ここで死ぬわけにはいかないんだ。連れていってくれ、マダムたち！」

　ぼろぼろ涙を流して、ブキは一羽、また一羽と乞いました。ブキネットはその隙に、焼いたサツマイモの残りを全部飲み込みました。とうとう、ちょうどふたつの編隊が結ばれる群れの先頭を飛ぶガチョウたちの長《おさ》がブキに答えました。

「ムッシュ、どうやってわたしたちがあなたを連れていけるでしょう？　わたしたちはとしも遠いところに住んでいるけれど、あなたには羽がない」

「お母さん、ただ認めてくれるだけでいいんだ。おれに羽がないのなら、貸してくれればいい。みんなの尾羽を数枚ずつくれ。ブキネット、糊《のり》を取りに行ってこい」

　ガチョウたちは認めました。ブキおじさんはガチョウたちを楽しませました。それぞれがブキのために羽根を何本か抜き、ブキの体に貼りつけました。しかし、ブキはあまりに重いので足と同じぐらい腕を動かしても、ちゃんと飛べませんでした。

　ガチョウの長が、こんな助言をしてやりました。「わたしの姉たちがあなたの上を飛ぶから、マットレスにつかまるみたいにそれにつかまれば、そんなふうに動かなくても済むでしょう」

　ブキはお腹が空いていると、とても聞きわけがいいのです。ブキは望まれたとおりにし　あわれなブキネットに「さようなら」とすら言わないで不格好に浮き上がっていきました。ガチョウたちはたくさんの国を渡り、ブキは空飛ぶカエルのようでした。ガチョウたちはいたるところで歌っていました。

わたしは去っていく、おお！　わたしは去っていく、ガチョウ
わたしは去っていく、おお！　わたしは去っていく、ガチョウ
死んだ七面鳥が捨てられる
ガチョウ、ガチョウ、わたしは去っていく！

そしてブキは、ガチョウたちと一緒に繰り返しのところを歌うのでした。

死んだ動物はみんな捨てられる
ガチョウ、ガチョウ、おれが食ってやる！

しかしご覧のとおり、自己流の言葉をいくつかつけ加えるのです。ところで、年をとったガチョウがブキの長い歯、残酷そうな小さい目、獣のような手を見て、ガチョウの長のところに言いに来ました。
「あの男を連れていくなんて、不用意なことをしてしまった。死んだ動物を食べたあとに、生きている者も食べてしまうでしょう。わたしたちが歌うたびに凶暴なことを言っているのが聞こえたかい？」
「いいえ、何と言っているのかしら？」
「よく聞いてみなさい、ほら」

わたしは去っていく、おお！　わたしは去っていく、ガチョウ
わたしは去っていく、おお！　わたしは去っていく、ガチョウ

死んだカブリは捨てられる
ガチョウ、ガチョウ、わたしは去っていく！
死んだ動物はみんな捨てられる
ガチョウ、ガチョウ、おれが食ってやる！

「ああ、わたしたちのことを食べようっていうのね」とガチョウの長は思いました。「それは結構」そして年をとったガチョウに言いました。「お姉さん、わたしが行って片づけてやるわ」そしてブキに近づきました。

「ブキさん、何て申しわけないことでしょう！　一羽の小さなツバメが、親戚のひとりから電報を届けに来て、用を済ませるためにわたしたちが必要みたいなの。家に帰る前に、そこを通って行かなければならないから、あの小さな島に下ろしてあげますね。明日また同じところを通るから、旅を続けられるようそのときに拾ってあげましょう」

ブキはせがんで、涙を流し、震えましたが、どうすることもできませんでした。ガチョリたちはかたくなで、ブキをサンゴの島に下ろしてしまいました。太陽から身を隠す木もなければ、果物ひとつ、動物一匹、水一滴さえありません。ブキはガチョウたちの白い羽につかまって、尾を引っ張っていましたが、ガチョウたちはくちばしでつついてその手を離させ、再編成された群れはまた歌いました。

わたしは去っていく、おお！　わたしは去っていく、ガチョウ
わたしは去っていく、おお！　わたしは去っていく、ガチョウ
死んだ豚は捨てられる
ガチョウ、ガチョウ、わたしは去っていく！

死んだ動物はみんな捨てられる
ガチョウ、ガチョウ、わたしは去っていく！

すぐにガチョウたちは、空の中の点でしかなくなりました。地面に身を投げ出し、ブキは泣き崩れました。見渡す限り海、海ばかりで、水平線に船さえありません。昼間は飲まず食わずで過ごしました。焼いたサツマイモが惜しまれます。

……あわれなブキ、それでも悔い改めないというんだから！

三十六　サルとブキ

クリック？　クラック！

ガチョウたちがブキをサンゴの島に置き去りにしてから十時間以上たったころ、遠くの海上に小さな黒い点が見えました。それはサルで、くり舟に乗って釣りから帰ってきていました。近づいてくると、ブキは呼びかけました。

「コンペ」ブキが言いました。「サル、なあコンペ、神に祝福あれ！　助けてくれ！　三日前から木も食べるものもないこの島にいるんだ。陸までつれていってくれ！」

「ああ！　おじさん、そこに三日もいると思っているんですか？　昨日通ったけど、いなかったですね。少なくとも明日まで待ってください。あなたをこの舟に乗せたら、食べられてしまうでしょう」

「おれがお前を食うだって？　命は保障する。お前はうちの甥っ子のうちのひとり、マリスの末っ子に名前をつけてくれなかったか？」

水の中に飛び込むと、ブキは舟にたどり着き、完全に自分のほうに傾けてしまいました。それを見て、転覆しないようにサルは手を貸してうしろに座らせてやりました。

「おじさん、漕いでいるうちは食べないと約束しましたよね」

「おい、おれが恩知らずだとでも言うつもりのか！」

そうこうするあいだ、ブキはサルが釣った魚を自分のものにして、一匹ずつ飲み込んでいきました。食べ終わると、空腹は三倍になりました。「もっと早く、コンペ、これじゃあ絶対にたどり着かないぞ！」サルはまるで死神に追われているかのように急ぎました。ああ！ 死神はうしろではなく舟の上にいるのです。ブキは長い尻尾の先が震えているのを見て、魚が小さな骨を鳴らす様子を思い起こしました。サルが声を上げました。

「おじさん、食べないと約束しましたよね！」

「お前を食べるだなんて！ まさか。ただその長くてうっとうしいのをちょっと片づけてやろうと思っているだけだ。そんなものは今どきの流行《はや》りじゃない。人を訪ねて行くときに邪魔じゃないか？」

「神様」サルは祈っていました。「この舟を押してください。うちの奥さんは貧しくてひとりぼっちで、子供たちはまだ小さいのですが、わたしが目にしているものといえば、ああ！ ブキおじさんに食べられようとしているのです」

しばらくすると、ブキは骨ひとつ分だけで済まず、もうひとつ、もうひとつと飲み込んでいきました。あわれなサルには血を流した尻尾が少ししか残っていませんでした。

ようやく小さな入り江にたどり着きました。舟をつなげると、サルは陸に飛び上がりましたが、同じぐらい素速くブキがサルに飛びつき、わきに抱えて、自分の家に連れ帰りました。しかし、釣りに出たサルが帰ってこないのを心配してサルの奥さんが浜辺で待っていました。奥さんはブキおじさんが舟から降りるのを見ると、そのわきに引きつった顔、血だらけの小さな体が目に入ったので、速く走るために泣くのを我慢して、マリスに、マリスどんにブキおじさんの所業を伝えに風のように素速く行きました。

「怖がらなくていいですよ。もしサルが死んでいないのなら、僕がブキの家に行けば、サルは戻ってくるから」

マリスは馬に鞍をつけ、ギャロップでおじさんの家におもむきました。マリスは、ブキが歩いてくるのに出くわしました。「こんにちは、おじさん」と言って、さらに近づいてみました。

「腕に抱えているのは何ですか？　それはサルじゃない。ああそうだ、サルだ、そいつは僕の宿敵だ。捕まえてくれて、どれだけ喜ばしいことでしょう！　ついにサルは受けるべき罰を受けることになる」そして、両手を上げて言いました。

「万歳、ブキ！　万歳、万歳、万歳、ブキおじさん！　おじさん、ばつが悪いみたいにしていますけど、どうして『おれがサルを、甥っ子の敵を捕まえた日、万歳』って言わないんですか？　おじさんはうれしくない、僕はおじさんにとって何でもないと言うんですか？　さあ、万歳って言って、あっちで一杯やりましょう」

ブキおじさんはおずおずと左手を上げて「ば、万歳！」と言いました。

「そうじゃない、おじさん。片手しか上げない万歳なんてどこにあるんですか？」

「マリス、ちび、わきに厄介な荷物を抱えているんだ」

「おじさん、あなたのことなんてもう知らない。僕の敵に対して一致団結してくれないし、サルを捕まえてもうれしそうじゃないし、『万歳と叫んで』と言ってもちゃんとしようとしてくれないんだから、本心じゃないんだ。僕のことが、あなたのお姉さんの子供であるマリスのことがもう好きじゃないんだ！」

「マリス、おれがお前のことを好きでたまらないのはわかっているだろう。無理を言うな」

「万歳、ブキおじさん！」

マリスは踊って、跳ねて、笑い声をあげ、身を震わせました。ブキおじさんにもその大はしゃぎがうつって、笑い出し、両手を上げて「おれがサルを捕まえた日、万歳！」と叫びました。

サルは退散しようとわきをすり抜けて地面に降りると、奥さんのいる家に一目散で帰りました……尻尾を短くしてですが。

三十七　小さなカブリの悪知恵

クリック？　クラック！

数日前から、マリスは毎食肉を食べていました。知らせはブキまで届きました。いちばん上の娘でマリスの代子であるブキリアに、自分の代父が肉を手に入れている場所がどこか突き止める役目をまかせました。

娘はかなり悪知恵がはたらくので、火をもらいに来たという口実でマリスの家におもむきました。焼ける燠火《おきび》を手に入れ、立ち去るようなふりをしましたが、かなりおいしそうな背肉を目にする余裕がありました。四つ辻まで来ると、ブキリアはマリスの家に引き返していきました。

「代父、代父、風で火が消えちゃった。また別の炭をもらえるかしら？」

「もちろんいいとも、代子よ！」

真っ赤に焼けた立派な炭をもらい、ブキリアはそれをひょうたん《クイ》の中に入れ灰をかぶせました。ところで、街道の近くには小川があるのですが、ブキリアはそこに走っていって、燠火をまた消しました。

「代父、代父、また消えちゃった！　もしかしたら朝露のせいかもしれない」

「代子は背肉が食べたいけれど、代父にそうと頼めないってことだな。僕に対して悪知恵は無用だ。

お前のひょうたん《クイ》を置きなさい。あとでパパに炭を持っていけばいいから。座って食べなさい」

ブキリアには、たっぷり食事が出されました。

「代父、これは羊の肉？」

「いいや、代子、カブリの肉だよ。定期的に白いカブリを狩りに行っているんだ」

食事を終えると、ブキリアはお父さんの家に戻りました。

「パパ・ブキ、代父のところでカブリの背肉を食べた」

「おれには何を持ってきた？」

「ほら、爪の中にほんの小さな肉のかけらがあるわ」

ブキはその小さな手に飛びかかりました。ガブリ！　ひと嚙みで手を飲み込むと、痛みで叫ぶ子供をそこに残して、マリスの家に走っていきました。

「マリス、ちび、カブリを捕りに連れていってくれ」

「おじさん、あなたは食いしん坊すぎるから、ヘマをやらかすでしょう」

ブキは何か思惑があるときは強情で、目的に至らないことは稀《まれ》でした。マリスはあまりにうんざりさせられ、翌朝の夜明けに白いカブリの狩りに連れていくと約束しました。

夜の十一時から、マリスの家の扉を叩きました。

「時間だ、マリス！」

「考えてもみてくださいよ、おじさん！　まだレオガンの物売りの女たちがひょうたんを持ってくる音も聞こえないのに」

ブキはロバの背に乗って、古くなったひょうたんをふたつ腰につけました。ロバに拍車をかけて、速足で行かせたので、始終ひょうたんがぶつかり合っていました。

「マリス、マリス、レオガンの連中が来た！」

マリスが扉を半分開けると、ブキがロバに乗ってくるのが見えました。

「おじさん、冗談はやめてください。僕は寝ないといけない。近所の女の人が咳《せき》をするから、時間が来たらわかるんだ」

ブキはナイフを手に、あわれな近所の女の人の藁の屋根の上に登りました。かわいそうな女の人が寝ている場所を知るために小さな穴を開けました。次に、鍋一杯の冷たい水を取りに行って、ベッドの真上に穴を開けると、ゆっくり水を注ぎました。

女の人は、思いもよらぬにわか雨に目を覚まして、叫び声を上げました。

「家がつぶれる、屋根を修理しないと！」

その瞬間から咳をし始めました。

「マリス、マリス、時間だ！ 近所の女の人が咳をするのが聞こえるぞ！」

「まだ時間じゃないですよ。でも穏便に済ますには起きたほうがいいな」

ふたりは出発しました。野生のカブリが通う山につくと、ふたりは罠を仕掛け、離れたところに身をひそめました。鼻がかなり利くその動物たちが自分たちのにおいのせいで逃げてしまわないようにするためでした。

眠りに落ちそうになっていると、朝の四時ごろ、群れが現れました。少なくとも四十匹はいてみんな体が大きく、みんな太っていました。ブキはとびかかりました。

「おじさん、おじさん、待って！」

そう言っても無駄で、ブキおじさんは何匹か捕まえて首をひねることができると思っていたのです。たどり着くよりも前に、風がそのにおいを運び、カブリのうちの一匹が頭を上げ、危険を察しました。群れ全体が遠ざかっていきました。小さな一匹だけが、ブキの罠《ペルラン》の中に残りました。マリスは何が起こるか予測して、同じくカブリたちが通っている別の場所につながる横道のほうに向かいました。もちろん、ブキには知らせませんでした。

「おお！　美しい小さなカブリ、何てきれいでかわいらしい耳をしているんだ！」

「ブキどん、いい歌を歌ってあげるから聞いて」

メー、おじさん、メー、メー、メー
僕は群れからはぐれた
群れを見つけにいくよ
ひどいほら吹きだと言われても
そんなに長くは続かない！

「何ていい歌なんだ、もう一度歌ってくれ。覚えたいんだ！」

「ブキどん、もっと大きな声で歌えるように僕の両足を放して。縄で胸が痛いんだ」

ブキは前足を両方放してやり、声を上げました。

「その小さな口はよく見ていなかった。きれいでかわいらしい口。食べるのが楽しみだ。ベロリ、ベロリ！」

メー、おじさん、メー、メー、メー

僕は群れからはぐれた
群れを見つけにいくよ
ひどいほら吹きだと言われても
そんなに長くは続かない！

「おお！　いい歌だけど、調子が難しい。おれが覚えるためにもう一度歌うんだ！」

「ブキどん、後ろ足を両方放して。僕の声はもっと大きくなって、もっと簡単に節を真似《まね》ることができるだろうから」

　ブキは後ろ足を両方放しました。小さなカブリはこの瞬間だけを待っていたので、ひと飛びで崖のほうに行きました。ブキはそれを追いかけて駆け出しましたが、断崖から落ち、そのあいだに小さなカブリは走って仲間たちに合流したのでした。

三十八　リセット

クリック？　クラック！

　その当時、林の奥深くに貧しい未亡人が子供ふたりと住んでいました。子供たちが十六歳になると、というのもふたりは双子だったのですが、あまりにも美しく育ったのを見て、恐ろしくなりました。どうやってふたりを守ったらいいのでしょう？　朝六時になるとふたりは小屋を出て、町に行ってまる一日仕事をし、夜になってから帰ってくるのでした。母親はふたりを閉じこめて、誰が来ても扉を開けないようにと言いつけました。母親は、晩になって戻ってくるとき、歌を歌いました

わたしが来るよ、わたしが来るよ、タンボラ！
わたしが来るよ、わたしが来るよ、タンボラ！
リゼット、うちの娘、タンボラ
わたしはじきに来るよ、タンボラ！

するといつも娘のリゼットが鍵を開けに来るのでした。しかし、そんな状態は長続きすることはなく、若い娘たちは部屋に閉じ込められているせいでやせ細っていきました。ある日、マイヨットが言いました。

「もうふくろう《グリグリ》みたいな生活をして、夜に散歩をして、昼間に寝るのはうんざりだわ。リゼット、窓を開けて。髪を整えたいのよ！」

リゼットはちょっとだけ我慢するように言ったものの、窓の扉を片方押し開けて、もう一方も開けて、窓の枠にひじをつきました。ところでその日、王様の息子が森で狩りをしていました。道に迷っていたのですが、顔を上げると遠くを見つめる美しい顔が目に入りました。

「わたしにはあの女が必要だ。あの女が欲しい！」と近づいてきました。リゼットはそれに気づいて窓を閉め、マイヨットの近くに来て、身を縮めました。しばらくすると、扉を叩く音が聞こえました。母親に言われたとおりふたりが返事をしなかったので、王子が声がかれるまで呼んでも無駄で、ブーツで蹴り始めました。扉は頑丈でしたが、美女は怖がっていました。王子はとうとう疲れ果て、戻らなければならなくなり、まもなくお付きの者たちを見つけました。

晩に母親が帰ってくると、ふたりは午前中に起きた出来事を話しました。

「ほら、美しすぎるとそうなるのよ！　子供たち、すぐにそうできるといいんだけど、わたしたちは町に住むことにしましょう。それまでもう少し我慢して、一日じゅう姿を隠していて、特に扉は開けないように。わたしの歌を誰かが盗み聞きするかもしれないから、歌が聞こえたとしても、声をちゃんと聞くように」

　子供たちは約束しました。

　遠くにある宮殿では、王様の息子が垣間見たあの姿を思っていました。ふらふらと庭を歩いて夜を過ごしました。翌日朝早くから、ブキを探すために使いを遣りました。

「おじさん、お前の悪行のうわさを聞いた。度が過ぎる。お前を銃で撃たなければならない」

「王子よ、そんなのはくだらないうわさです。あの悪魔のようなマリスが関係しています。わたしのような分別のある善人が、どんな悪さをしたというのですか？」

「お前はサルの尻尾を切った。お前はわたしの牛と小さなカブリを食べた。信じられないことだがお前の母親はお前に食われて、お前の姉でマリスの母親である人は、かろうじてお前の爪から逃れたと言われている」

「話がごちゃまぜになっています。サルは尻尾ではなく舌を切られたはずです。おれはときどきふざけますが、ひとが真に受けるだけです」

「おじさん、ゆるしてやるが条件つきだ。ボワジョリの奥深くにある家を知っているだろう。年をとった女と、ふたりの若い娘がいる。ふたりのうちの美しいほうを連れてくるんだ。調べはついていて、リゼットという名前だ。今日から六日以内にそれができなければ、お前は裁判にかけられ、死刑は間違いないと言っておこう」

　ブキは、手足をガタガタと震わせながら去りました。その日から、ブキは森の獣のようになりました。森に住んで、年寄りと子供たちの動きを見張っていました。すると毎晩、ちょっとした歌が聞こえるのでした。

わたしが来るよ、わたしが来るよ、タンボラ！

わたしが来るよ、わたしが来るよ、タンボラ！

リゼット、うちの娘、タンボラ！

わたしはじきに来るよ、タンボラ！


ブキはそれをすぐに覚えましたが、ブキの声はガラガラで、母親の声は鐘のように響きました。すぐに鍛冶屋《マショケット》のところにおもむき、のどに熱いアイロンをかけてほしいと注文しました。鍛冶屋から出るとすぐに路上に死んだ猫がいるのを見つけました。ガブリと小さな骨まで残さずに食べてしまいました。ボワジョリの奥深くにやってくると、歌を歌いはじめました。

わたしが来るよ、わたしが来るよ、タンボラ！……


ガア、ガア！　ブキの声はガラガラ声に戻っていました。激怒して、一足飛びに鍛冶屋のところに駆けていき、お金を返せと言いました。

「おじさん、それは無理です。何か食べたんでしょう！」

「だめなのか？　そうだ。猫を食べた」

「もう一度ただでやってあげるけど、おじさん、もう途中で何も食べないと約束してください。ものを食べると皮がしわになって、わたしの仕事が台なしになってしまう」

ブキは求められた約束をし、このうえなく甘美で小さな声になってまたそこから立ち去りました。不幸なことに、死んだ犬が林の中に捨てられたところでした。ぐっとこらえて通り過ぎましたが、そよ風がその香りをしつこく運んできたせいで、数歩行ったところで引き返し、死骸に飛びかかりました。小さな家の前にやってくると、ブキは歌を歌い始めました。

わたしが来るよ……


ガア、ガア！　太い声に戻っていました。ブキはまた戻っていきました。

「鍛冶屋、金を返せ！」

「おじさん、何か食べたでしょう」

「ほんの小さな犬だ！」

「何も食べちゃいけない。小さな蚊でさえも」

「アイロンをかけてくれ。今度こそ我慢できるはずだ」

「おじさんは食いしん坊だから、信頼できません」

「鍛冶屋、おれのかわいい鍛冶屋、客を連れてきてやるから」

ブキがせがみにせがむせいで、鍛冶屋は厄介払いをするため、再びのどにアイロンをかけてやりました。ブキは今度こそ立ち止まらず、きれいな声のままボワジョリの奥深くまで戻っていきました。

十時の鐘が鳴ったところで、小さな家の玄関の扉を叩きにやってきました。


わたしが来るよ、わたしが来るよ、タンボラ！

わたしが来るよ、わたしが来るよ、タンボラ！

リゼット、うちの娘、タンボラ！

わたしはじきに来るよ、タンボラ！

「もうお母さんが帰ってきた！」マイヨットがリゼットに言いました。「何があったんだろう？」

「お母さんだと思うの？　咳をしているわ。すぐには開けないでおきましょう」とリゼットは答え、とても大きな声で言いました。

「お母さん、もしお母さんだったら声を聞かせて。昨日の晩みたいに歌ってくれるとうれしいわ」

そこでブキは声をかぎりに叫ぼうとしましたが、あれほどまでにしっかりアイロンをかけたのどの皮はそんな衝撃に耐えることができず、しわくちゃになって、ひとつ大きなしわがれ声を発したあと、おじさんは元の声を取り戻しましたが、扉は閉じられたままでした。

午後、マイヨットとリゼットは午前中にあったことをお母さんに語りました。

「子供たち、用心しなさい。それは間違いなくブキだわ。最近森の中を歩き回っているのを見たのよ。注意しなさい。長いあいだ放っておくことはしないから。やることを済ませて来月、町に引っ越しましょう」

ブキのほうでは、失敗に激怒して鍛冶屋のところに駆けこみました。

「お前のアイロンが悪いんだ。二グルド返せ！」

「おじさん、アイロンのせいじゃないですよ。もっと別の手が必要ですね。鋳造所に行って、口の中に銀を貼ってもらってください。のどが疲れてきたら、鋳造所のほうで銀を外してくれるでしょう。使った日数の分だけ払えばいいですから」

勧めにしたがって、ブキは鋳造所に駆けつけ、口の中に銀を貼ってもらうと、十五歳の女の子の声になりました。ボワジョリの家に戻り、扉を叩きました。そして鳥のように歌いました。マイヨットは病気になっていました。

「リゼット、開けてあげて、今度こそお母さんよ！」

「でも、お母さんが帰ってくる時間じゃないわ！」
「お母さんの声だって」
リゼットは扉を開けました。ブキは素速くリゼットののどをつかみ、カニのように縛り上げて、持ってきていた袋に入れると、もうひとりが閉じこもってしまわないよう扉を外し、袋に入った若い娘を背負って王子のところへ行きました。王子はそれが夢にまで見た美女だとわかると、ブキの袋いっぱいのお金とその財産を持っていくための立派なロバを与えるように命じました。

自分の家に帰ってきたブキはマイヨットのことを忘れていませんでした。森の奥深くに戻って、焦らずに丸呑みにし、その二重の罪の痕跡を消すために、藁ぶきの家に火をつけました。

お母さんが夜の六時ぐらいに帰ると、明るい光が見え、ボワジョリが燃え上がっていました。苦しみのあまり正気を失い、火の中に飛び込もうとしましたが、二十人もの人の手に押さえられ、翌日に林の中の開けた場所を掘り返してみると、朝の風が吹き飛ばしてしまったわずかな灰の山しか残っていませんでした。あわれなお母さんは黒く焼け焦げた石に座って、もう何にも耳を傾けず悲しみに打ち沈み、そこで何日も、何か月も、何年も過ごしました。その不幸に心を動かされ、慈悲深い人たちが、食べものと飲みもの、雨期に身を包む毛織物を持ってきてくれましたが、お母さんは無気力なまま、意識さえないみたいで、ふたりの子供とともにその魂は去っていってしまい、森の中で木になって、その頭にはとげを立てたカンデラブル〔訳註：サボテンに似た植物〕が生え、その上にアミティエ〔訳註：細いつる状の寄生植物〕が金色の網を広げていました。

ある日、お母さんが同じ場所に横たわり、あいかわらず終わりのない夢に沈んでいると　まわりで誰かがこう言っているのが聞こえました。
「遺体だけでも見つけられたの？　ふたりのうちひとりぐらいは、火事のときに狩人に見つかって、助けられたかもしれないでしょう？　わたしがあの人の立場だったら、いつまでもあきらめずに探すだろうに」

あわれな女が理解した言葉は心地よい朝露のようにその心に触れました。数年ぶりに服を求め、自らを地面につなぎ留めていた毛織物と頭に生えているカンデラブルを切り、棒きれを手に町へ向かう街道を行きました。みんなに聞こえるように、リゼットの歌を歌ってパンを乞いました。

わたしが来るよ、わたしが来るよ、タンボラ！
わたしが来るよ、わたしが来るよ、タンボラ！
リゼット、うちの娘、タンボラ！
わたしはじきに来るよ、タンボラ！

どこでも返事はありませんでしたが、それでも倦《う》むことを知らず、悲しい旅を続けました。

ところで、王様の息子はリゼットと結婚しましたが、お父さんがそんな身分違いの結婚を理解しないことを恐れ、また裁判所を恐れていました。というのも、ブキの悪行を知ったからです。リゼットは素晴らしいお屋敷を建ててもらいましたが、そこで祈っていたにもかかわらず、囚われの身でした。あらゆる習いごとのお金を出してもらい、リゼットはピアノを弾き、複数の言葉をしゃべり、どうすればいいかわからないほどのドレスを持っていましたが、階段を降りることはできず、通り抜けるには抜き身の剣を持つ衛兵がいました。それでもリゼットはそれほど不幸ではなく、王子がリゼットのことを溺愛していたので、わずかな望みは満たされており、家族と自由を除いては、欠けるものはありませんでした。

ある日ピアノに向かって座り、自分の身内のことをぼんやり考えていると、ふと心に浮かんだ昔の歌を弾き、倦むことなくいろいろな弾きかたで繰り返しました。

ちょうどその瞬間、年老いたお母さんが扉の前を通りかかり、その歌を聞いてすぐに立ち止まりました。「わたしの子がこの中にいる！」そして陽気な声で歌い始めました。


わたしが来るよ、わたしが来るよ、タンボラ！

わたしが来るよ、わたしが来るよ、タンボラ！

リゼット、うちの娘、タンボラ！

わたしはじきに来るよ、タンボラ！


リゼットはその声を聞いて立ちつくし、すぐに歌を続けました。


わたしが来るよ、わたしが来るよ、タンボラ！

わたしが来るよ、わたしが来るよ、タンボラ！

リゼット、うちの娘、タンボラ！

わたしはじきに来るよ、タンボラ！


「リゼット、わたしの子！」

「お母さん、どこにいるの？」

「外にいるよ。お前はどこ？」

お母さんはそれ以上聞くことなく屋敷に駆けつけ、リゼットも門柱のところまで来ました。衛兵はふたりのあいだに剣を交差させました。ふたりは引き裂けんばかりの叫び声を上げると、通りがかりの人たちは立ち止まり、王子もやってきました。「何の騒ぎだ？　この厚かましい乞食を叩ぎ出せ！」

「わたしも出て行ってしまいたいわ。この乞食はお母さんなのよ」

リゼットは剣の切っ先に飛びかかりました。王子はぞっとして、リゼットを腕に抱きしめ、老人を屋敷の中に入れました。そして王様が死んで二年か三年したあと、リゼットは女王になり、大きな宮殿で三人は幸せに暮らしたのでした。

三十九　灰売りのブキ

マリスとブキはいくらかのお金を貯めて、新年にふたりで釣り舟を買い、それに「ピエジュ」と名づけました。初めての漁の日、簗《やな》を上げると、十二匹ぐらいの魚が入っていました。マリスがブキに言いました。

「全部取っておいてください、おじさん。明日は僕の番です。十五匹捕まえましょう！」

「だめだ、だめだ、マリス、お前は考えが足りない。家には子供が六人いて、魚がたくさん必要なんだ。今日の分は全部取っておけ。おれが明日全部もらう」

翌日、二十匹ほどの魚が捕れましたが、どれも小さいものばかりでした。

「おじさん、それがおじさんの分ですよ。取っておいてください。明日は大きな魚しか捕れないから、僕が全部取ることにします。そんな小魚ではどうしようもないですからね」

「マリス、おれは一家の父親で、テーブルには大きな魚が必要なんだ。そいつは取っておけ。明日の分をおれにくれ」

同じことが、ひと月のあいだずっと続きました。聖燭祭の日、マリスがブキの家にやってきました。

「僕たちはピエジュを買うという大きな間違いを犯しました。魚は市場で売れないし、燃やして炭にしたほうがまだいい。五十袋分できて、一袋五グルドだとすると、二百五十グルドになる。二百五十グルドですよ！」

それでふたりは舟を燃やしました。いつものようにブキが仕事を全部やって、マリスが命令して、あれこれ口を出すのでした。焼き終わり、炭と灰が分けられると、マリスは言い放ちました。

「おじさん、炭を取っておいてください。僕は灰をもらいます」

「どうしてなんだ、マリス？」

「灰のほうが高く売れるからですよ」

「じゃあ灰をくれ。高く売れるなら、灰が欲しい」

マリスは炭を積んだロバと一緒に、ブキは袋いっぱいの灰を背負って、町に下りていきました。市場の入り口にたどり着くと、マリスはおじさんに言いました。

「おじさん、ここで別れないといけません。炭は町の真ん中で、灰は海辺にある香水屋で売るものです。不運をもたらすらしいので『幸運を祈る』とは言わないことにします」

マリスは憲兵隊舎で炭を売り、ブキを探しに行きました。国立銀行のほうに、人だかりが見えました。

「何があったんですか？」

「頭のおかしな人が逮捕されたところで、ポンブデ〔訳註・精神病院がある〕に連行されているんですよ」灰をまきながら、道行く人に『灰だよ！　灰はいらんかね！　罠《ピエジュ》の美しい灰だよ！』と言いながら行ったり来たりしていたんです」

四十　魔法の壺

ヴォワラ！

ダングランの王様は、臣下たち全員に土地を分配しましたが、同時に、畑を耕し、収穫の五分の一を納めるようみんなに命じました。年の終わりに実りが十分でなかった畑の持ち主は土地を差し押さえられました。

マリスとブキは、隣同士の土地をもらいました。仕事への熱意はその国において大変なもので、マリスとブキでさえ競って作物を植えて、草取りをしたほどです。豆はすばらしく育ちました。豆が十分に高く伸びると、ブキはそれぞれの苗にたくさんの蝶がいることに気がつきました。

「蝶はいも虫のお母さんだが、これは何てことだ？　収穫を台なしにしたくない！　ブキネット、ブキノ、ブカン坊や、ブキニ、ブキト、ブキタ、いも虫を落とすために苗を叩くんだ！」

つるや細い茎を持って、子供たちとお父さんはずいぶん豆を叩きました。花が全部落ちてしまいました。マリスの畑も同じように蝶がたくさんいましたが、ブキの自分本位はご存知でしょう！　ブキは満足して家に帰り、マリスに危険を伝えることなど考えもしませんでした。

翌月、マリスは蝶がいるにもかかわらず、すばらしい収穫となりましたが、ブキの畑にはちっとも豆ができませんでした。

自分の愚かさを責める代わりに、ブキはマリスに八つ当たりしました。

「マリスが呪いをかけたんだ。間違いない！　仕返しをしてやる！」

市場におもむいていてマリスがいない隙に、ブキは長い竿の先に吊るされたキポコ〔訳註：かかし。しばしば馬の頭を用いる〕を取り上げ、堆肥《たいひ》でいっぱいの溝に投げ捨てました。

しばらくしてキジバトが通りがかり、馬の頭が消えていることに気がつきました。すぐに友人のホオジロや近所の小鳥たちに知らせに行きました。

「マリスの畑は自分たちのものだ。キポコがなくなった、全部ごっそり持ち去ってしまおう！」

ピー、ピー、ピー！　知らせが次々に飛びかいました。

「キポコがなくなった！　いつ出発しよう？」

「キポコがなくなった！　あんた、来るかい？」

　カメどんは、いつもほんのちょっとした出来事でも起きないかとひそかに心待ちにしているのですが、耳にしたことが信じられず、自分自身で見てみようと思いました。

「あなたたちは勘違いしているんだろう！　それはブキの畑のことだよ！」

「そこから来たんだけど、ブキの畑は全然駄目だ。豆がひとつもない。マリスの畑は豆のさやに覆われていて、キポコがなくなった」

「自分も行く」カメは言いました。「羽根を貸してくれ。さあ、モリバト、あんたも、けちけちしないで。ライチョウ、ホオジロ、オウム、インコ、羽根をくれ。そこまで飛んで行かなきゃならないんだから」

　それぞれが羽根を抜いてカメにやると、カメはすぐに、長い羽とツバメのように先の分かれた美しい尾羽を作り上げました。五分後、鳥たちはマリスのところで飽きるほどついばみました
　宴もたけなわのころ、その音が聞こえました。ハチドリは分け前がなくなってしまわないよう、言いました。

「友人たち、マリスだ。隠れたほうがいい。わたしは帰るから、さようなら！」

「カメ、羽根を返してくれ！　羽が垂れている感じがする。急がなきゃならないんだ」

「カメ、尾羽が重い。羽根を頼む。マリスのフライパンの上で死にたくない」

「カメ、羽根を！」

「カメ、羽根を返してくれ」

　一分もしないうちに、カメはひとりぼっちで畑の真ん中に丸裸でいました。マリスがやってくると、散々な状態を目にしました。王様にどう説明して、どうやって収穫を納めよう？　ブキは、すべて失

っていました。考えを巡らせていると、小さな石のようなものにつまずいて、身を屈めると、カメがいるのがわかりました。

「お前はここで何をしているんだ？　前にカメを食べてからずいぶん経つな。おいしい料理ができるはずだ」

「マリスどん、わたしの話を聞かずに殺さないでください。何が起こったか説明しましょう。豆を食べたのはわたしじゃありません。わたしの友人である鳥たちなんです」

「お前の友人たちは過ちを犯した。お前が代わりに償うんだ」

「鳥たちが過ちを犯したわけじゃないんです。キポコがなかったんです。わたしを壺の中に入れてくれれば、あなたのために歌を歌って、あなたがいなかったときに何が起きたか話してあげましょう」

マリスは再び考えを巡らせ、もしかしたらお金もうけの道具になるかもしれないと思いました。そこでカメを手に取って、大きなカナリの中に入れ、自分が命令したとき以外、決してしゃべったり、歌ったり、姿を見せたりしないようにと言いました。そうすれば命を助けるばかりか、おいしい食べものを与えると約束しました。

マリスはカメにあらゆる種類の歌を教えてやり、舞踏会で楽師のかわりに使いました。魔法の壺のうわさは国に広がり、王様がそれを欲しがりました。マリスを呼び出し、売ってくれと言いました。

「王様、わたしを壺の管理人にしてくださるのを条件にお譲りしましょう。お手になさる壺は、貴重な顧問になるでしょう。この壺の意見に従うようになってからというもの、わたしの状況はよくなるばかりです。壺よ、王国で誰がいちばん頭がいいか教えてくれるか？」

「はい、マリスどん、それはダングラン王で、誰も比べものになりません」

王様はお世辞を言われて、すぐに宮殿にある部屋のひとつに壺を置きたいと思いました。壺の管理人にベッドが用意され、マリスの財産は保証されました。

ブキはそのことを知ると、壺の秘密を解明するためにブキネットとブカン坊やをマリスの家に行かせました。子供たちのあいだではマリスが家族には秘密にしなかった事の次第がすぐに教えられました。

家に帰ってきたブカン坊やとブキネットは、魔法の壺の中にカメが入っていることをお父さんに伝えました。

「川辺に行ってカメを捕まえてこい。カメを連れてこないかぎり、ご飯は抜きだ」

子供たちは川辺に行って腰を下ろしました。カメは見つからず、時間が過ぎていきました。お昼に子供たちは、岩陰であくびをする大きなカエルを目にしました。ブカン坊やが妹に言いました。

「あれを持っていこう。カメにしゃべったり歌ったりができるなら、それを習慣にしているカエルならなおさらのことだ」

それで子供たちはカエルどんを大きなカナリの中に入れ、頼まれたものを持ってきたとお父さんに言いました。きちんと確認もしないで、ブキは宮殿におもむき、王様にまた別の壺を売りに来たと伝えさせました。

王様は顧問を持ってこさせました。マリスは子供たちから何が起ころうとしているか知らされ、一連の返答を教え込むと、カメは生まれながらの知恵と隠された役割を演じる楽しみでさらに意気込みました。

カナリを持ったブキは宮殿の中に招き入れられました。

「ブキどん。その壺を売りたいというのだな」

「はい、王様。この壺はしゃべって、歌って、いちばん難しいことについて意義ある意見をくれます」

「よろしい。ここに呼ぶため、わたしに代わって王国でいちばん頭がいい者の名前を尋ねるのだ」

「壺よ、おれのかわいい壺、さあ王様にその者はブキおじさんだと言うんだ」

「…………」

「壺よ、聞こえなかったのか？　さあ、答えろ！」

　ブキが壺を強く叩くと、眠りをさまたげられたカエルは沼にいた子供時代のように「ゲロ、ゲロ」と部屋中に鳴き声を響かせ始めました。

「それが答えなのか？　壺よ、いちばん頭がいい者はブキおじさん。どうして言おうとしないんだ」

「ゲロ、ゲロ！　クワッ、クワッ、ゲロ、ゲロ！」

　激怒したブキが壺を蹴ると、壺はひっくり返って、カエルが王様に飛びつき、王様はおびえて叫び声を上げました。衛兵が即座にブキを取り押さえ、部屋の外に引きずり出しました。

　王様は落ち着くと、大切な壺にブキをどうしたらいいか尋ねました。

「王様、あれはあわれな愚か者です。一日じゅう何も食べさせずに放っておいてから、家に送り返せば、十分に罰を与えたことになるでしょう」

四十一　思わぬ当たり

　ある日、マリスは王様の顧問であるカメどんが壺の中で死んでいるのを見つけました。不注意だと責められることを恐れ、逃げ出して、管理人の役目でもたらされたお金で海外に居を構えることにしました。

　王様は、マリスが姿を消したことに加え、いつもと違って魔法の壺が黙ったままであることに気がつくと、烈火のごとく怒りました。そこらじゅうを探させ、マリスの首に懸賞をかけました。二日後、壺から腐ったにおいがしたので、壺が殺され、おたずね者は共犯者ではなくマリスも被害者なのかもしれないと王様は考えました。壺のために立派な葬儀を行ない、数日後には、他のうわさがされるようになりました。ハイチでは物事がすぐに忘れられるのです！

数年後、マリスどんは戻ってきて、家族と一緒につつましやかな生活を送りました。

王様の娘はその当時、若さと美しさ、それに苦しまずに死ねることを保証する指輪を持っていました。この魔法の宝石は、一家で母から娘に伝えられているものでした。ある日、川での水浴から出るときに指輪をなくしてしまったことに気がつきました。お父さんにその事実を知らせて、川の中を探させ、その日、そして翌日に釣れた魚を全部没収しました。腹を開いて何も入っていないことを確かめたあとで、魚は捕った人に返されました。

捜索から一週間後、マリスなら見つけ出してくれるかもしれないと王様は思いました。

「マリス、友よ、わたしたちにはひとつ清算すべきことがある。お前は不注意から魔法の壺を殺すか、死なせるかしてしまった。お前をゆるしてやりたいが、ひとつ条件がある。わたしの娘が一週間前、水浴のときになくした指輪を取り戻すことだ。もしうまくいったら、それ以上のもの、金貨を小樽いっぱい与えよう。もし失敗したら、お前に悪意がなければそんなことは起こらないだろうが、ドマンガジュの餌になるだろう」

「王様、わかりました。壺が失われたのを僕のせいにしていますが、どうしようもなかったんです。僕とあなたに富をもたらしてくれたものを熱心に世話してきましたが、なんとかなるでしょう……指輪を見つけるために三日ください」

「そうしよう。わかった。三日間、わたしの宮殿と、召使たちと軍隊はお前が好きなようにしていい。期限が過ぎても指輪が出てこなければ、お前はわたしのものだから、お前を殺すだけだ」

「わかりました！」

マリスは捜索を続けさせました。自分自身で監視しました。指輪を持ってきた者には小樽いっぱいの金貨を約束しましたが、すべて無駄でした。絶望して、少なくとも最後の賭けをしてみようと思いました。マリスは、指輪のありかはわかっているとそこらじゅうに伝えて、見つけたことを祝うために、その日まで一度も見たこともなかったような宴《うたげ》を開きました。食事が終わったら見つけたことを人々に知らせると決めました。
　貧しい者からお金持ちまで、たくさんの人びとが招待されました。それぞれの家族から、少なくとも代表者がひとりはやってきました。マリスは窮地を脱するため、運を天にまかせていました。しかしながら時間は過ぎていき、料理がどんどん出されました。失敗したことがわかり、マリスは度を越えて飲み食いしました。突然、立ち上がって歌い出しました。

わたしはダングラン、わたしはダングラン
ああそうだ！　このわたしがダングラン
ダングラン、目にしているものを言ってみろ
家の中にあるものが何か言ってみろ！

　客たちは黙ったまま、食べるのをやめてマリスを見ました。客たちは、この歌があらかじめ用意された演出の一部なのだと思っていました。マリスはちょっとばかりうまくいったことに満足して、約束を守れなかったと告白するのをできるだけ先延ばしにしようと、また歌い始めました。

わたしはダングラン、わたしはダングラン
ああそうだ！　このわたしがダングラン
ダングラン、目にしているものを言ってみろ

家の中にあるものが何か言ってみろ！

あやまってテーブルの上の白ワインのグラスをひっくり返してしまい、悪態をつきました。「ちくしょう、クラビナイユ！」

その言葉を聞くと、マリスの目の前の招待客が突然立ち上がって、扉に向かって走り出しました。衛兵たちがそれを捕まえました。

「そいつを連れてくるんだ！」

「盗ったのはおれじゃない」

「ろくでなしめ、罪を白状して、命が惜しければ詳しく話すんだ」

マリスによって巧みに問いただされ、川の増水でほとりにつみあがった枝である「クラビナイユ」の中で見つけたことをついに白状しました。マリスはゆるしてやって、王様に指輪を持っていき、小樽いっぱいの金貨をもらいました。

……頭がいいというのは、友よ、なんと素晴らしいことなんでしょう！

四十二　体のない頭

クリック？　クラック！

ブキには五十グルドで買った大きな豚がいました。二年間かけて太らせて、こう思いました。「どうしてこんなに苦労しているんだろう？　この小さな背中の肉を吸うためか？　ハムの小さな骨をしゃぶるためか？　いいや、違う。ひとりでこの豚を食べないとな！」豚を撫でて、トントン叩いて、まさぐりました。「お前はなんて太っているんだ、ソソ〔訳註：豚を意味するクレオール語〕！　なんて立派なんだ！　お前の肉はパパ・ブキの口の中でとろけるだろう。そうだろう、ソソ？」

豚というのは愚かで、醜いのですが、敏感で、撫でられるのが好きなのです。ソソは「ブー、ブー！」と答え、鼻面をブキおじさんの足にこすりつけて、小さな尻尾を伸ばし、畑の草刈りをするときに掘り出されるミミズのように巻きつけました。

三日間、ブキは病気のふりをして、ある朝、目を覚ますとうめき出しました。

「苦しい！　苦しい！　ああ！　麻痺している！　母さん、母さん、母さん！」

奥さんが駆けつけました。「どうしたの？　何かできることはあるかしら？」

ブキは奥さんに目も耳も貸さず言い続けました。「苦しい！　ああ！　おれの夢が！」

「どんな夢を見たの？」

「おれがひどい病気になるって、母さんが伝えに来たんだ。治すためには、ろうそく一本とタフィア酒を一リットル買ってこないといけない」

マダム・ブキは旦那のことをとても愛していたので、市場に行って、ろうそくとタフィア酒を買いました。戻ってくると、ブキは言いました。

「おれの荷物入れから二十七サンチームを取って、四つ辻に行け。そこにある大きな岩の前にお金とろうそくを置いて、おれのための薬を頼むんだ。大きな道じゃなくて、泉の道を通って行け」

マダム・ブキは泉の道を行きました。ブキはしばらくあとをつけると、大きな通りを通って、四つ辻に出る近道に入りました。ブキは先に着くと、岩のうしろに隠れ、奥さんを待ちました。

数分後、奥さんが現れ、十字を切り、ろうそくを灯し、タフィアを岩にかけて、こう言いました。

「岩よ、うちの旦那が病気になって、もう三日になります。昼も夜も苦しんでいますが、何の病気かわかりません。死んだお母さんが、わたしたちのところに来てあなたに助言を求めるよう告げました。あなただけが、どんな治療をするべきか示すことができるのです！」

岩は動いて大きな声で答えました。

「旦那には大きな豚を食べさせなさい。よく覚えておきなさい。旦那ひとりのために豚一匹だ。さもなくば命は助からない」

奥さんは怖くなって、家に続く道を戻りました。ブキは急いで先に帰り、ベッドに入っていました。

奥さんは、何が起こったか詳しくブキに語りました。

「そんなことはできない！　お前たちに分けずにソソを食べるなんてできない！」

「お父さん、よく考えて！　あなたの命を救うためなんですよ。薬を飲むんだと思って豚を食べて。それだけが治す方法だと岩が言ったのよ」

ブキは奥さんにそう頼ませておいて、ベッドから飛び出し、袋《マクト》を用意すると豚を捕まえ、平野にもっている小屋のひとつに行きました。

木を切って、豚を屠《ほふ》り、四つに解体して、そのひとつを火にかけました。それにカニを添えるとさらにおいしいだろうと考えました。そこで小屋の近くを流れる川にカニを探しに行きました。

やってくるとすぐに、カニの一家が丸ごと住んでいるに違いない素晴らしい穴を見つけました。手を入れると、とても大きいものがあったのですが、その正体が何なのかはわかりませんでした。引っ張り上げて外に出して目にしたのは、恐ろしいことに人間の頭でした。逃げようとしましたが、体のない頭は大きな目をぎょろりと回し、ブキの脚を口にくわえました。

「放してくれ、頭よ、放してくれ！　何のつもりだ？」

「大きな豚のいるところに一緒に連れていけ」

「ソソのところだと！　ソソは見せないぞ！」

「連れていかなければお前は死ぬぞ！」

頭はさっと飛びかかって、ブキの心臓に嚙みつきました。ブキは即死しました。体のない頭は、我慢しなかったことを悔やみました。どうすればブキが豚を置いてある場所がわかるというのでしょう？　頭はしばらく考えて、ブキに息を吹きかけ、生き返らせました。

「起きろ！　大きな豚のところに連れていくか？」

「はい、わかりました」

「疲れるから、わたしを持って歩け！」

　ブキは頭をかついで、ソソのところに持っていきました。頭は最初の四分の一を食べてしまいました。

「ああ！　なんておいしいんだ！　残りを焼いてくれ！」

　頭は豚を全部食べてしまいました。ブキはそのあいだじゅう見ていました。立ち去るのは禁止！　体のない頭には、つねに召使が必要なのです。

　食べ終えると、頭はブキを自由にしてやりました。「行ってもいいぞ。だが、また別の豚が手に入ったら、わたしを探しに来るように。ソソは素晴らしかった！」

「ああ、全部食べてしまったんですね！　おいしかったですか？」

「自分に関係のないことに口を出すな！　どうしてびっくりしたような目で見るんだ？　しつこいぞ」

　ブキおじさんは奥さんに、それまでに受けたこともないめった打ちを食らわせました。かわいそうな奥さんは、どうしてそんな罰を受けるのかちっともわからないのでした……

四十三　カブリティの変わり身

マダム・カブリは三匹の小さいカブリでであるカブリト、カブリタ、カブリティの母親でしたが、死んでしまったばかりでした。カブリトはいちばん上の子で、よその国に出稼ぎに行きました。カブリタは娘で、ジャクメルに住む代母のところにおもむきました。カブリティはひとりぼっちで家に残りました。

ある日、カブリティが丘《モルヌ》を散歩していると、狩りをしているティグロに出くわしました。ティグロはずいぶん大きくなり、今では立派なトラでしたが、まだ跳《と》び上がってふざけるような子供っぽいところが残っていて、以前の友達のことを忘れていませんでした。額にある白い星形のぶちで、カブリティだとすぐにわかりました。喜びの叫びを上げながら、右へ左へ跳びはねました。あわれな小さいカブリは怖くて動けなくなって、胸が張り裂けんばかりに鳴きました。

「怖がるなよ、おい、ティグロだよ。他の兄弟はどこだ？」

「カブリトはキューバで、カブリタはジャクメルさ」

「お母さんは？」

「お母さんは死んじゃったんだ」

「ここらではおれもひとりだから、一緒に住むってのはどうだ？」

ある日、川に行くと、ブキに出くわしました。

「カブリさんの調子はどうだ？」

「お母さんは死んじゃったんだ、ブキおじさん。もう三か月になる」

「おれに知らせはなかったぞ。誰が家を切り盛りしているんだ？」

「友達と一緒に僕が」

「会いに行くよ、カブリティ、会いに行くよ。なあ、カブリさんが死んでからどこに住んでいるんだ？」

「ギニア草の大きな畑の反対側、あっちに住んでいるよ」

「お前の家に行くよ、お前の家に」

「じゃあ今晩に、ブキおじさん」

カブリティは、友人のティグロが日にあたって横になっているのを見つけ、ブキおじさんがやってくることを話しました。

「ブキおじさんのことはよくわかっている。間違いなくお前に妙なことをしようとするはずだ。おれが出迎えてやろう！」

ブキおじさんの小さな目が光り、長い歯が輝くのを目にしていたカブリティは、入れ替わりを受け入れました。

晩になると、ブキはアルフォールのほかに袋をふたつ手に取りました。

「パパ、肉を持ってきてね」と子供たちが声を上げました。

「立派な小さいカブリを持ってきてやる。お前たちはマダム・カブリの息子のカブリティを覚えているだろう。家でカブリティを食べよう」

ブキは、カブリティとティグロふたりの家の扉を叩きに行きました。

「トン、トン、トン！　家に名誉《オネ》を！」

「来てくれた人に尊敬《レスペ》を！　何の用でしょう？」

「ここはマダム・カブリの息子のカブリティの家じゃないのか？」

「そうですよ。入って！　あなたが会うのはカブリティじゃなくてティグロですよ」

ブキは家に入りました。ティグロはブキに飛びかかり、爪でその腕を引き裂きました。ブキは叫び声を上げて、そそくさと逃げ出しました。家に着くと、子供たちに囲まれました。

「パパ・ブキ、パパ・ブキ、カブリティはどこ？」

「カブリティはいなかった。いたのはティグロだった」

「ティグロって何？」

「意地悪な動物で、腕をやられて、食われそうになった」

翌日、ブキはカブリティを見かけ、こうたずねました。

「カブリティ、ちび、昨日の晩はどこにいたんだ？」

「あなたが来たときには寝ていました」

「そうか、そうか」

カブリティが去っていくと、ブキは子供たちを呼びました。

「ブキノ、ブキネット、ブカン坊や、来るんだ！　カブリティっていうやつを見かけたら、ていねいに道を譲るんだ。昼間はとても小さいのに、夜にはトラになるから！」

四十四　ヴィルヴォルト

クリック？　クラック！

ブキは川の向こうに大きな畑を持っていて、それは山まで続いていました。ある日、ブキがそこを散歩していると、丘《モルヌ》のふもとに、苔《こけ》と見たこともない野生の小さな花に半分覆われた、大きな岩があることに気がつきました。その前で立ち止まって、声を上げました。

「なんて立派《ベル・ロシュ》な岩なんだ！　この岩はおれのものっていうんだから！」

その瞬間に、地面から怒りの声が聞こえました。

「ベルロシュという名ではない。ヴィルヴォルトと呼べ！」

「もしお前がヴィルヴォルトなら、回転《ヴィルヴォルト》してみせろ」

岩がその場で回転すると、あらゆる種類の飲みものと食べものがいっぱい入った部屋が掘られているのがちらりと見えました。ブキはそこに居座り、食べて、すっかり酔っぱらうまで飲み、完全にお腹がいっぱいになるまで出てきませんでした。しばらく入り口に立ち止まって、同じことを言いました。

「なんて立派な岩《ベル・ロシュ》なんだ！」

「ベルロシュという名ではないと言っただろう。ヴィルヴォルトという名だ！」

「ああ、そうか！　ヴィルヴォルト、もう一度回転《ヴィルヴォルト》してみせろ」

岩がその場で回転すると、部屋が見えなくなりました。ブキは家に帰りましたが、その見つけものについて奥さんや子供たちに話してしまわないように気をつけました。毎朝、早い時間に畑に向かって出かけ、丘《モルヌ》のふもとで立ち止まるのでした。

「おお！　立派な岩《ベル・ロシュ》！」

「ベルロシュという名ではない。ヴィルヴォルトと呼べと言っただろう！」

「もしお前がヴィルヴォルトなら、そうとわかるようにもう一度回転《ヴィルヴォルト》しろ」

入り口が開き、ブキは満足するまで飲み食いしました。頬《ほ》っぺたが丸くなり、体つきは重々しくなりました。ところで収穫の時期はまだ先だったので、食糧が乏しかったのです。奥さんはブキが何かを隠していることに気がついて、いちばん上の子を呼びました。

「ブカン坊や、お父さんが毎日どこで物を食べているか知っている？」

「知らない。でもあとをつけていって調べてあげることはできるよ。もしかしたら僕たちはもうお腹を空かせなくてもいいかもしれない」

「行ってきなさい、坊や！」

翌日ブキが洞穴《ほらあな》の秘密を誰かが見つけてしまわないか心配して、朝四時に起きると、急いで服を着て、出かけました。ブカン坊やはまだ眠たかったのですが、すぐに起きて、ズボンをはき　顔を洗って口をゆすぐと、アルフォールと小さなナイフを取り、泥棒のように姿を隠してお父さんのあとをつけました。

「おお！　立派な岩《ベル・ロシュ》！」

「ベルロシュという名ではない。ヴィルヴォルトという名だ！」

「ああ、そうか！　少しばかり回転《ヴィルヴォルト》してくれ」

入り口が開くと、小さな男の子の目には驚くべきものがいっぱい見えたので、自分がまだ生きているのか疑わしく、寝ているあいだに神様に天に連れていかれてしまったのではないのかと思ったほどでした。たくさん食べて、たくさん飲んだあと、ブキは出てきて、入り口を閉じるように命じました。

ブカン坊やはお父さんがしていたように近づいて、岩を撫でました。

「岩よ。おお、立派な岩《ベル・ロシュ》！」

「ベルロシュという名ではない、ちび。ヴィルヴォルトという名だ！」

「ああ、そうか！　僕のためにも回転《ヴィルヴォルト》してくれ」

岩は回り、ブカン坊やは部屋の中に入りました。たっぷり食べたあと、アルフォールを開いて、あらゆる種類の食べ物をお母さんと弟たちのために詰め込みました。そして外に出ると、ヴィルヴォルトに倉庫を閉めるように言いました。

家につくと、マダム・ブキは有頂天になりました。

「ブカン坊や、どこでこんないいものを全部手に入れたの？」

「こういうことさ。パパ・ブキは開いたり閉じたりする大きな岩を持っていて、それが飲みものや食べものをくれるんだ」

「なんて悪い人でしょう！　わたしたちはお腹が空いて死にそうなのに放っておいて！　毎日そういったものを全部持ってくるとか、そこに連れていってくれるとかできただろうに。ブカン坊や、その岩に文句を言いに行かないといけない。岩が思っているのとは違って、ブキには家族がいるということを言ってやらないと……」

「待って、お母さん、いい考えがあるから」

　ブカン坊やは走って姿を消しました。岩に自分たちの貧しさを語り、ブキの自分勝手さを伝えると、岩は注意深くその言葉に耳を傾け、ときどき小さな声で不満げに「ふん」、「ふん」と言いました。最後に、ブカン坊がこう頼みました。

「明日の朝パパ・ブキが来るだろうから、自分の名前はバブキになったと言って」

「わかった！」

　翌日、ブキは朝早く来ました。

「おお！　わが立派な岩《ベル・ロシュ》よ！　立派でかわいい岩！」

「ベルロシュという名ではない。バブキという名だ！」

「お前は昨日から名前を変えたのか！　ああ、それならブキを殴《バ・ブキ》ってみせろ」

　岩は向き直ってブキをつかみ、石膏のように叩きのめして、川の向こうに放り投げました。他の者ならそれで死んだでしょうが、ブキはしぶとく、二時間気を失っただけで、目を開けると、頭上に立派な熟《う》れたあんずが見えました。

「ああ！　生き返った気がする！」

「おい、おおい！　生き返らせるかどうかはわたし次第だ、お前は間違っている。お前にとどめを刺してやるぞ」

ブキは懲りずに、叫びました。

「できるものならやってみろ！」

ブチン！　あんずが落ちました。もしブキに少し横に身をかわす余裕がなかったとしたら、胸の真ん中に当たって、わたしはあなたたちの前でこの話をする代わりに、今ごろお通夜に出かけていたことでしょう〔訳註：当地のあんずは数キロになるほど大きく重い〕。

四十五　サル、マリス、ブキ

サルはある日、マンゴの木の下で休んでいました。風はさわやかで、体を伸ばして横になり、木の幹に頭を当て、すぐに寝てしまいました。

マリスがそこを通りかかりました。草を一本手に取って、寝ているサルの鼻の穴をくすぐりました。

「ハックション！　何ごとだ？」

「おお、サルどん、なんて君は幸せそうで、安らかなんだ！　まるで死んでいるかのようにあおむけになっているのを見つけたもんだから」

「確かにそうだね、マリスどん。調子はいいよ。休みを楽しんでいるし、心配ごともない」

妬《ねた》みっぽくて意地の悪いマリスはこう思いました。

「そうか！　休みがあって心配ごともない。じゃあお前の将来を台なしにして、僕のやりかたでちょっとした心配ごとをつくってやろう」

マリスは家に帰ると、袋《マクト》にお金を入れて、市場に行きました。そこでピスタチオを鍋二杯分買い、奥さんに炒ってもらいました。炒られたピスタチオをアルフォールに入れて、サルのいるところに戻ると、サルは深く眠っていました。マリスは、鍋一杯分のピスタチオを寝ているサルの周りに広げました。それから、いくらか手元に取っておいて、残るもう一杯分をブキの家につながる道にまいていきました。

「こんにちは、おじさん！　元気ですか？」

「ありがとう、甥っ子、貧乏と格闘しているよ。ところで、お前が食べている、おいしそうなものは何だ？」

「ああ！　おじさん、これは友達がくれたんです。名前を言いたいけど、おじさんは意地が悪くて、これをもらおうとして悪人になってしまうだろうから」

「マリス、おれがお前のことを気にかけていることはよくわかっているだろう！　マリス、大切な子、おれは意地悪なんかじゃない、早く誰なのか言ってくれ」

「僕の友達にひどいことはしない？　ですよね？」

「約束する」

「じゃあ、それはサル」

「サルどんはどこにいる？」

「マンゴの木の下で寝ています。地面に落ちているピスタチオを追っていくだけです。僕の袋には穴が開いていて、半分ぐらいが落っこちてしまった。欲しい人が拾えばいい。地面にあるものは全部犬のもの」

「通りがかりに拾っていくよ。マリス、ちび、神からいただいた食べ物を粗末にしてはならん」

ピスタチオをかじりながら、ブキおじさんが木の下までやってくると、そこにサルが寝ていました。

ブキはマリスがまいておいたピスタチオを全部拾い始め、それを終えてしまうと、寝ているサルをゆすって起こしました。

「おい、おい、何ごとだ？」

サルは目を開くとブキに捕まっていたので、苦悶の叫び声を上げ、逃げ出そうとしました。

「さあ、さあ、意地悪はなしだ。お前に迷惑をかけにきたわけでも、喧嘩しにきたわけでもない。おれはただお前がマリスに何もやったものをもらいにきたんだ」

サルはマリスにやっておらず、どういうことか理解しようとしましたが無駄でした。

「さあ早く、そのいいものをおれにくれ！」

ブキは腹を立て、サルにのしかかり、滅多打ちにしました。サルは逃げ出しましたが、骨は折れ、体じゅうに傷と打撲ができていました。

この日以来、サルには以前に比べ心配事が増えたかどうかわかりませんが、確かな事実は、サルがマンゴの木の下で涼みに、体を伸ばし横になっているのを見たことがありません。同じくその日以来、経験豊かな人たちは若者たちに、隣人の妬みをかき立てないため、自分の幸福を口にしないようにと忠告しているのです。

四十六　マリスとソソ

クリック？　クラック！

ある日、マリスがソソに言いました。「魚をとりに行こう！」ふたりは出発しました。天気が悪く、しつこく細かく降る雨は凍るようで、いやらしい風が吹きました。ソソは寒がっていました。しばらくすると、毛のない小さい尻尾を何度か巻いたりほどいたり、それほどソソは臆病なのでした！　ソソがこう切り出しました。

「マリスどん、もう網を置いて、家に帰ろう」

「ソソ、簗を上げて、持ってきたのと取りかえる時期なんだ」

「マリスどん、寒いよ」

「すぐに終わるはずだよ。ここから簗が見えるから」

震えるソソの助けを借り、マリスは言葉どおりに仕事をして、舟に魚を積んで帰りました。陸につくと、ソソは大きなかまどに向かっていきましたが、そこでは市の立つ日のためにパンとビスケットが焼かれていました。

「マリスどん、来て！　体を温めて服を乾かそう」

マリスが駆けつけ、緑の木片をかまどの扉に差し込んで閉じないようにし、ソソは火をつけてありました。

「マリスどん、ちゃんと乾いたかい？　温まったかい？」

「しっかり温まったよ、ソソは天才だな。君の番だ」

マリスは先ほどの木片を引き抜いて、地面に横になりました。ソソがかまどの中に入りました。マリスはすぐに扉を閉めて、しんばり棒をかけました。次に火を焚きつけ、手の届くところにあるものを全部投げ込みました。

「ソソ、しっかり乾いて、温まったかい？」

「暑いよ、苦しい。扉を開いて外に出してくれ」

「なるほど、もう暑いんだな。ちょっと前に君は何て言った？」

マリスは息を吹いて風を送るのをやめました。大きな炎が上がるのが見え、息の詰まったうなり声が聞こえてきました。マリスは炎の前で踊っていました。

「ソソ、お前は天才だ！　ずいぶん前から焼いた豚が食べたかったんだ」

「フン！　フン！　フン！」

「天才だ！　天才だ！」

　叫び声がしなくなると、マリスはソソがいい具合に焼けたと判断し、かまどの扉を開けてソソを引っ張り出し、自分の家に持ち帰りました。ソソの体を引っ掻いて毛を取り除き、塩をふり、マリスの家族は一週間分の宴会をするだけのものを手にしたのでした。

四十七　コンペ・アンヴォワジュテが相変わらず馬鹿をやらかしたことについて

　ヴォワラ！

　ある日、マリスがカニを探していて、大きな穴に手を突っ込み、奥に見えるものを取り出そうとしました。

「これは何だろう？」

「わたしだ、コンペ・アンヴォワジュテだ」

「コンペ・アンヴォワジュテって何だ？」

「すぐにわかるさ」

　マリスは力いっぱい宙に投げ出され、遠くの崖の上に落ちました。立ち上がれるようになると、腰と背中と脚を撫でながら、急いで自分が落ちたところに大きな石でしるしをつけました。素晴らしい考えがわいたのですが、落ちた衝撃で、ほとんど死にそうでした。

「こいつは安く肉を手に入れるため、理にかなった方法だ」

　マリスは杭をひとそろい作って、その先をちゃんととがらせ、しるしをつけたところに打ち込みました。

　翌日、マリスはウシと一緒に散歩に出かけ、ギニア草に味をつけるためのカニをいくつか家に持って帰るのはどうかと提案しました。ウシどんは喜んでのりました。マクトがふたつ裂けるぐらいいっぱいになると、マリスは巨大な穴の前で立ち止まりました。

「おお、おお、おお、おお！　これはウシどんを満足させる穴だ、なんて大きなカニなんだ！　捕りなよ、ウシどん」

ウシは穴に手を入れました。

「こりゃ何だ？　このカニは僕と同じぐらい力が強いじゃないか」

「わたしはカニじゃない、コンペ・アンヴォワジュテだ」

「コンペ・アンヴォワジュテって誰だ？　そんなのは聞いたこともない」

「すぐにわかるさ！」

ウシどんは宙をぐるぐる回って、ちょうどとがった杭の上に落ちました。ウシどんは、叫び声ひとつも上げずに死にました。マリスは死体を水辺に引っ張っていって、叩いて、皮を傷なしで取るためにはがし、小さく切って、何度か往復して運びました。立ち去る前には、用心して大きな石のうしろに全部隠しておくのでした。

食糧が尽きると、マリスはヒツジどんと一緒に散歩に出て、同じ結末を定めておきました。ヒツジは細かく切り分けられました。マリスはカブリどんの息子であるカブリ坊やを犠牲者に選びました。ところがカブリ坊やは根性がなく、ほんのささいなことにもひどい叫び声を上げるのでした。アンヴォワジュテが右手をつかむと、わめき出しました。サルがそれを聞きつけて、何が起こっているのか知ろうと近くにやってきました。サルはずる賢いので、無駄に危険にさらされないようにバヤオンドの中に身を隠しました。マリスどんはカブリ坊やが叫ぶばかりなのを見て、代わりにたずねてやりました。

「さあ、さあ、こりゃ何だ？」

「わたしはコンペ・アンヴォワジュテだ」

「コンペ・アンヴォワジュテって誰だ？」

「すぐにわかるさ！」

そしてコンペ・アンヴォワジュテはカブリ坊やを宙に放り投げました。あいかわらず叫びながら、狙った通り用意した杭の上に落ちてきました。マリスが駆けてきて、マンシェットで息の根を止めました。止めに入るには遅すぎたので、サルどんは賢くも家に戻り、次は注意をしておこうと心に決めました。

それからしばらくして、マリスはサルの家に寄り、一緒に魚捕りをしようと誘いました。サルはそれを受け入れましたが、自分の身を守ろうと決心しました。ふたりが小さな入り江におもむくと、そこにはカニがたくさんいました。

マクトがいっぱいになると、マリスは大きな穴の前で立ち止まりました。

「サルどん、見にきなよ！　このカニは君の奥さんのためだ。ここらで見た穴の中でいちばん大きい」

「いや、いや、僕らのあいだで遠慮なんてなしだ。僕の奥さんはカニがあまり好きじゃないけど、マリス坊やの奥さんは大好きだろう。これを奥さんのために捕るんだ」

「サルどん、冗談だろう。サルの奥さんがカラルガニのスープ鉢を前に料理しているのを見たぞ」

「ああ、じゃあ君がこいつをうちの奥さんにあげてくれよ。正直なところ、どうやって捕ったらいいかわからないんだ。穴のいちばん奥にいるじゃないか。自分でやったほうがいいよ」

「簡単なことさ。こんなふうに手を伸ばして……」

マリスは穴の入り口で手を止めました。サルがマリスを手荒く押すと、コンペ・アンヴォワジュテは自分の家に侵入しようとする手をつかみました。

「ええんえん！　サルどん、ちょっと手を貸してくれ。向こうに見える崖まで走っていくと、地面に刺した小さな杭がいくつか見えるだろうから、火が焚けるように僕の代わりにマダム・マリスにあげてくれ。それから、杭を取った場所までマットレスを運ぶのを手伝ってくれるように頼んで」

「時間はあるさ、コンペ。帰ってからそうすることにしよう」

「ええんえん！　マダム・マリスのことをわかっていないな。朝からそうするって約束したんだ。その杭なしでは奥さんに合わせる顔がないから、代わりに行ってくれよ、コンペ」

「じゃあ僕の奥さんの大きなカニはどうするんだ？　通りがかりに持っていくから、捕ってくれよ」

「サルどん、お願いだから！　おい、おい、早くして！」

サルは立ち去ると、杭を抜く代わりにその周りに別の杭を打ち込みました。そして何も言わずに戻ってきました。

「ええんえんええん！　サルどん、マダム・マリスに杭は渡してくれたかい？」

「当然さ」

「ええんえんええん！　サルどん、マットレスは置いてくれたかい？」

「当然さ」

「ええんえんええん！　死んでしまう！」

「どうして右手をその穴の中に突っ込んだままなんだい？」

「シッ、もっと小さい声で！」

「そいつは何だ？」

穴の奥底から返事がありました。「わたしだ、コンペ・アンヴォワジュテだ！」

「本当にお願いだから、サル、もう何も言わないでくれ！」

「コンペ・アンヴォワジュテが何者なのか知りたいな」

「すぐにわかるさ。お前はずいぶん長いあいだわたしの家に手を入れていたから、倍の力で懲らしめてやる！」

「ええんえんえん……！」

マリスは宙に消え、十二回ほどくるくる回り、奥さんが日干しにしていたマットレスの上に落ちてきました。

……わたしは家の前を通りがかり、しばし立ち止まりました。

「何て運がいいんだ、マリス！　サルが杭の数を倍に増やしていたことを知っているかい？」

「僕は神に愛されているんだ！」

四十八　マリスどんの賭け

クリック？　クラック！

ブキは家族と一緒に立派な家に住んでいて、マリスどんはその家を欲しがっていました。この小さい人は願望を行動に移すのを決して先延ばししないので、ある日、ブキおじさんにこう言いました。

「ブキおじさん、力が半分なくなったように見えますよ」

「マリス、ちび、お前はいつもおれが歳をとったというが、お前も同じ歳で、おれたちは同じ年に生まれたんだ。かかってこい。おれが弱いかどうか思い知らせてやる！」

「僕より強いことはわかっています。でも、僕ほど打たれ強くはないでしょう。賭けをしようじゃないですか。毎日朝四時に、どちらかが相手をココマカクで一発殴ることにする。先に勘弁してくれと言ったほうが、自分の家を明け渡すことにしましょう」

「マリス、ちび、その賭け、受けた。うれしいな。お前のきれいな、小さな家をただでもらえるのか」

「賭けた《トペ》！」

「のった《クペ》！」

「じゃあ、明日四時に扉を叩きに行きますよ、ブキおじさん。僕が『開けてください、牛乳です！』と言うから、棍棒の一発を受けに来てください。翌日、同じことを僕の家にしにきてください」

「わかった」

翌日、言ったとおりにマリスは現れました。ブキおじさんの肩を軽く叩きました。マリスには計画があったのです。

「マリス、ちび、冗談だろう！　こんなのは撫でているだけじゃないか。家はおれのものだ」

マリスは翌朝から、ブタどんのところにおもむきました。

「ブタどん、頼みがあるんだ、うちに泊まりに来てくれないか。うちの奥さんが病気なんだ」

「もちろん、マリスどん、何でもするよ」

ブタどんは小さな包みを持って、午後にやってきました。マリスは入口の部屋にブタどんを入れて、マリスは隣の部屋に奥さんと寝に行きました。朝四時、扉を叩く音が聞こえました。トン、トン、トン！

「開けてください、牛乳です！」

マリスは部屋から叫びました。

「ブタどん、扉のそばにいるんだから、代わりに牛乳を受け取って！」

ブタどんが扉を開けると、ココマカクの強烈な一撃を頭に受けました。ブタは叫び声ひとつ上げずに、ばたりと倒れました。ブキはそのまま立ち去り、その一方でマリス夫妻は必要であればとどめを刺そうと忍び歩きで近寄りました。ふたりはブタを細かく刻んで、マダム・マリスが自分たちのために四分の一を塩漬けにし、残りは市場に売りに行きました。

翌日、今度はマリスの番でした。マリスは、ブキおじさんの腰をしっかり叩きました。

「マリス、ちび、進歩したな。ちょっとこすったぐらいだ。それにしてもどうして今日立っていられるんだ？　昨日は怖くなった、殺すつもりはなかったけど、変な倒れかたをしたから死んだと思っていたぞ」

「わざとやったんだ、ブキおじさん、ちょっと動揺させてあげようと思ってね」

「もっと強く殴ってやる」

マリスは八時にはカブリどんのところに走っていきました。

「カブリどん、カブリどん、今晩一緒に過ごそう。お願いだ。うちの奥さんが病気で心配なんだ」

「わかった、マリスどん。日暮れに家に行くよ」

言われた時間に、カブリどんは姿を現しました。晩ご飯のあと、マリスは玄関の前にベッドを用意し、自分は病人のそばにおもむきました。朝四時にトン、トン、トン！

「カブリどん、誰だか代わりに見てもらえないかい？　扉のそばにいるんだから」

カブリどんは眠たくて重たいまぶたでブキのために扉を開けてやると、ブキがココマカッのたった一撃で打ちのめし、立ち去りました。マリス夫妻はベッドから出ると、カブリの体を細かく斧で刻んで、塩漬けにし、大きな樽に入れました。

翌日四時に、マリスはブキおじさんのところにいました。頭に一発食らわせるために高いところで待つこともできましたが、ブキが開けに来ると、まだ肉のたくわえを増やすため、しばらくその力を利用するつもりでした。それで、お腹に一発食らわせました。

「悪くないじゃないか、マリス、悪くない。思っていた以上に、お前は見た目よりも打たれ強いな。昨日しっかり殴ってやったのに、もう立っている」

「しっかり殴ったって！　指ではじかれたぐらいですよ、ブキおじさん」

「よし、もっと強く殴ってやるからな」

午前中、マリスは夜を一緒に過ごす仲間を探しに行きました。その日はサルしか見つかりませんでした。その他は、町か遠く離れた畑にいたからです。

夜の六時になりましたが、誰も来ません。マダム・マリスはいらいらしてきました。七時になっても誰も来ません。

「どうしてサルを招待しようなんて思いついたの？　あんなずる賢い動物を！　サルに悩まされることになるのが今にわかるわ」

八時になりましたが、誰も来ません。九時半、寝ようとしたときに、サルが現れました。

「こんばんは、おふたりさん。マダムは回復したみたいだね」

「回復したですって？　まさか。痛みが少し和らいだからちょっと起き上がっただけで、きっと長くは続かないわ」

奥さんは部屋に戻って、マリスは玄関の前にサルのベッドを用意しました。

「マリス君、わかっていないなあ！　君を手助けに来たんであって、そんな面倒をかけるためじゃない。かまわないで！　ちなみに、僕は決して床で寝ないって知っているかい？　シーツを貸して。屋根裏で寝るから。必要なら呼んでもらえば、降りてくるから」

朝四時にトン、トン、トン！

「サル、コンペ、牛乳だ、代わりに受け取って！」

返事がありません。

「サルどん、扉を開けて！」

「起きられないんだ。下にいるんだから自分で開けに行って！」

怖くておかしくなったマリスは、どうしたらいいかわかりません。トン、トン、トン！

「あの動物は頭がよすぎるって言ったでしょう。誰がサルを連れてきて、うちに入れるように言ったの？　サルが昨日の夜入ってきたとき、厄病神が来たみたいに見えたわ」

「黙るんだ、さもないと殴り倒すぞ」

トン、トン、トン！「開けてください、牛乳です」

その瞬間、マリスは決断しました。

「開ける必要はない。そっちの勝ちだ！　降参だ！」

マリスは激怒して、サルのほうを振り返りました。

「お前、この馬鹿、夜のあいだちっとも手助けしてくれなかったじゃないか。家に火をつけたあと家族と一緒にブキに引き渡されたくなければ失せろ」

サルはいとまも告げずに逃げ出しました。

……しばらくして、昼前にマリスがブキに会いに来ました。

「マリス、ちび、一度にふたつの家には住めない。もしお前の家を取るなら、お前がおれのを取ることになる。そうだろう。家具の手入れをして、大切にするんだぞ」

「もちろん、おじさん、その頼みを断ることなんてできるでしょうか？」

……ブキ、おやおやなんとまあ。

四十九　ブキ一家の最期

クリック？　クラック！

ある朝、ブキは何か変わったことやうまい話がないかと、ぶらぶら歩いていました。森の一角に、だれも住んでいない藁ぶき小屋を見つけました。中に入りました。それは、体のない頭の家でした。家主は食事をする部屋にいて、目は閉じて、口は開いていました。まるで寝ているかのように、口からはかすかな吐息がもれていました。

「こんにちは、調子はどうだい？」

返事はありません。

「これがあんたの家か？　なんてきれいなんだ！　入ってもいいかな？」

頭は動きませんでした。ブキは、腹を決めて入りました。ブキは、頭が友達や仲間づきあいが好きではあるものの、ふるまいはまったくもって奇妙で、挨拶に応じないときは「入って、自分の家のようにくつろいで、ほしいものがあれば持っていけ」という意味だと言うのを聞いたことがありました。

ブキは屋根裏に上がって、肉のたくわえを全部むさぼり食いました。食べ終えると、こう思いました。

「頭には奥さんがいないな。こんなにも裕福なのに！　娘のブキネットを紹介してやろう。娘は結婚すべき歳で、こんな機会は自分には二度とないぞ！　こいつが婿さんなら死ぬまで毎食、肉が出てくることになる」

ブキは下の階に降りて、また挨拶をしましたが返事はなく、家に帰りました。遠くに娘が見えると、ブキは声を上げました。

「ブキネット、ブキネット、来なさい！　おれがどれだけお前のことを気にかけているかわかっているだろう？　理想的な夫を見つけたんだ。この国でいちばん裕福な男だ」

「それは誰、パパ？　背は高い？　格好いい？」

「誰が背の高い男だなんて言った？　背の高い男は腕が長すぎて、背広を作るには生地がいり過ぎる。誰が格好いい男だなんて言った？　格好いい男というのは、奥さんに働かせておきながら銭もやらないもんだ。だめだ、だめだ、ブキネットよ、お前のことを大切に思っている。お前の幸せを願っている。明日お前を連れていくのは、体のない頭のところだ」

ブキネットは泣いて、わめき散らしましたが、どうにもなりませんでした。ブキには、胴の豊かな食糧庫のおかげで約束されたごちそうが長いあいだ続くことしか考えられませんでした。

ふたりはそこで朝早く頭のところにやってきて、頭は相変わらず寝たふりをしていたのですが、ブキは娘に将来の旦那の奇妙な態度に驚かないようにと言いました。頭はこのうえない善人で気前がいいのですが、むだ話が嫌いでした。ブキネットは座って、頭を喜ばせることをするだけで、頭が何かを求めたときには当然、ブキネットはそれをすぐにしなければならず、この条件のもとにある女の人の中ではブキネットはいちばん幸せでした。というのも旦那はとても、とても裕福だからで、ブキネットにだめだと言うことは何もありませんでした。

ブキネットはこんな化け物の類《たぐい》の奥さんになることにちっとも満足していなかったのですが、父親と同じぐらい貪欲で、繊細でもなかったので、しまいにはあきらめて、自分の置かれた状況から引き出せるあらゆる利点について考えをめぐらせました。ブキネットは遠慮なく、頭の財産を浪費して、毎食肉を食べ始めました。一方で、旦那を無用な家具のようなものとみなして、恥ずかしく思っていました。

ある朝、頭の家に水がなくなり、ブキネットはひょうたんを持って、泉におもむきました。ところで、その泉は頭の獲物が出る場所で、そこで食糧庫を満たす肉を獲るのでした。ブキネットがひとつ目のひょうたんに水を入れるため身を屈めたとき、謎の縄に首を絞められました。頭は習慣にしていたとおり、ブキネットを小さく切り刻みましたが、今回はブキネットの頭を屋根裏の隅に置いておきました。

翌日、ブキがマクトをもっていつものように現れ、頭に挨拶しましたが、いつもどおり返事はなく、すぐに屋根裏に行きました。

「ブキネット！　おれの娘ブキネット！」

ブキは青みがかった舌が垂れている頭、クレオールふうのイヤリングを見つけ、肉の塊《かたまり》に小さなブレスレットがあるのを認めました。苦しみと恐怖で頭がおかしくなって、はしごを駆け降りると、走って逃げました。頭はブキを追いましたが、あまり速く進めませんでした。というのも、転がらねばならなかったので、石で顔を傷つけてしまうのを恐れたからです。だから、頭はいつも人に運んでもらおうとするのです。

ブキは体のない頭より、ずいぶん前に家にたどり着きました。遠くから奥さんに不幸を告げ、すぐ後ろに頭がついてきていると伝えました。ブキと一家は家の梁《はり》に登り、そこにぶら下がりました。頭はほどなくして、入ってきて、全員が梁にぶら下がっているのを目にしました。頭はそこまでは飛び上がれないので、真下に陣取って、疲れて落ちてくる瞬間を待ちました。

三時間すると、ブキのいちばん下の息子のブキノが言いました。

「パパ・ブキ、もう無理だ、手を放すよ」

「ブキノ、坊や、まだつかまっているんだ、助けが来るかもしれないから」

ブキノはもうしばらくぶら下がっていましたが、熟したアボカドのように落ちていきました。ドン！　頭はブキノに飛びかかって、噛み殺し、小さな骨を全部、音を立てながらゆっくりと食べました。

しばらくすると、今度はブカン坊やの番でした。

「パパ、パパ、腕がカチカチで、目が回る。手を放すよ」

「なんてことだ。ブキノの二の舞になるぞ」

ブカン坊やは全力でがんばりましたが、長いあいだ続けることはできませんでした。ドン！　手を放すと、頭は噛むことさえせず、今度は飲み込みました。

梁から梁へと移ったブキを除いて、一家はひとりずつ食べられてしまいました。六時間待って、頭は疲れたような様子を見せ始めました。ブキが言いました。

「助かった！　あいつに飛びかかって、つぶしてやる！」

ブキは手を放して、全力で頭の上に落ちました。ドスン！　頭はあまりの驚きでブキを口で捕えることができず、ブキはその隙に逃げようとしましたが、筋肉がしびれていたので、石につまずいて転びました。頭はブキに飛びかかり、ブキは奥さんと子供たちと同じ目にあわされました。

……わたしが今お伝えしたのは、近所に住む女の人から聞いたことで、その人は決して手出ししようとせず、遠くからこの事件をずっと追っていたのです。しかしわたしはまた別の話を、その信憑性に関しては留保つきでお伝えします。ブキは死ななかったらしく、せっけん水がいっぱい入った大きな桶の中に飛び込みました。その日は嵐が近づいていたので、共用の部屋に出してあったのです。ブキがはねた水で一瞬、頭は目が見えなくなって、逃げることができました。それ以来、わたしたちがブキのことを耳にしないのは、ブキは頭のせいで国外に逃げ、病的に頭を怖がっていたからです。もしそうだったら、わたしたちは待つだけです。どこにいようがブキはそのうち、うわさの種となることでしょうから。

五十　マリスの最期

マリスは年寄りになっていました。ブキが死んでからというもの、すっかり元気がなくなり、誰にもいたずらをしなくなり、肉のたくわえが尽きても狩りにも行かずに何週間も過ごしていました。まるでその魂がブキどんと一緒に去ってしまって、人生がまったく魅力をなくしてしまったみたいでした。

ある日、マリスがシチメンチョウどんを訪ねて行くと、外廊下でいたずらもののピピリットと会いました。

「シチメンチョウどんは狩りに行っているよ」

「年寄りを敬いなさい、ちび、シチメンチョウどんは奥にいるみたいだな」

「脚が何本見えますか？　一本だけでしょう。どこにシチメンチョウどんの頭がありますか？　ひとつわたしが目にしたことを伝えておきます。さっき、わたしがいるとき、頭と右脚が狩りに出たばかりで、体はここで休んでいるんです。二時間後にまた来てください、シチメンチョウどん本人が、どうやってそんなふうにしているか教えてくれますよ」

マリスはしばらく物思いにふけり、ピピリットにいとまを告げ、少ししたら戻ってくると約束しました。かの有名なマリスに一杯食わせてやったことをとても自慢に思って、ピピリットはシチメンチョウ一家に悪ふざけをすると知らせ、マリスが戻ってくると、それぞれが役を演じました。それが誰からなのかは言おうとしませんでしたが、疲れずに狩りに行く方法を教えてもらってからというもの、どれだけ楽かシチメンチョウは言いつのりました。シチメンチョウの奥さんは、服を節約して市場に行くところだと告げました。シチメンチョウ坊やは、なた《マンシエット》ひと振りで毎朝お父さんの首を切ったあと、元のところに置いて「クニエト、クニエト、クニエト！」と大声で言ってまたくっつけるのだとほらを吹きました。

マリスは完全にかつがれて家に帰りました。翌朝、父親が賢い分だけ愚かな子を呼びました。マリスはこう言いました。

「マリス坊や、お使いをしてくれ。この首を切って、お前と一緒に狩りに連れていってくれ。帰ってきたら、『クニエト、クニエト、クニエト！』と言って元のところに置けば、またくっつくから」

「パパ、死にたいなら、自分で死んで、僕に殺すように頼まないで！　大きな罪なんだから」

「馬鹿者！　どうしてこんな愚か者が自分からできたんだろう？　首を切れと言ったが、殺せとは言っていない。シチメンチョウ坊やは、いつも自分のお父さんにそうしているんだ。さあ、マンシェットを手にして、十分に注意するんだ。首はひと振りで切らなければならない」

マリス坊やはひと振りで首を飛ばしました。ブン！　血がピュ、ピュ、ピュ！　と噴き出しました。蛇口のようでした。恐ろしくて頭がおかしくなり、マリス坊やはお母さんを呼んで、何が起こったのかを話しました。

「ぐずぐずしていてはいけない。血がなくなり過ぎてしまう。すぐに目を覚まさせましょう！」

お母さんは頭を取り、元の場所に据えて、三回「クニエト、クニエト、クニエト！」と叫びました。何も起こりません。息子に言いました。「あなたがやってみなさい！」マリス坊やは頭を固定して「クニエト、クニエト、クニエト！」と繰り返しました。

首がまたくっつくことはありませんでした。ふたりは明白な事実を受け入れねばなりませんでした。マリスは死んでしまったのです。ふたりは叫び声を上げると、近所の人たちがやってきて、その中にはシチメンチョウの一家もいました。

「どうしたんだ？　何があった？」

「マリスどんが死んだんだ。事件だ！　マリスどんが死んだ」

マリス坊やはシチメンチョウ坊やを見ました。

「シチメンチョウ坊や、お父さんを殺しちゃったんだ。狩りに行くために首を切ったあと、どうやってまたくっつけるのか説明してくれよ」

「誰にそんな馬鹿なことを言われたんだ？」

「首を切らせるようにあおって、僕にそう言ったのはパパなんだ。僕は嫌だったけど、ヒック、君を真似るように、言われたんだ、ヒック、ヒック！」

「なんて不幸な出来事だ！　いつも僕たちをかついできた、君のお父さんをかついでやろうと思ったんだ。その狩りの話は全部うそさ。僕たちは寝るときに頭を羽で隠して、片脚を折り曲げるのが習慣なんだ。ピピリットが君のお父さんに冗談を言ったんだ。ピピリットの言うことを真に受けたとわかって、僕たちはそれに乗ったというわけさ！　何て不幸な出来事なんだ、神様！」

……あわれなマリス！　こんなふうに死なねばならなかったなんて。狩った日のあとには、狩られる日がやってくるのです。

訳者あとがき

本書はマダム・ショントの『クレオール民話』*Quelques contes créoles*（一九三五年）とシュザンヌ・コメール＝シルヴァンの『ブキの物語』*Le Roman de Bouqui*（一九四〇年）という、アンティル諸島グアドループとハイチの民話集を二冊まとめて邦訳したものである。どちらも元をたどればアフリカのウサギ民話を主なルーツとしており、どこまでが同じでどこまでが別なのかは判別し難い。アフリカのウサギ民話としては、これらより遅れる一九五三年にフランス語の初等教育用読本として、セネガルの詩人レオポルル・セダール・サンゴールならびに同じくセネガルの小説家アブドゥライ・サジによってイラスト入りの『野ウサギのルクの素晴らしい話』*La belle histoire de Leuk-le-lièvre*が発表されている。今回紹介する『クレオール民話』と『ブキの物語』は、どちらも名前は知られているが、フランス語では入手困難な作品である。一般に流通しているのは、一九五七年に初版が刊行され、その後ポケット版となったテレーズ・ジョルジェルの『カリブ海アンティル諸島の民話と伝説』である。まずはマダム・ショントと『クレオール民話』の紹介から始めることにしよう。

ショント夫妻とグアドループ

グアドループは小アンティル諸島のひとつで、コロンブスが足を踏み入れた島であるためヨーロッパ史には登場が早い。もともと先住民に「美しき水の島」を意味するカルケラという名で呼ばれていた島には、人喰いとされたカリブ族が住み、一四九三年にコロンブスが第二回航海で上陸している。

その後も水が豊かなためか、スペイン船がしばしば給水のために利用していたようである。一五二〇年以降、カリブ海への最初の入植者であったスペイン人はアステカ帝国やインカ帝国を征服後に黄金を求めて大陸側に流出していき、小アンティル諸島の多くはほとんど手つかずのまま残されていた。そこに、植民地政策後発国のフランスとイギリスが目をつけた。両国はまず、一六二五年ごろからセントクリストファー島に入植を始めた。しかし、植民者の増加やスペインによる掃討作戦の結果、フランス人とイギリス人は他の小アンティル諸島に拡散した。一六三五年、時の宰相リシュリューから許可を得たロワール地方の貴族ロリヴとブルターニュ地方の貴族デュプレシが、フランスから入植者を連れてグアドループに入植した。同じく他島への入植を考えていたセントクリストファー島総司令官エナンビュクも同年、セントクリストファー島から植民者を連れてマルチニックに上陸した。セントクリストファー島ではフランス人とイギリス人が共存していたのだが、のちにイギリスの手に渡った。そのため、グアドループとマルチニックがフランスにとって最も古い植民地となる。どちらも一九四六年に植民地からフランスの海外県となり、今でもフランスの一部である。

グアドループはふたつの島から成り立っており、大西洋側のグランドテールとカリブ海側のバステールは海峡で隔てられている。その付属地として、大西洋沖に細長いデジラド島、グランドテールの南に丸いマリガラント島、バステールの南にレ・サントという群島がある。またサンマルタン島とサンバルテルミ島はかつては付属地だったが、二十一世紀に海外准県としてグアドループから分離した。寡作ではあるが、グアドループを代表する女性作家マリーズ・コンデと並び称される同島出身の女性作家シモーヌ・シュワルツバルトは、一九七九年発表の小説『ティ・ジャン・ロリゾン』*Ti Jean L'horizon* 冒頭で次のようにグアドループ島を紹介している。

この物語がくり広げられる島は、あまり知られていない。いわば漂流物のようにメキシコ湾に浮

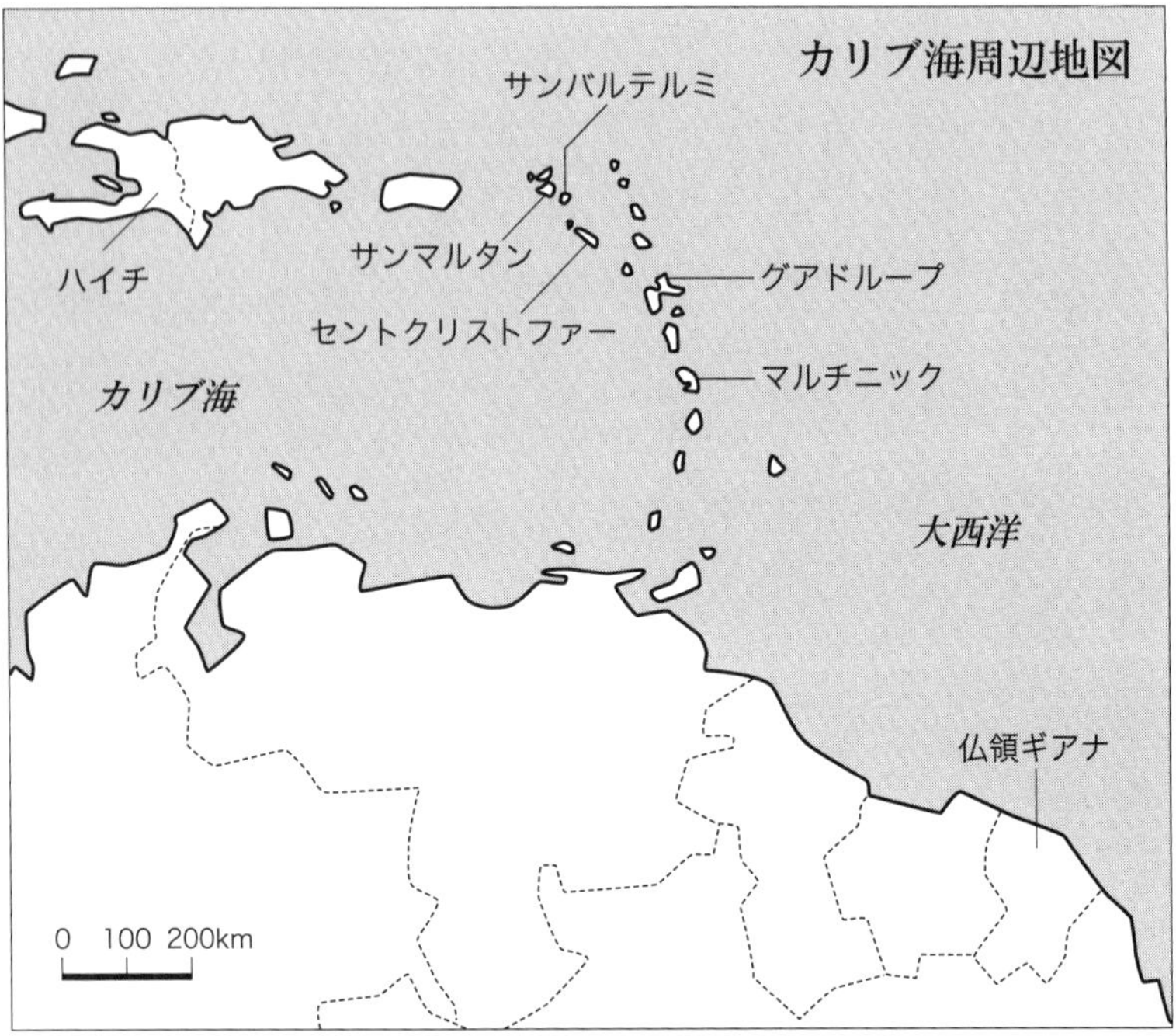
カリブ海周辺地図
サンバルテルミ
サンマルタン
ハイチ
セントクリストファー
グアドループ
マルチニック
カリブ海
大西洋
仏領ギアナ
0 100 200km

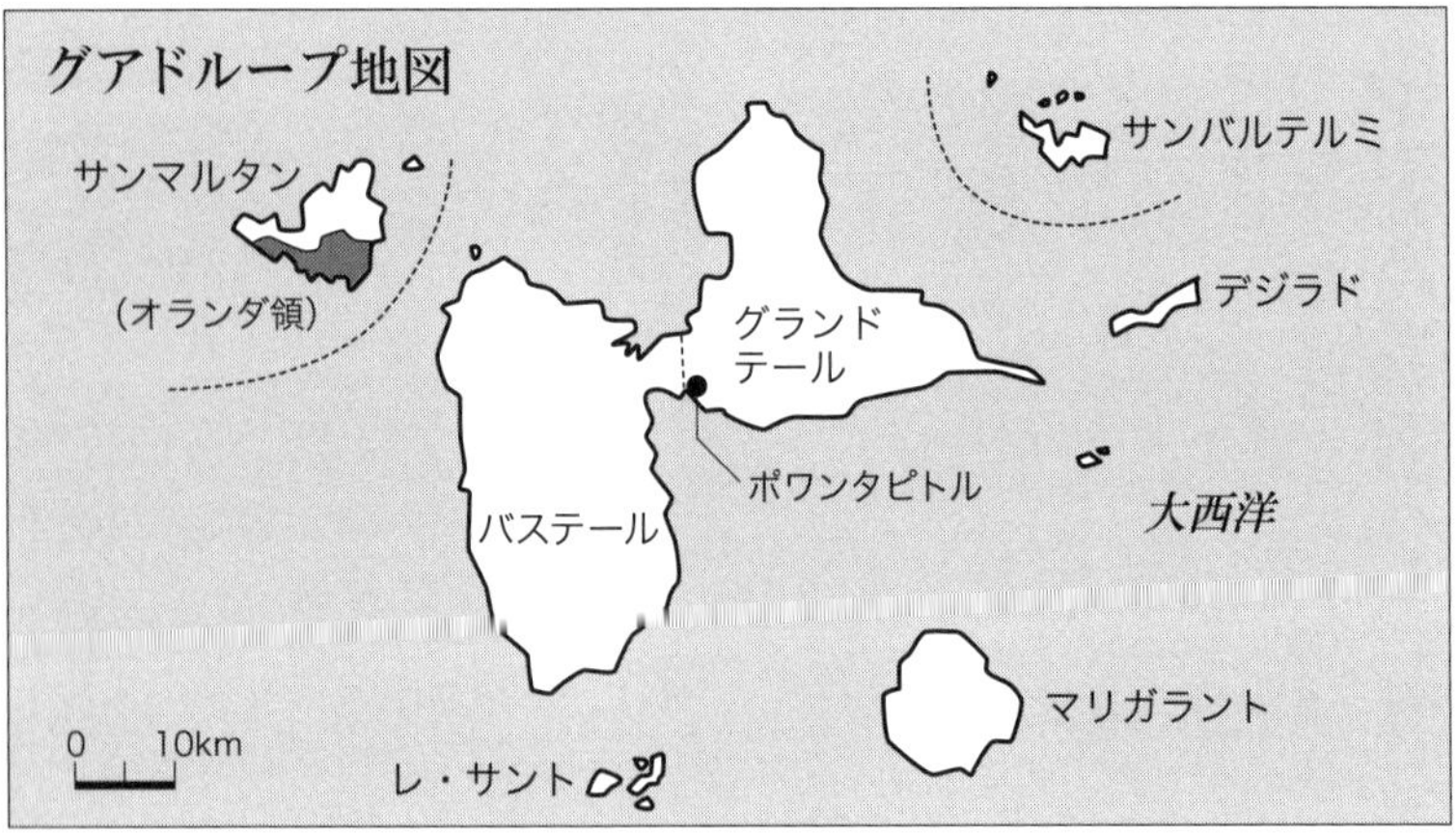
グアドループ地図
サンマルタン
（オランダ領）
サンバルテルミ
デジラド
グランド
テール
ポワンタピトル
バステール
大西洋
マリガラント
0 10km
レ・サント

かび、きわめて精密な世界地図でもないかぎり載っていない。たとえば地球儀を手にとって、どれだけ見てみたとしても、しっかり瞳孔を絞って、目を凝らして見つめたとしても、虫眼鏡を使わなければ、見つけるのは困難だろう。海から現れて、せいぜい百万年か二百万年ぐらいのものである。前置きもなしに、ふと現れたのと同じぐらい簡単に消え、突然、山々や小さな硫黄の火山、何もないところに連なっているボロボロの小屋が並んだ緑色の丘、最初に住んだ人たちが「美しき水の島」と名づけたほど幻想的で神秘的な何千という川といったものと一緒に沈んでしまうのではないかと噂されている……▼1

　マダム・ショントの来歴については、地元の郷土史家が詳しく調べており、かなりはっきりしている。マダム・ショントことマリアンヌ・キフェールは一八九五年、ロレーヌ地方モゼル県で農家の家系に生まれた。「ショント」は夫のジュリアンの姓で、彼は一八八八年、同じモゼル県で教師の家系に生まれている。アルザス＝ロレーヌ問題で知られる両地方はフランス領とドイツ領を行き来する係争地で、もともと神聖ローマ帝国領だったが、一六四八年に帝国が解体されてフランスに帰属することになった。しかし一八七一年の普仏戦争以降はドイツに併合され、第一次世界大戦後の一九一九年にふたたびフランス領に戻っている。言語的にもロレーヌの地方語に加え、公用語がドイツ語からフランス語に代わる複雑な状況をふたりは経験した。当時のフランスは公教育が普及する時期で、地方文化や地方語を重視しなかった。一方でロレーヌ地方では、独自に現地語で創作活動を行なう動きがあった▼2。一九二三年にマリアンヌ・キフェールはドイツ語の教授資格《アグレガシオン》に合格し、翌一九二四年にはロレーヌ地方の中心都市メスで、日本の高校に相当するリセで教鞭を取っていたジュリアン・ショントと結婚し、現在知られるマダム・ショントとなる。

　一九三〇年、ショント夫妻に転機が訪れる。夫ジュリアンがグアドループ公教育の局長に任命され、ふたりは植民地に渡ることになったのである。グアドループは一九二八年のハリケーンで壊滅状態となっており、夫妻が渡航したのはそれからの復興の時期だった。また一九三五年には、一六三五年に始まるフランスの小アンティル諸島入植三百周年を控えており、グアドループの回復を見せつけることで、宗主国フランスが文化や教育において植民地にもたらした文明を誇示したいという意図があった。マダム・ショントはフランス語教師として、首都ポワンタピトルにあるリセ・カルノに着任した。当時のリセの様子については、マルチニックの作家ジョゼフ・ゾベルが『黒人小屋通り』（一九五〇年）で一九三〇年代のリセ・シェルシェールの風景を生徒の視点から描いているので参考になる。マダム・ショントは故郷モゼル県で現地語を母語とし、ドイツ語ないしフランス語を公用語とする二重言語状態を経験していたため、クレオール語とフランス語の並存に共通点を見出《みいだ》したのか、いわゆるフランス本国出身者のような尊大な態度は取らなかった。▼3 むしろモゼル県出身者として共感をもって人々に接し、クレオール語にも関心を持った。そして、貧しい人々による夜の集いに通って、改変が少ないとされる民話を採集した。そこには、クレオール語とフランス語の両方に長《た》けた現地の情報提供者がいたであろうことが推測される。

　クレオール語で語られる民話を部外者がはたして採集できるのか、その真正さに疑問を持たれるかもしれない。しかし「読者へ」と題された『クレオール民話』の序文の中で「マダム・ショントは、これらのいろいろな話を語り部たちの口から採集しました。驚くべき道徳心と辛抱強さから、マダム・ショントは精確であることを気にかけて、細部に至るまで、翻訳することで失われてしまったであろう、この土地の味わいすべてを留めました」と書かれているのは本当だろう。具体例を挙げると「ザンバとウサギが王様の牛を殺す」という話の中で、「ウサギはおしっこのほうへ、ザンバはうんこのほうへ」Lapin dans la panse à pipi, Zamba dans la panse à caca と語られる場面がある。本土から来た教師が土地の味わいをおもんぱかることなくフランス語にしたのであれば、たとえば幼児語「おしっこ」pipiや「うんこ」cacaなどはいわゆる「正しいフランス語」の規範にしたがって言い換えてしまいそうだが、マダム・ショントの民話ではおそらく実際に語られたままである（参考までに言及しておくと『ブキの物語』の、これによく似た第十五話「また別の象の話」では「膀胱」la vessieになっている）。また『クレオール民話』は後世にも影響を与えており、シモーヌ・シュワルツバルトの『ティ・ジャン・ロリゾン』はとりわけマダム・ショントの民話に着想を得たとされている。[4] マリーズ・コンデは民話についての論考で、ウサギとジャンの民話の中でも小アンティル諸島でよく知られた話を列挙しているが、その選択が本書に依拠しているのは間違いない。[5]

フランス併合三百周年と序文「読者へ」

マダム・ショントの『クレオール民話』はカリブ海植民地三百周年を記念して一九三五年に発表された。冒頭に献辞として政治家数名の名前が列挙されているが、そのうちの上院議員アンリ・ベランジェと代議士グラシアン・カンダスは、パリのソルボンヌ大学の大講堂で三百周年の記念講演を行なった。植民地科学アカデミーが両氏に「国内あるいは国際的生活およびフランスの知的活動におけるアンティルの役割」[6]という主題を与え、それに答える演説の記録が『アンティル諸島およびギアナのフランス併合三百周年』*Tricentenaire du rattachement des Antilles et de la Guyane à la France*と題された冊子に残されている。参加者は当時のフランス大統領から各省の大臣といった要人を筆頭に、「アンティル諸島とギアナの住民を代表するエリートが参加して満席」だったと記されているが、マルチニックの詩人エメ・セゼールが会場にいたとしてもおかしくない。彼が先に触れたサンゴールとともに、冊子『黒人学生』*L'Étudiant noir*を発行し、ネグリチュードを標榜したのが一九三五年である。

フランスの政治家アンリ・ベランジェは記念講演で「国際的生活および植民地の進化における仏領

アンティルの貢献[7]」と題した、五ページにわたる月並みな口上を垂れている。要約すると、まず一六三五年の植民化開始に始まり、歴史的な経緯とそれにかかわった要人たちを列挙する。次にフランス革命期の一七九四年と第二共和政時代の一八四八年における二度の奴隷制廃止を「人権宣言とささやかな所有物、家族、普通選挙、すべての人に平等な司法の設立」を実現したと賛美し、第一次世界大戦でのマルチニックとグアドループからの徴集兵の貢献を想起する。演説の締めくくりで「色彩と豊かさの楽園、メキシコ湾流の娘たち」（ヨーロッパに富と温暖な気候を保証するという隠喩）であるアンティル諸島は「アメリカの自然の中でアフリカとヨーロッパが驚くべき結合をした」と称えている。

それに比べればグアドループ出身の政治家グラシアン・カンダスは、九ページにわたる演説「経済および知性における仏領アンティル諸島の役割[8]」でいくらか気骨のある見解を述べている。その主張をまとめると次のようになる。カリブ海地域はコルベールの重商主義に典型的な植民地で、本国で作られた製品を消費する市場となり、フランスが消費ないし再輸出する商品作物の供給地となる。東インドで売れないようなフランスの商品が持ち込まれる一方で、カリブ海はヨーロッパで流行となる熱帯の特産物を供給した。またフランスは植民地から輸入される原料を用いることで、東ヨーロッパおよび中央ヨーロッパに広がる商品を生産する産業拠点となった。一七一六年から七六年のあいだに植民地物産の輸入総額は約十倍となり、その八割以上がカリブ海からだった。植民地のインディゴが、かつて灰色と茶色だった服の色を、サロンから軍隊まで青に染めたが、その生地となる綿はサンドマングから輸入したものである。

しかしながら、カンダスの演説にはいくらか誇張されたところがあり、旧サンドマンク植民地（現・ハイチ）は一八〇四年に独立してフランスから離脱していたため、三百周年には関係がない。とはいえ、ヨーロッパの経済発展に植民地が不可欠であったことを主張したトリニダード・トバゴの歴史家エリック・ウィリアムズの名著『資本主義と奴隷制』の発表が一九四四年であることを考えれば、十年近く先取って同様の議論を行なったことは注目に値する。『クレオール民話』に添えられた「読者へ」という序文は問題含みである。マダム・ショントではなく、リセ・カルノの校長であったシャルル・モワナクによって執筆された。彼はクレオール民話がグアドループ独自のものではなく、ヨーロッパやアジアなど広域に由来するものだと述べておきながら、「この一連の話の中にはアフリカの先祖たちの伝統に関係するものは何もなく、アフリカ起源は一切ないということです」とアフリカの要素をまったく認めない。多くがアフリカ人奴隷によってもたらされたであろうウサギの民話を「物質に対する精神、物理的な力に対する知性の勝利」とし、ギリシア神話のオデュッセウスを引き合いに出しているところからすると、グアドループがフランスによって西洋化および文明化されたのを証明するためであろうが、百年ほど前の植民地主義のイデオロギーが端的に表明されている。序文の筆者にいかなる意図があったのか不明だが、「伝統がないことが［…］なぜ無条件かつ全面的に、わたしたちの言語や習慣や文明に同化することができたのかを明らかにしている」という一文の「わたしたちの」から推察できるように、フランス出身の同化主義者であることは間違いないだろう。

気になるのはマダム・ショントの見解である。政治、言語、文化において複雑な事情を抱えるロレーヌ出身でありながら、フランス語教師として教育面から植民地臣民を「われらの祖先、ガリア人」（アフリカにルーツがある人々にとっては戯言《たわごと》）とフランスに同化させる任務を負ったマダム・ショントは、リセの校長によって書かれた序文をどう思ったのだろう。幸いにモワナクの無理あるアフリカ由来の否認に対し、監修を担当したグアドループ総督ブジュがそれを打ち消すように「アンティルの民話にアフリカの名残りがあらわになるであろう」とただし書きを添えているのは興味深い。憶測の域を出ないが、マダム・ショントも同様の意見を持ったことだろう。

マダム・ショントが現地社会の部外者であるとすれば、シュザンヌ・コメール＝シルヴァンはその国の生まれである。ハイチは、マルチニックやグアドループより四半世紀ほど遅れて本格的な植民が始まった。もともとは十七世紀、スペインのサントドミンゴ植民地の西側にフランス人が住み着き、フランス語式の発音で「サンドマング」と呼ばれる植民地ができていった。当初ペルーからスペインへ運ばれる金銀を狙う目的でやってきたフランス人は、ハイチ北岸沖に位置するトルチュガ島を拠点にした。まもなく対岸の本島にも侵入していく。入植者には三種類あり、海上で私掠《しりゃく》行為を行なうフリビュスティエ、野生化した牛や豚を追う狩猟集団ブカニエ、農業に従事するアビタンが存在した。一六九七年のライスワイク条約で正式にフランス領サンドマングとして認められて開発が進み、十八世紀には「カリブ海の真珠」と呼ばれるまでに発展した。しかしながら、フランス革命時に本国からの自治（自由）を求める動きが農園主から出た上、有色自由民が白人と同じ権利（平等）を求めて混乱が生じ、最終的には人口の大半を占める黒人奴隷が解放を求めて蜂起し、混乱の極みに達した。それに乗じるスペインとイギリスの侵略からフランス領サンドマングを防衛し、奴隷反乱を鎮圧していく中で頭角を現したのが、元奴隷の将軍トゥサン・ルヴェルチュールであった。独自の憲法を制定して自治状態にあったサンドマング植民地であったが、奴隷制復活と再征服を狙うナポレオンが送り込んだ部隊の奸計に陥り、トゥサンはフランスの山奥にある砦に幽閉されて、栄養失調で死亡した。しかしその後も仲間たちが闘争を続けてフランス軍を撃退し、一八〇四年にサンドマングは国名をハイチとして独立を宣言した。一九一五年にアメリカに占領されるまでは独立を保った。

ハイチ初の女性人類学者であるシュザンヌ・コメール＝シルヴァンはエリート家系の出身である。父のジョルジュ・シルヴァンはパリで法学を修めて一八八八年に帰国し、のちにフランスで大使を務

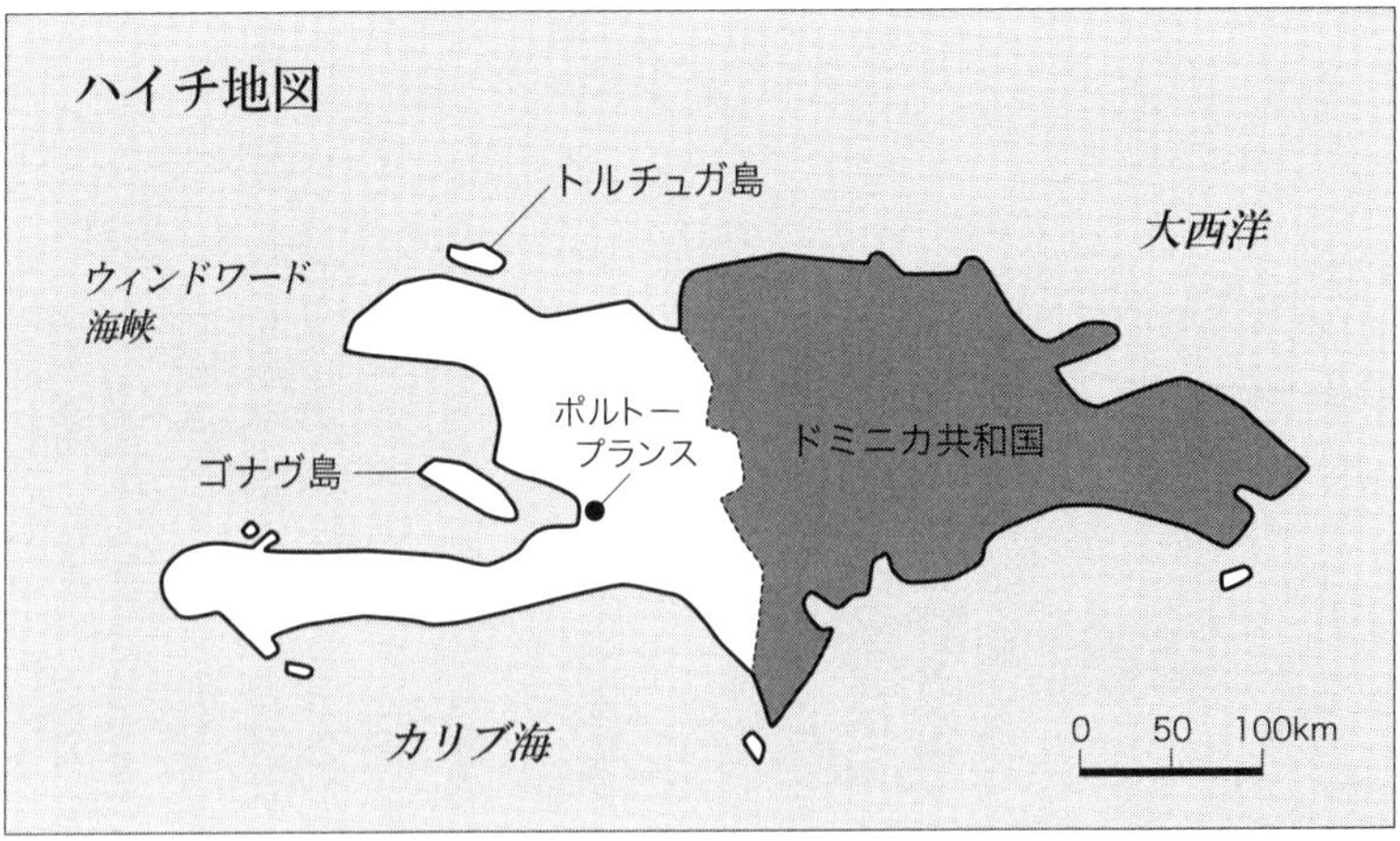

めた。あとで述べるアメリカ合衆国によるハイチ占領に対して、一九一五年に愛国連合Union patriotiqueを組織して反米闘争を行なうも、占領下の一九二五年にこの世を去った。彼の子供たちも国の歴史に名を残している。人類学者シュザンヌのほか、息子ノルミルは詩人で一九二七年にハイチの民族文化運動土着主義の機関誌「アンディジェヌ」の共同創刊者となった。シュザンヌの妹たちも傑出しており、マドレヌはフェミニズム活動家として一九三四年に社会行動女性連盟Ligue féminine d'action socialeの創始者で指導者のひとりとなり、イヴオンヌはハイチで初の女性医師になった。[▼9]

父ジョルジュは文学者でもあり、一九〇一年にラ・フォンテーヌの『寓話』をハイチ化し、クレオール語版とフランス語版を併記した『クリック？　クラック！』を発表している。副題には「山の住人によって語られてクレオール語の韻文に書き換えられたラ・フォンテーヌの寓話」と、真偽のほどはわからないが、民衆のあいだに伝わる口承文芸であることを謳《うた》っている。作品には作者本人による数ページの前書きが添えられているが、のちに成立するハイチ文学を予見するもので示唆に富む。冒頭で「クレオール語は言語か」という問いを立てておき、

――それを実地で証明するがごときクレオール語による寓話がそれに続くのだが――クレオール文学(クレオール語で書かれた文学作品)はきわめて乏しいことを認める(それから約九十年を経てマルチニックのクレオール性の作家が「アンティル文学はまだ存在しない。わたしたちはまだ前文学の状態にある[10]」と同様のことを述べる)。その理由としては、ハイチ国内ではそもそも印刷が困難な上、火事や内戦が多発するため保存が難しいからだという[11]。民衆の知性を洗練し、美の感覚を伝達するには、学校で習うエリートのフランス語よりも大衆のクレオール語で語りかける必要があると力説する[12]。このクレオール語を国語化するべきという主張は、おそらくフランス語が成立する歴史的過程を念頭に置いている。前近代に脱ラテン語化を進め、古典ギリシア語とラテン語に勝るとも劣らぬ言語にしようとフランス語を整備、洗練させ、書き言葉として土着語から文学言語に進化した。実際に、ラ・フォンテーヌの『寓話』は古代ギリシアのイソップ童話をフランス語で韻文にした。さらにそれをクレオール語で韻文にしたのが『クリック? クラック!』である。あたかも古典語からフランス語というかつての変遷を、フランス語からクレオール語で再現せんとするかのようである。ジョルジュ・シルヴァンはそのまえがきでハイチに伝わるマリスとブキの話をヨーロッパ中世の『狐物語』に比し、非力ながらずる賢い狐が力は強くても愚鈍な狼をかつぐ話に、マリスとブキの関係を見出す[13]。ハイチ文学の成立をフランス文学のそれになぞらえるこの企図は、人類学者の娘シュザンヌがクレオール語で伝わる民話をフランス語にした『ブキの物語』によって成し遂げられることになる。

このような文脈で『ブキの物語』のまえがきを見ると、冒頭に「これらの物語はとても細かい点まで、わたしたちの国の農民から集められたもので、彼らはわたしたちの伝統的民俗の一部、わたしたちの民衆の口承文学の一部を成しています」と記しているのは、真正さを請け合うためだけではなく、ハイチ文学の具現化を願った父の遺志を継ぐことの表明でもあるに違いない。それが垣間見えるのが、第十五話に見られる「この家ほどの背の高さがある巨大な雄牛」という表現で、語りの中では一見不自然な指示詞「この」の使用である。これは語り部の声が書き言葉の規範に還元されずに残った口承性の痕跡であり、「この家」は語り部がその場にある家を聴衆に向かって指差すしぐさとともに発せられる言葉をそのまま書き取ったものである。また第三十話の「こんな長い牙をもつ大型犬」という語り部の声も同様で、「こんな長い牙」は聴衆を前に手で見せる大きなしぐさ、つまり語り手の身体性を含んでいる。ちなみにグアドループ出身でノーベル賞作家のサンジョン・ペルスの詩作は幼少期に経験した語りの影響を受けているとされるが、これに類する口承性を詩作に取り込んでいる。

フランス賠償、アメリカ占領、ハイチ文学

フランス軍を排除して独立を達成したハイチはまもなく南北に分裂し、一八二一年の再統一以降、国際的に孤立した。奴隷制が当たり前であった十九世紀前半において、黒人奴隷制から成る社会を築いたヨーロッパ各国にとって目の上のたんこぶとなり、独立が承認されない状態が一八二五年まで続く。ハイチを国家として認めることは奴隷制を否定することを意味し、ハイチを真似《まね》てカリブ海の植民地で奴隷が蜂起する危険性があるからである。また、南米各国のスペインからの独立を画策するシモン・ボリバルが一八一五年にハイチに身を寄せており、植民地宗主国にとっては厄介な存在であった。結局フランスが条件つきで独立を承認したが、経済学者トマ・ピケティは、二〇一九年発表の『資本主義とイデオロギー』*Capitalisme et idéologie* で、その引き換えとして課した多額の賠償金を痛烈に批判している。そもそも、戦勝国であるハイチが賠償責任を負うこと自体が奇妙である。また、二〇二二年五月にはハイチ混迷の根源を探るため、「ニューヨーク・タイムズ」紙が「ハイチ貧困のルーツ——奴隷主への賠償」The Roots of Haiti's Misery: Reparations to Enslavers という特集記事を組んで、フランスの黒い歴史をあぶり出している。現代ハイチの貧困は賠償金という名の「身代金」に起因し、もしもそれがなかったならばインフラストラクチャーが整備され、今のようなひどい

低開発状態に陥ることはなかっただろうと結論づけた。

　ピケティによると、フランス革命期には穏健派および自由主義エリートにとってすら、奴隷制廃止にともなって奴隷所有者に対する賠償が必要とされることは自明の理で、議論の余地はなかったという。[14]一六八五年の黒人法第四十四条で「奴隷は動産である」と法的に認識されていた時代である。一八二五年、フランス国王シャルル十世は一億五千万フランの賠償を要求し、ハイチはそれを受け入れざるを得なかった。その額が実際にどれほどのものであったかといえば、当時のフランスの国民所得の二パーセントにあたり、二〇一八年で推定すると四百億ユーロに相当するという。さらに問題なのは、その一億五千万フランという額が、当時のハイチの国内総生産の三百パーセントに相当したことである。単純にそれを当初設定された弁済の期限である五年で割ると、毎年国内総生産の六十パーセントが賠償に充てられることになる。さらに年に五パーセントの金利が課せられる取り決めがなされたが、これはハイチの国内総生産の十五パーセントに相当し、元本と金利の支払いを合わせると七十五パーセントがフランスに流れ出すことになる。[15]国内総生産の四分の三を失えば国家が破綻することは目に見えている。結局、期日通りには支払いが進まず、途中フランスの銀行は政府の協力を得てアメリカに債権を譲渡し、ハイチが負債を完済したのは百二十五年後の一九五〇年だった。[16]賠償の是非はさておき、疑問が残るのは、数世代にわたる賠償金が実際にどこに消えたかである。フランスの産業革命は一八三〇年ごろから始まったとされ、時期が重なるが、ハイチから払われた賠償金と関係があるのだろうか。「ニューヨーク・タイムズ」紙の記事は、賠償金回収を担ったフランスの銀行がエッフェル塔建設の融資を行なった事実を指摘している。[17]また一八二五年、革命期に所領が接収に遭って売却された亡命貴族《エミグレ》に対して損失を賠償する「十億法」la loi du milliard（総額が十億フランに相当することに由来する名称）がシャルル十世によって発布された。[18]この法律とハイチの賠償金とのあいだに見られる「亡命者に対する補償」という共通項以外に、何か具体的な関係があるのかについては、探るべき余地がまだ残されている。

　ハイチ文学は、一九一五年から一九三四年にかけての占領下、アメリカに対する反動形成によって誕生する。一九一四年にパナマ運河が開通し、カリブ海はアメリカにとって西海岸と東海岸をつなぐ通過地として地政学的に重要な意義を持つことになった。また、一八九八年の米西戦争で中南米の覇権をスペインから奪ったアメリカは、すでにプエルトリコやキューバに触手を伸ばしていた。占領は第一次世界大戦下、ヨーロッパの植民地各宗主国の警戒が薄れていた時期に行なわれた。同時に戦争によって砂糖の価格が急騰したため、カリブ海の製糖業は莫大な富を生み出すことになり、経済的にも利点があった。ハイチは一九一一年から毎年大統領が変わる政情不安に陥っていた折に、独立以来恐れていた征服という悪夢が現実となった。一九一五年に大統領が政治犯を大量に処刑したことから大衆が暴動を起こす。暴徒によって大統領が私刑に遭って殺害されるという混乱の極みを鎮《しず》めるという口実で、アメリカ海軍がハイチを侵攻する結果になった。外国の白人たちが見せる横柄な態度や疑似的な植民地状態がサンドマング時代の苦い記憶を思い起こさせた。アメリカはハイチにかつて存在した賦役《ふえき》を復活させ、不当に民衆を徴用した上に縄につないで強制労働を課す。その結果、一九一八年から一九二〇年にかけて農民の反乱を招いた。[19]

　ハイチのエリートは、アメリカの物質主義に対してフランスとアフリカの文化遺産をよりどころに抵抗を試みた。反米としての親仏と、アフリカ起源の肯定である。それがハイチ独自の文学という形で結実する。その中心となった運動が土着主義である。機関誌「アンディジェヌ」の一九二七年の創刊号の巻頭を飾る記事「ジョルジュ・シルヴァンの夢」で、詩人ノルミル・シルヴァンは「このスペインとイギリスのアメリカにおいて、わたしたちにはカナダとフランス領アンティル諸島とともにフランス語の伝統を維持するという輝かしい定めがある[20]」とハイチに残されたフランス語の遺産としての文学の重要性を説く。ハイチ文学の誕生を予見していた父ジョルジュが述べた「善意のハイチ人たちのために、政治の外で理解と団結の場所を見つけること、国民の全知力を共通の祖国の文明に一致して向かわせること、お互いをよりよく知ることを教えて彼らに自分自身について意識させること」という言葉を引用し、「文芸愛は心を団結させる絆となるだろう」と、政治で分断された国の融和を文学によってはかろうという理想を代弁する。[21]

ハイチにおけるそれまでのフランス語文学は、人類学者ジャン・プライス・マルスが「集団的ボヴァリスム」と批判したように[22]、フランスの真似事、自分が本来そうでないものであるふりをする自己欺瞞でしかなかった。ハイチの文学であるからには独自性が必要となる。そしてそのハイチの独自性を打ち出す際に、フォークロアがキーワードになった。ジャン・プライス・マルスはフォークロアを「公式の宗教あるいは文明史で用いられなかった民衆の文化」とし、風変わりな習慣、動植物や自然環境、人間の生活などにおける迷信、呪術や超自然的なもの、ことわざなどがその対象となると定義する。[23]一九二〇年にアメリカで花開いた黒人文化運動ハーレム・ルネサンスに触発され、民族固有の素材を用いて黒人文学のスタイルを創造せんとする理念は、ノルミルの「文学は民衆の魂をあやまたず表現する」[24]という言葉によく表れている。それを実現したのがハイチの農村を舞台としたジャック・ルーマンの小説『朝露の主たち』（一九四四年）であり、今でもハイチ人の心の拠りどころとなっている。それに先立つシュザンヌの『ブキの物語』も、父ジョルジュが予見したとおり、ハイチ文学の礎《いしずえ》となる重要な作品である。その大衆性は、「ブキ」が固有名詞であるのみならず普通名詞としても使われていることからもうかがわれる。第一話「ブキの風呂」で熱すぎる風呂を指す言い方であることが述べられており、また最近でもハイチ出身の作家エドウィージ・ダンティカの『すべて内なるものは』（二〇一九年）に収録された「ドーサ　外されたひとり」で、だまされた主人公が「お人よしの人たち、まぬけたち《ブーキ》[25]」と述べるように、愚昧を意味する言葉として「ブキ」が用いられている。

表1

『クレオール民話』	『ブキの物語』
ウサギがザンバを馬にする	十　馬具をつけたブキ
ザンバとウサギが市場でお母さんを売る	四　ブキとマリスがお母さんを売る
ザンバとウサギが王様の牛を殺す	十五　また別の象の話
ザンバとカネフィスのたまご	三十四　また別のたまごの話
ウサギがザンバのシロップを飲む	二十七　洗礼
ザンバとウサギがイラクサの野原を耕す	二十四　勝ち取った雄牛
ウサギがザンバの魚を盗む	三十九　灰売りのブキ
ウサギとザンバのヤムイモ	十二　ヤムイモ畑
どうしてウサギは四本足で歩くのか	二十　マリス、おお！　お前が正しい
ウサギが家を建てるためにしたこと	三十　マリスがもう少しだけ知恵を神様にお願いしに行ったのが見られたことについて

『クレオール民話』と『ブキの物語』比較

『クレオール民話』と『ブキの物語』は作品の構成が異なる。前者は大まかにジャンの物語群、ウサギの物語群、動物民話とグアドループの民話が幅広く集められている。マリーズ・コンデはジャンの物語群について超自然、妖精、化け物、魔法の道具など空想性が高い要素が多く含まれていることから、ヨーロッパ起源であるのは自明だという。[26]ウサギ民話が空腹と窃盗といったように、生存本能がむき出しなのに対し、ジャンは勇気や善意など内面が問題になっていると指摘し、キリスト教的な規範が見られるとしている。[27]本書を読んでいて気づいたかもしれないが、『クレオール民話』と『ブキの物語』にはそれぞれに共通する類話が収録されている。それは、どちらもアフリカが起源で、黒人奴隷がグアドループとハイチに伝えたものがそれぞれに残っているからである。それらをまとめると、次のようになる（表1参照）。『ブキの物語』の「まえがき」で述べられているように、集めた五十話のうち半数がアフリカ起源であり、前述したように『クレオール民話』の監修者グアドループ総督ブジュのただし書きが適切であることがわかる。類話の一覧のうち、第二十七話がフランスの民話起源と推定されているのみで、他は西アフリカないしバントゥー族の野ウサギ民話に由来するか（第四話、第十話、第十五話、第三十話、第三十四話）、未確認ではあるもののカリブ海の諸地域に見られることからアフリカ由来と想定されるか（第十二話、第二十話、第二十四話、第三十九話）のどちらかである。ただ、民話が一筋縄でいかないのは、例えば『クレオール民話』の「ウサギがザンバの魚を盗む」で腐ったたまごを吐き出す結末が、『ブキの物語』では別の話型の第十二話「ヤムイモ畑」の結末として用いられていることである。同様に「ウサギとザンバのヤムイモ」の結末にある呪いの言葉で脅すというモチーフは、『ブキの物語』第十六話「トウェ……ファ……マロレ」の中に見出される。また、ウサギ民話とは別とみなされるジャンの物語群でも両者のあいだには共通点があり、例えば、家畜を売り、尻尾を沼に突き立てて相手をかつぐモチーフは両民話において母親を市場で売る話の結末に共通して見出されるが、「ジャン坊やと怒らない旦那」の途中にも採用されている。また、阿呆のジャンが病気の母親を風呂に入れるモチーフは、第一話「ブキの風呂」の主題になっている。

　アフリカではもともと野ウサギとハイエナであったペアは、新大陸にもたらされた際、野ウサギが飼いウサギに難なく置き換えられた。もともとアフリカにおいて、このトリックスターは部族によってカメやクモなどに形を変えて現れる。その名残としてマダム・ショントが集めた中では「どうしてカメの甲羅は割れているのか」と「どうしてクモの腰は細いのか」に狡猾な主人公として出てくる。また、ジャマイカにはそのままクモとして伝わっており、日本にはフィリップ・M・シャーロック『クモのアナンシ』（一九五四年）が紹介されている。▼28 一方で、ハイエナはアメリカ大陸およびカリブ海地域に存在しないため、ハイエナを意味する「ブキ」が名前として導入されるか、「ザンバ」という正体不明の動物となるか、あるいは『ブキの物語』の著者が指摘しているようにキツネや雄山羊、ライオンやゾウに置き換えられた。しかし野ウサギとハイエナがそれぞれどのような動物に姿を変えて表されるかは、さほど重要ではない。大切なのは、力はなくとも知恵のある者と力はあっても愚かな者、だます者とだまされる者という、物語の原動力になる対称的かつ不可分の関係が成立することである。

　アフリカの野ウサギとハイエナがアメリカの植民地という文脈に移し替えられたときに、異なる解釈が生まれた。ジャン・プライス・マルスは、植民地生まれ《クレオール》の奴隷とアフリカから連れてこられた第一世代の奴隷「ボサル」の関係を示していると指摘する。[29]現地の習慣に慣れているクレオールが、異質な環境に投げ込まれた不器用なボサルをやり込めるという解釈である。マリーズ・コンデは、それ以外に、農園における主人と奴隷の寓話でもあるのではないかと主張する。[30]シュザンヌ・コメール＝シルヴァンは、都会人と農民、教育のある者とない者という二分法を提示する。この見解は一八〇四年の独立後クレオールはすでに開かれた平地に残り、ボサルは未開拓地として残っていた傾斜地に住《すみ》処《か》を求めた時代背景に基づいている（『クリック？　クラック！』が「山の住人によって語られ」たことや、『ブキの物語』が「丘の語り部たちが語る」のは、欧米文化との接触がなく、土着性が色濃いことを示唆する）。ちなみに訳文には反映させなかったが、原文ではブキは門歯が抜けたようなしゃべり方をしている。ひとつの解釈によれば、ブキのおかしなフランス語は、習得しきれていないクレオール語を表現したものであるという。[31]これらの二分法的解釈は、どれも妥当である。アフリカをいちばん下にして、次に奴隷制の時代、最後にグアドループでは解放後のプランテーション時代、ハイチでは独立後の自作農の時代が層のように重なり、ウサギとザンバないしマリスとブキのペアが形成されている。ザンバとブキは体が大きく愚鈍で、だまされ役としてほぼ同一と言っても過言ではないが、両者にはひとつ決定的な違いが存在する。マリーズ・コンデはウサギとザンバの性格を次のように分析して表にしている[32]（表2参照）。

表2

ウサギ	長所	歌と楽器が上手、口が上手
	短所	泥棒、嘘つき、残酷、自己中心的、貪欲、復讐欲、臆病、女好き、怠け者、尊大
ザンバ	長所	愛妻家、子煩悩
	短所	貪欲、我慢できない、信じやすい、音痴、口下手、怠け者

おそらく、ウサギの短所として挙げられている「残酷」と「自己中心的」は、『ブキの物語』ではむしろブキに割り当てられるべき特質である。甥のマリスや友人のサルに襲いかかる獰猛《どうもう》ぶりで、単純素朴でやられ役に徹するザンバに比べ、原型である肉食動物ハイエナの側面が強調されている。

『ブキの物語』が特殊なのは、もともと動物を主人公にした民話だったのが、ほとんど人間になっていることである。第三十話の最後に、マリスの一族は例外的に耳が長いとされているように、ウサギの痕跡を残しつつもすでにウサギではなく、もともとあだ名で「悪意」を意味する「マリス」が登場人物名になっている。ブキも、コメール＝シルヴァンが語り部から動物が人間になったと聞いたとおりである。ハイチで刊行された初版のカバーにある図像では、頭髪とひげをはやした人間らしい顔をしつつも、動物であることを示す口蓋裂、とがった耳と爪、尻尾が描かれており、人間なのか獣なのかどちらともつかない容姿で描かれている。この邦訳の装画にも、同じイラストを用いた。ちなみに本書でところどころ挿入されるイラストも初版のものである。

仏領アンティル諸島とハイチにおける家族

マリーズ・コンデは、民話というものはそれぞれの話が単独で、他の話とはつながりがないため、シュザンヌ・コメール＝シルヴァンの「物語」roman はヨーロッパ中心的で口承文芸に細工をしたものだと批判する[33]。この指摘はもっともである。ジョルジュ・シルヴァンがヨーロッパ中世の『狐物語』にブキとマリスの民話を見出し、父の遺志を継ぐ娘シュザンヌの意図がそれに連なる。形式としても子供時代から始まり、ブキとマリスの最期で終わるという緩やかなまとまりが存在する。また『クレオール民話』と『ブキの物語』が決定的に異なるのは家族の存在である。口承文芸の大家マックス・リュティによると、民話の主人公は家族構造にはめ込まれておらず、むしろそこから離れることが話の原動力になる。[34] この見解に従うと、『ブキの物語』はすでに民話というジャンルを脱しつつあることになる。おそらく『ブキの物語』においては、家系が導入されることによって、もともと動物だったのが人間に近づいていった。その背景にあったのが十九世紀に形成されたハイチにおける独立自作農の社会と、その基盤にある家族制度である。

表3

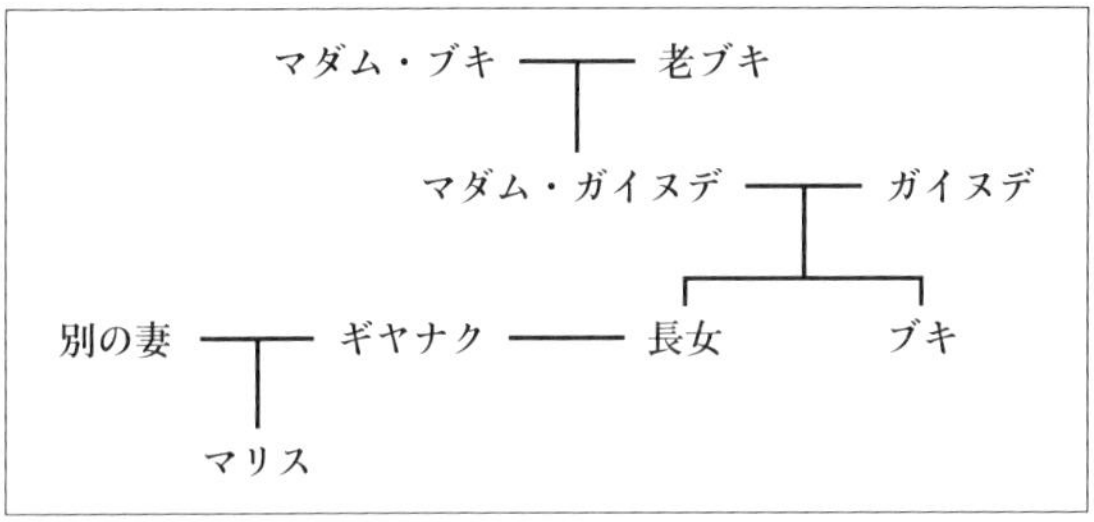

『クレオール民話』では、ウサギとザンバがお互いを「コンペ」と呼び合う同輩の関係にあり、ウサギはザンバに「君」tuを用いて話しかけている。『ブキの物語』ではマリスとブキには「甥」と「おじ」という上下の関係があり、マリスは（第一話の子供時代を除いて）ブキに対して「あなた」vousを用いて話しかけている。また呼びかけにも常にクレオール語で「おじさん」Noncqueと敬称を用いている。ブキがおじという設定はハイチでは定番のようで、ジャン・プライス・マルスの『おじはかく語りき』*Ainsi parla l'oncle*（一九二八年）の中ですでに「ブキおじさんとちびのマリス」として言及されている。[35]

ただ本当に血縁であるわけではなく、第一話冒頭で説明されるようにマリスはブキ一家と血筋が異なる（表3参照）。また「マダム・ガイヌデは長女をムッシュ・ギヤナクと結婚させ」たが、マリスは「ギヤナクの別の奥さんとのあいだにできた」ことからすると、マリスはおそらくギヤナクの私生児である。ただブキのおばあさんのところで一緒に育っており、「ふたりの子供」といわれているように、実際は「おじと甥」という間柄だが、第四十八話の冒頭で触れられているように、実は同年齢である。にもかかわらずブキのマリスに対する権威は絶対的で、マリスも少なくともうわべではそれに従っている（一見不可解に思える関係だが、わずか一年の違いで実年齢にかかわらず先輩後輩の上下関係が成立する日本の習慣と比べれば十分に理解できるだろう）。マリスがブキをかつぐことで生まれる面白味は、非力な者が強者に勝るのに加え、社会的な上下関係に転覆が生じるからである。

『ブキの物語』と同時代、一九四八年にハイチの山岳地帯マルビアルで現地調査を行なった民族学者レミ・バスチャンは、ハイチにおける子供の育て方について述べており、子供は六歳ごろから棒を使って厳しくしつけられ、年長の兄弟、おじ、おば、いとこ、代父母など目上の親族が教育にかかわったという[36]。ブキも年長者としてマリスに「どれだけお前のことを気にかけているかわかっているだろう」と繰り返し保護者のような態度をとっている。アメリカの人類学者シドニー・ミンツは、カリブ海に見られるこのような疑似的なものも含めた家族関係は、故郷アフリカの親族ネットワークから引き裂かれ、地縁も血縁もない植民地に連れてこられた際に、「兄弟」bro、「おじ」uncle「おば」auntie、「おばあちゃん」granといったアフリカにあった親族関係をモデルにして、新世界で社会的な絆を再構成したものだと指摘する[37]。具体例を挙げれば、第五話で明らかに現実の血縁関係がないにもかかわらず、ヒツジがブキを「パパ」と呼ぶのはこのせいである。

　これに比べるとグアドループの『クレオール民話』において親族関係は希薄で、ウサギとザンバに母親がいること、それぞれに子供がいることがわかるくらいで、親族として有機的に結びついている様子はなく、親と子の最小の関係しか見えない。グアドループは奴隷制の時代が一八四八年まで続いただけでなく、実質上それとほとんど変わらない、生産手段を奪われた低賃金労働者によるプランテーション時代が、海外県となるまで約一世紀続いた。マダム・ショントの時代はその末期に当たる。

そのため民話に限ったことではなく、歴史的にグアドループとよく似た一九二〇年代から三〇年代のマルチニックを舞台にした小説『黒人小屋通り』でも、祖母と孫、母と息子という最小の家族関係で物語は進行する。[38] しかしハイチは一八〇四年の独立後、大規模プランテーションの再建が試みられるものの成功せず、革命期に接収された土地が国から徐々に譲渡され、十九世紀のあいだに独立自作農が一般化した。そのなかで、土地の相続やそれを規制する独自の制度が共同体内で形成されていった。その基盤となったのがラクと呼ばれる血縁と婚姻に相続が折り重なる農村社会の拡大家族である。同時代ハイチの農村を舞台にした『朝露の主たち』では、同一の祖先を共有するふたつの家系がからみ合い、いわば農村共同体内の濃すぎる血が物語の背景となっている。[39] 仏領小アンティル諸島とハイチとのあいだのこのような社会構成の違いは、その歴史の違いにある。歴史的社会変化の違いが、『クレオール民話』ではドライな核家族、『ブキの物語』ではウェットな拡大家族を民話に描かせている。

ウサギとザンバの飢えに由来する悪だくみが奴隷制の時代にさかのぼるものであれば、マリスとブキのそれにはむしろその後の農村社会の過酷な生存競争が反映されている。ブキの度外れな貪欲さも、体が大きい分たくさん食べなくてはならないという理由だけではなく、子だくさんで、家族に食べさせねばならないからでもある。背に腹は変えられぬゆえの過ちから罰せられるブキに「しんみりとした憐れみ」を感じるハイチ人の親近感は、ブキの置かれた状況に自らの姿を見出したからであろう。

クレオールから植民地再考へ

最後に、日本においてフランス語圏カリブ海文学は一九九二年、コロンブスの大西洋横断五百周年ののちに「クレオール文学」として紹介された。ちょうど一九四六年の海外県化以降に生まれ育ったマルチニックの若い作家たちが、セゼールのネグリチュード、グリッサンのアンティル性といった先達の打ち立てた概念を批判して、クレオール性を標榜したのが一九九〇年前後であった。本国フランスとの同化が進み、独自の文化が失われていく趨勢への反動として主張されたクレオール性だった。折しもベルリンの壁が打ち壊され、ソヴィエト連邦も崩壊し、冷戦体制から新たな時代を迎えるのと時を同じくしたため、グローバルに対するクレオールとして一時的に注目を浴び、日本でもブームが起きた。

とりわけよく知られるのは『クレオール礼賛』の冒頭「ヨーロッパ人でも、アフリカ人でも、アジア人でもない、わたしたちは自らをクレオールだと宣言する」[▼40]という一文である。ただ、一見魅力的な宣言も、彼らの主張するクレオール性が何を意味するのかといえば「カリブ海、ヨーロッパ、アフリカ、アジアと中東の文化的要素のインタラクショナルでトランザクショナルな集合体」という抽象的なもので、実体がはっきりしない。植民地三百周年講演における政治家アンリ・ベランジェによるありきたりな世辞「アメリカの自然の中でアフリカとヨーロッパが驚くべき結合をした」ノンティル諸島とさして変わらない。フランス海外県レユニオン島出身の政治学者のフランソワズ・ヴェルジェスは、フランスにおいてこういった雑種《メティス》が意味するものは、色とりどりを売りにする世界的に有名なアパレル会社の広告の類《たぐい》であり、消費のためのエキゾチックな商品であると批判している[▼41]。実体がはっきりしないクレオール性の概念も同様である。そもそも、異質なものの混成によらない純粋な民族や文化など存在するのかどうかを問わねばならない。おそらくあらゆるものは雑種やクレオールとして始まり、ありもしない起源の「純粋さ」を求める純粋化の過程がそのあとに生じる。

ブームのあと、フランス語圏カリブ海文学は日本独特の「クレオール文学」という判然としない名称で定着し、ポストコロニアル、フランコフォニー、世界文学に結びつけられてきたが、二十一世紀前半に植民地の問題が再燃する危険をフランスは潜在的に抱えている。まず二〇二五年にハイチに対する独立賠償が二百年を迎えることになる。百年目を迎えた一九二五年にはアメリカ占領下で看過されたが、二〇二五年はどうなることだろうか。以前からその妥当性は疑問視されており、返還ないし償いを求める議論が繰り返されている。また二〇三四年にハイチは脱アメリカ占領、別名「第二の独立」百周年を控えており、混迷を極めるハイチの貧困と低開発の原因が改めて追及されることになるだろう。翌二〇三五年にはフランス旧植民地併合四百周年が続く。これらを迎える前に、二〇三〇年はフランスによるアルジェリア侵攻から二百年となる。その後、二〇四八年にフランスの奴隷制廃止から二百年を迎える。これから二十一世紀半ばにかけて、フランスの帝国主義と植民地主義の歴史が繰り返し問われることになるだろう。

▼1　Simone Schwarz-Bart, *Ti Jean L'horizon*, Seuil, 1979, p. 9

▼2　Lucien Dourson, « Le destin singulier du couple Schont collecteur de mémoire de la Guadeloupe », *Revue du pays de Bitche*, no. 18, 2020, p. 27

▼3　Lucien Dourson, « Le destin singulier du couple Schont collecteur de mémoire de la Guadeloupe », *Revue du pays de Bitche*, no. 18, 2020, p. 30

▼4　Jean-Pierre Jardel, « Littérature antillaise d'expression française et identité culturelle : "Ti-Jean L'horizon" de Simone Schwarz-Bart », *Anthropologie et Sociétés* vol. 6 No. 2, 1982, p. 63

▼5　Maryse Condé, *La civilisation du bossale*, L'Harmattan, 1978, pp. 34-45

▼6　« Avant-propos », *Tricentenaire du rattachement des Antilles et de la Guyane à la France*, Soiété d'éditions géographiques maritimes et coloniales, 1935, [NP]

▼7　« Du rôle des Antilles françaises dans la vie internationale et l'évolution coloniale », *Tricentenaire du rattachement des Antilles et de la Guyane à la France*, Soiété d'éditions géographiques maritimes et coloniales, 1935, [NP]

▼8　« Du rôle des Antilles françaises dans la vie internationale et l'évolution coloniale », *Tricentenaire du rattachement des Antilles et de la Guyane à la France*, Soiété d'éditions géographiques maritimes et coloniales, 1935, [NP]

▶ 9 Laurent Dubois, et al, *Haitian Reader: History, Culture, Politics*, Duke University Press, 2020, p. 221

▶ 10 Jean Bernabé et al., *Éloge de la créolité*, édition bilingue, Gallimard, 1990, p. 14

▶ 11 Georges Sylvain, « Notice », *Cric ? Crac ! : Fables de La Fontaine racontées par un montagnard haïtien et transcrites en vers créoles*, L'Harmattan, 2011, p. 3

▶ 12 Georges Sylvain, « Notice », *Cric ? Crac ! : Fables de La Fontaine racontées par un montagnard haïtien et transcrites en vers créoles*, L'Harmattan, 2011, p. 5

▶ 13 Georges Sylvain, « Notice », *Cric ? Crac ! : Fables de La Fontaine racontées par un montagnard haïtien et transcrites en vers créoles*, L'Harmattan, 2011, p. 6

▶ 14 Thomas Piketty, *Capitalisme et idéologie*, Seuil, 2019, p. 256

▶ 15 Thomas Piketty, *Capitalisme et idéologie*, Seuil, 2019, pp. 264-265

▶ 16 Thomas Piketty, *Capitalisme et idéologie*, Seuil, 2019, pp. 265-266

▶ 17 Catherine Porter et al., "The Roots of Haiti's Misery: Reparation to Enslavers", *New York Times*, May 20 2020

▶ 18 Jascques-Marie Vaslin, « La loi du milliard des émigrés », *Le monde*, le 21 décembre 2000

▶ 19 J. Michael Dash, *Literature and Ideology in Haiti 1915-1961*, Barnes & Nobles Books, 1981 p. 47

▶ 20 Normil Sylvain, « Un rêve de Georges Sylvain », *La Revue Indigène*, no. 1, juillet 1927, p.

▶ 21 Normil Sylvain, « Un rêve de Georges Sylvain », *La Revue Indigène*, no. 1, juillet 1927, pp. 1-2

▶ 22 Jean Price Mars, *Ainsi parla l'oncle*, Lemeac, 1973, p. 44

▶ 23 Jean Price Mars, *Ainsi parla l'oncle*, Lemeac, 1973, p. 50

▶ 24 Normil Sylvain, « Un rêve de Georges Sylvain », *La Revue Indigène*, no. 1, juillet 1927, p. 3

▶25　エドウィージ・ダンティカ、佐川愛子訳、『すべて内なるものは』作品社、二〇二〇年、四六頁

▶26　Maryse Condé, *La civilisation du bossale*, L'Harmattan, 1978, p. 40

▶27　Maryse Condé, *La civilisation du bossale*, L'Harmattan, 1978, pp. 40-41

▶28　Cf. フィリップ・M・シャーロック、小宮由訳『クモのアナンシ』岩波書店、二〇二一年

▶29　Jean Price-Mars, *Ainsi parla l'oncle*, Lemeac, 1973, p. 57

▶30　Maryse Condé, *La civilisation du bossale*, L'Harmattan, 1978, p. 35

▶31　Fatoumata Seck, "Crossing the Atlantic: Bouqui and Malice, a Caribbean Counterpoetics", *The Journal of Haitian Studies*, vol. 24 no. 1, Spring 2018, p. 85

▶32　Maryse Condé, *La civilisation du bossale*, L'Harmattan, 1978, p. 37

▶33　Maryse Condé, *La civilisation du bossale*, L'Harmattan, 1978, p. 40

▶34　Max Lüthi, *The European Folktale*, trans. John D. Nile, Institute of the Study of Human Issues, 1982, p. 17

▶35　Jean Price Mars, *Ainsi parla l'oncle*, Lemeac, 1973, p. 53

▶36　Rémy Baastien, *Le paysan haïtien et sa famille : Vallée de Mabial*, Karthala, 1985, pp. 82-83

▶37　Sidney Mintz, *The Birth of the African American Culture: an Anthropological Perspective*, Beacon Press, 1992, p. 66

▶38　Cf. ジョゼフ・ゾベル、松井裕史訳『黒人小屋通り』作品社、二〇一九年

▶39　Cf. ジャック・ルーマン、松井裕史訳『朝露の主たち』作品社、二〇二〇年

▶40　Jean Brnabé, Partick Chamoiseau, Raphaël Confiant, *Éloge de la créolité*, édition bilingue, Gallimard, 1990, p. 13

▶41　Françoise Vergès, « Métissage, discours masculin et déni de la mère », *Penser la créolité*, L'Harmattan, 1995

【著者・訳者略歴】

シュザンヌ・コメール＝シルヴァン（Suzanne Comhaire-Sylvain）

1898年、法学者・政治家・文学者のジョルジュを父として生まれ、ハイチ初の女性人類学者となる。1940年に『ブキの物語』（*Le Roman de Bouqui*）を発表。弟のノルミルは詩人でハイチの民族文化運動土着主義の機関誌「アンディジェヌ」の共同創刊者。妹のマドレヌはフェミニズム活動家。もうひとりの妹イヴォンヌはハイチで初の女性医師。

マダム・ショント（Madame Schont）

1895年、ロレーヌ地方モゼル県に生まれる。1923年にドイツ語の教授資格（アグレガシヨン）に合格し、1924年にジュリアン・ショントと結婚。1930年、グアドループに移住し、ポワンタピトルのリセ・カルノにフランス語教師として勤務。カリブ海植民地三百周年を記念して1935年に『クレオール民話』（*Quelques contes creoles*）を発表。

松井裕史（まつい・ひろし）

金城学院大学文学部准教授。ニューヨーク市大学大学院センターで博士候補資格取得後、フランスのパリ第八大学で博士号取得。文学博士。フランスおよびフランス語圏文学、とりわけカリブ海が専門。訳書に、テレーズ・ジョルジェル『カリブ海アンティル諸島の民話と伝説』、ジャック・ルーマン『朝露の主たち』、ジョゼフ・ゾベル『黒人小屋通り』（以上作品社）がある。

ブキの物語／クレオール民話

2023年8月25日初版第1刷印刷
2023年8月30日初版第1刷発行

著　者　シュザンヌ・コメール＝シルヴァン、マダム・ショント
訳　者　松井裕史

発行者　青木誠也
発行所　株式会社作品社
〒102-0072 東京都千代田区飯田橋2-7-4
TEL.03-3262-9753　FAX.03-3262-9757
https://www.sakuhinsha.com
振替口座00160-3-27183

装　幀　水崎真奈美（BOTANICA）
本文組版　前田奈々
編集担当　青木誠也
印刷・製本　シナノ印刷株式会社

ISBN978-4-86182-986-4 C0097

【作品社の本】

犬が尻尾で吠える場所

エステル＝サラ・ビュル著　山﨑美穂訳

パリとカリブ海、一族の物語。
小さな島の一つの家族の歴史と世界の歴史・人・文化が混ざり合い、
壮大な物語が展開される――。
カリブ海／全＝世界カルベ賞などを受賞し、
各所で好評を博した著者デビュー小説！

ISBN978-4-86182-940-6

カリブ海の黒い神々
キューバ文化論序説

越川芳明著

詩、絵画、映画から、宗教、逃亡奴隷、移民、そして製糖……。
ディアスポラの文化や歴史を縦横に論じ、
『老人と海』のまったく新たな読み解きへとなだれ込む、圧倒的な知的冒険。
アフロ宗教の司祭の資格を持つ著者でなければ書き得なかった、
かつてない圧巻のキューバ論。

ISBN978-4-86182-926-0

地震以前の私たち、地震以後の私たち
それぞれの記憶よ、語れ

エドウィージ・ダンティカ著　佐川愛子訳

ハイチに生を享け、アメリカに暮らす気鋭の女性作家が語る、
母国への思い、芸術家の仕事の意義、ディアスポラとして生きる人々、
そして、ハイチ大地震のこと――。
生命と魂と創造についての根源的な省察。カリブ文学OCMボーカス賞受賞作。

ISBN978-4-86182-450-0

【作品社の本】

すべて内なるものは

エドウィージ・ダンティカ著　佐川愛子訳

全米批評家協会賞小説部門受賞作！
異郷に暮らしながら、故国を想いつづける人びとの、愛と喪失の物語。
四半世紀にわたり、アメリカ文学の中心で、
ひとりの移民女性としてリリカルで静謐な物語をつむぐ、
ハイチ系作家の最新作品集、その円熟の境地。

ISBN978-4-86182-815-7

ほどける

エドウィージ・ダンティカ著　佐川愛子訳

双子の姉を交通事故で喪った、十六歳の少女。
自らの半身というべき存在をなくした彼女は、家族や友人らの助けを得て、
悲しみのなかでアイデンティティを立て直し、新たな歩みを始める。
愛と抒情に満ちた物語。

ISBN978-4-86182-627-6

海の光のクレア

エドウィージ・ダンティカ著　佐川愛子訳

七歳の誕生日の夜、煌々と輝く満月の中、
父の漁師小屋から消えた少女クレアは、どこへ行ったのか——。
海辺の村のある一日の風景から、
その土地に生きる人びとの記憶を織物のように描き出す。

ISBN978-4-86182-519-4

【作品社の本】

カリブ海アンティル諸島の民話と伝説

テレーズ・ジョルジェル著　松井裕史訳

ヨーロッパから来た入植者たち、アフリカから来た奴隷たちの物語と、
カリブ族の物語が混ざりあって生まれたお話の数々。
1957年の刊行以来、半世紀以上フランス語圏で広く読み継がれる民話集。
人間たち、動物たち、そして神様や悪魔たちの胸躍る物語、全34話。
【挿絵62点収録】

ISBN978-4-86182-876-8

朝露の主たち

ジャック・ルーマン著　松井裕史訳

今なお世界中で広く読まれるハイチ文学の父ルーマン、最晩年の主著、初邦訳。
15年間キューバの農場に出稼ぎに行っていた主人公マニュエルが、
ハイチの故郷に戻ってきた。しかしその間に村は水不足による飢饉で窮乏し、
ある殺人事件が原因で人びとは二派に別れていがみ合っている。
マニュエルは、村から遠く離れた水源から水を引くことを発案し、
それによって水不足と村人の対立の両方を解決しようと画策する。
マニュエルの計画の行方は……。若き生の躍動を謳歌する、緊迫と愛憎の傑作長編小説。

ISBN978-4-86182-817-1

黒人小屋通り

ジョゼフ・ゾベル著　松井裕史訳

ジョゼフ・ゾベルを読んだことが、どんな理論的な文章よりも、
私の目を大きく開いてくれたのだ――マリーズ・コンデ
カリブ海に浮かぶフランス領マルチニック島。農園で働く祖母のもとにあずけられた少年は、
仲間たちや大人たちに囲まれ、豊かな自然の中で貧しいながらも幸福な少年時代を過ごす。
『マルチニックの少年』として映画化もされ、
ヴェネツィア国際映画祭で銀獅子賞を受賞した不朽の名作。
半世紀以上にわたって読み継がれる現代の古典、待望の本邦初訳！

ISBN978-4-86182-729-7